U0655928

普通高等教育新形态教材

市场调查与预测

杨 勇 主 编

王晓东 田利娟 副主编

高环成 荆颖蕾 参 编

SHICHANG DIAOCHA
YU YUCE

清华大学出版社

北京

内 容 简 介

本书根据高等院校市场调查与预测人才培养方案的需要，适应各类企业市场调查与预测专业化、规范化、个性化的要求，从调动高校大学生学习的自主性，培养大学生的实践运作能力、德才兼备和创新意识，强化大学生的职业技能培养出发，遵循"理论、实务、案例、实训、思政"五位一体的原则，涵盖了市场调查概说、市场调查方案的编制、抽样技术、市场调查资料的收集、大数据与网络市场调查、调查问卷的设计、调查资料的统计分析、市场预测概述、市场预测定性方法、市场预测定量方法、市场调查报告的撰写等共十一章内容。

本书可作为本科经济类、管理类、财经类各专业的教材，也可以作为市场营销、营销策划从业人员以及创业者的参考读物，还可以作为创办企业的市场调研工作指导工具书。

图书在版编目（CIP）数据

市场调查与预测 / 杨勇主编. -- 北京 ：清华大学出版社，2025.8.
(普通高等教育新形态教材). --ISBN 978-7-302-70138-5

Ⅰ. F713.52

中国国家版本馆 CIP 数据核字第 2025RQ2926 号

责任编辑：徐永杰
封面设计：汉风唐韵
责任校对：宋玉莲
责任印制：沈　露
出版发行：清华大学出版社
　　　　网　　　址：https://www.tup.com.cn，https://www.wqxuetang.com
　　　　地　　　址：北京清华大学学研大厦 A 座　　　　　邮　　编：100084
　　　　社 总 机：010-83470000　　　　　　　　　　　邮　　购：010-62786544
　　　　投稿与读者服务：010-62776969，c-service@tup.tsinghua.edu.cn
　　　　质 量 反 馈：010-62772015，zhiliang@tup.tsinghua.edu.cn
　　　　课 件 下 载：https://www.tup.com.cn，010-83470332
印 装 者：小森印刷（天津）有限公司
经　　销：全国新华书店
开　　本：185mm×260mm　　　印　张：14　　　字　数：329 千字
版　　次：2025 年 9 月第 1 版　　　　　　　印　次：2025 年 9 月第 1 次印刷
定　　价：48.00 元

产品编号：109988-01

前　　言

全球经济一体化与贸易保护主义共存，全球经济继续下行，全球贸易投资增长乏力，地缘政治影响日益严重；中国经济进入新常态，已由高速增长转向高质量增长阶段；物联网、新媒体、区块链和大数据等互联网技术正对中国经济进行颠覆性的改造；随着电子商务和移动互联网的不断发展和消费者收入的不断增长，消费者的消费方式的多样化、差异化、个性化越来越明显，变化越来越快；国际国内市场竞争日趋激烈，现代企业所面临的市场环境发生了巨大变化，更趋复杂、严峻和不确定，企业所面临的生存与发展压力越来越大。要了解复杂多变的市场变化环境，生产适销对路的产品，进行更好的投资项目选择，加快产品的更新换代，更好地满足消费需求，企业必须加强市场调查和预测。

市场调查和预测是企业生产经营活动的起点，贯穿于生产经营活动的全过程，是现代企业实现经营目标和经营效果的前提和保证。任何企业开展市场营销活动都必须建立在对各种市场信息的占有、分析、评价和应用基础上。没有科学的市场营销调查与预测，没有足够、及时、正确的市场营销环境信息资料的掌握，经营决策者不可能迅速、准确、可靠地认识目标市场的需求和欲望，不可能制定正确的营销战略和营销组合策略，不可能比竞争对手更有效、更有利、更快捷地满足目标市场的需求，不可能提高企业的经营决策能力；不可能在越来越激烈的市场竞争中立于不败之地。而市场调查与预测的科学性、系统性和规范性要求市场调查与预测人才和团队具有更高的素质。

本书涵盖了市场调查概说、市场调查方案的编制、抽样技术、市场调查资料的收集、大数据与网络市场调查、调查问卷的设计、调查资料的统计分析、市场预测概述、市场预测定性方法、定量方法、市场调查报告的撰写等共十一章内容。

本书的编写工作由杨勇、王晓东、田利娟、高环成、荆颖蕾共同完成，具体分工如下：山东外国语职业技术大学的杨勇拟定本书大纲并撰写第一、二、四章，第三、五、七章由运城职业技术大学的王晓东撰写，第八、九、十章由唐山学院的田利娟撰写，第六章由广州华商学院的高环成撰写，第十一章由运城学院的荆颖蕾编写，最后由杨勇、王晓东总纂。

本书在编写过程中，得到了山东外国语职业技术大学、运城学院、运城职业技术大学、唐山学院、广州华商学院的领导及同事们的大力支持，高伟编辑对教材体系的建设给予了大力支持与指导。本书参考了大量国内外有关市场营销、营销策划、市场调查与预测方面的著作及相关的研究成果，一并作为参考文献附于书后。如果出现参考文献的遗漏，还请专家学者予以谅解。值此出版之际，谨向各支持单位及各位专家学者表示最真挚的感谢。

由于编者水平有限，书中疏漏在所难免，敬请各位读者见谅，并期望能将问题反馈给我们，我们将及时更正与补充，以使本书更加完善。

杨　勇

2024 年 8 月

目　　录

第一章　市场调查概说

思维导图

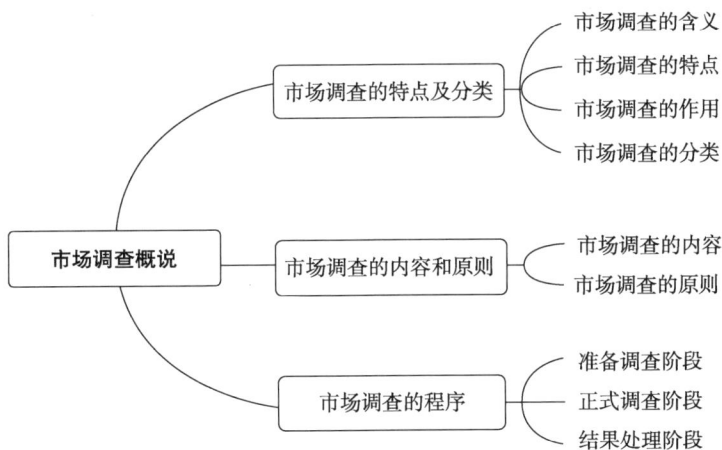

```
                                        ┌── 市场调查的含义
                        ┌─ 市场调查的特点及分类 ┤── 市场调查的特点
                        │               ├── 市场调查的作用
                        │               └── 市场调查的分类
                        │
  市场调查概说 ──────────┼─ 市场调查的内容和原则 ┌── 市场调查的内容
                        │               └── 市场调查的原则
                        │
                        │               ┌── 准备调查阶段
                        └─ 市场调查的程序 ┼── 正式调查阶段
                                        └── 结果处理阶段
```

案例导入

中国新能源汽车的国际竞争优势来源调查

2024年3月，欧盟发布通知，对从中国进口的电动汽车进行海关登记，未来可能对相关车辆征收"追溯性关税"；英国、美国准备对中国电动汽车进行反补贴调查或国家安全风险调查。中国电动汽车出海遭遇"逆风"。一方面，反映了有关国家以"公平竞争""国家安全"为名搞保护主义、贸易壁垒，违背市场经济原则和世贸组织规则；另一方面，也折射出中国新能源汽车产业日益增强的国际竞争力。

根据相关调查，中国新能源汽车产业的国际竞争优势不是靠补贴来支撑保护，而是源于供应链完整度和产业聚集度高、充分的市场竞争以及超大市场规模快速促进技术迭代等因素。中国新能源汽车不仅为全球消费者提供多元化消费选择，也在助力更多国家实现绿色低碳转型和可持续发展。中国汽车业向新能源转型的先发优势正在转化为带动全球汽车业转型的新动能。

1. 供应链完整　产业聚集度高

中国拥有全球最完整的产业体系，制造业规模连续十多年居全球首位。这一优势体现在新能源产业上，就是拥有涵盖从材料研发、工程设计到制造管理、总装集成的全产业链，形成了一批契合"国内大循环为主体、国内国际双循环相互促进"要求的汽车产业集群布局。

国内一些新能源汽车产业发展迅猛的地区，基本上都形成了区域产业链供应链体系，打造了由整车企业带动、配套先进智能网联产业链以及优越产业政策环境的产业生态。

在安徽省合肥市，新能源汽车整车布局全面，形成了包括国有企业、民营企业、造车新势力企业和外资企业在内的六大整车企业、产业链产值超千亿元的产业聚集。整车企业愿意落户合肥，主要原因之一在于当地产业链和汽车产业关联性非常强，拥有较强的显示屏、芯片、人工智能、电池等相关产品生产能力。比如，合肥的芯片、集成电路产业从无到有发展非常迅猛，2023 年，相关企业数量超过 400 家，集成电路产值超过 500 亿元。

动力电池是江苏省常州市在新能源汽车产业链上竞争力最强的一环。常州市政府提供的信息显示，如果把动力电池产业链拆解为 32 个主要环节，常州聚集了其中 31 个，产业链完整程度接近 97%。从正负极、隔膜、电解液到电芯，常州有 30 多家全国乃至全球细分领域的龙头企业，产业规模超过 1700 亿元。

新能源汽车产业链供应链的完善和聚集，以及充电设施等配套基础设施的建设，为中国新能源汽车发展壮大提供了有力支持。2022 年 2 月，中国新能源汽车生产累计突破 1000 万辆，2023 年 7 月突破 2000 万辆。从第一辆到第 1000 万辆，耗时 27 年；而从第 1000 万辆到第 2000 万辆，仅用了 17 个月。

2. 市场规模巨大　技术迭代迅速高效

中国新能源汽车产业市场规模巨大，且拥有强劲增长潜力。中国汽车工业协会数据显示，2023 年中国新能源汽车产销量同比分别增长 35.8% 和 37.9%，市场占有率达到 31.6%。当年，中国新能源汽车销量在全球新能源汽车总销量中占比近 65%。中国已经连续 9 年蝉联全球新能源汽车产销量第一。

中国体量巨大的消费市场和丰富多样的用车环境，为新能源汽车技术研发、迭代升级提供了土壤。无论是售价几万元的代步车，还是几十万元的主流"国民车"，各级别的新能源汽车都能找到发展空间。同时，由于中国消费者对汽车智能化、新技术的接纳程度更高，不少车企都将新产品、新技术率先投放在中国市场。

相比传统汽车，新能源汽车对发动机、变速器等传统动力总成的技术要求弱化，转而需要电池、电机、电控等"三电"技术和零部件、充换电基础设施等，汽车业正迈向电动化、智能化、网联化和数字化。相较于西方传统车企，中国车企具有包袱轻、顾虑少、掉头快等优势。经过近二十年实践，中国新能源汽车产业形成了创新思维和创新能力，实现了跨越式发展，在核心技术方面不断进步。比亚迪股份有限公司董事长兼总裁王传福说："比亚迪有技术'鱼塘'，里面有各种各样的技术，市场需要时，我们就会捞一条出来。"

中国新能源汽车产品得到市场认可，还得益于智能化技术赋能，如智能驾驶、智能座舱等技术。从全球来看，中国企业在量产水平和迭代速度上均展现出优势，迭代创新周期更快、更高效。

业内人士指出，智能电动车超过 40% 的零部件是燃油车没有的新品类，三电系统、智能驾驶、智能座舱的诸多零部件只能通过创新供应链实现。

3. 为消费者提供多元化选择　助力全球汽车业转型

依靠在全球市场竞争中形成的科技创新和过硬品质，中国新能源汽车在欧洲广受欢迎。英国《金融时报》日前报道，欧洲环保团体"运输和环境组织"一项研究显示，2024 年在欧盟销售的电动汽车将有四分之一是中国制造，明显高于 2023 年的 19.5%。其中，中国品牌电动汽车将占欧盟电动汽车市场的 11%，到 2027 年这一比例将增至 20%。

随着越来越多中国新能源汽车进入欧洲市场，欧洲消费者有了更多选择。中国车企在欧洲取得的成绩与其在技术创新、安全保障、绿色环保、质量提升上的进步直接相关。

英国汽车制造商和贸易商协会首席执行官迈克·霍斯表示，英国消费者对于越来越多的中国汽车品牌进入英国市场持开放态度。更多中国汽车品牌进入英国市场对消费者和汽车行业都有好处——良性竞争既降低了电动汽车价格，又促进了行业创新。

在法国北部上法兰西大区建设中的"电池谷"，中国新能源汽车产业链上下游企业的参与备受关注。在"电池谷"中部的吕茨，中国敏实集团与法国雷诺集团于 2023 年联合投资的两条电池盒生产线已启动生产。雷诺吕茨厂区经理让-吕克·布瓦告诉新华社记者，生产线不到三个月就安装完毕，合资公司正在加紧为雷诺新款电动车生产电池盒。

法国北部投资促进局首席执行官扬·皮托莱说："中国企业在电池技术和电动汽车领域取得了真正的领先优势，我们真心希望与中国企业建立伙伴关系，从其拥有的先进技术中获益。"

2024 年 2 月，小鹏汽车和大众汽车签订加速电动汽车开发合作协议，标志着双方自去年 7 月建立的合作关系又往前迈了一步。大众汽车集团（中国）董事长兼首席执行官贝瑞德表示，通过与小鹏的合作，他们不仅加快了研发速度，还提高了效率并优化了成本结构。

联合国环境署可持续交通部门负责人罗布·德容近日表示，中国是电气化以及电动汽车推广方面的领导者，希望中国向全世界特别是全球南方分享经验，用中国技术向世界推广可负担的电动汽车。

资料来源：傅云威，欧阳为. 中国新能源汽车的国际竞争优势来自哪里？[EB/OL]. (2024-04-09). https://www.news.cn/fortune/20240409/33edf16acbb44279a73cb7aaaf992492/c.html.

从上述案例可以看出，重视市场调查工作对企业的发展具有十分重要的意义。对企业而言，市场调查是经营决策的前提，只有充分认识市场，了解市场需求，对市场做出科学的分析判断，经营决策才具有针对性，从而不断拓展市场，使企业健康稳定地成长和发展。没有市场调查就没有经营决策权，而没有正确的市场调查，则会给企业带来不可预知的损失甚至将其推向深渊。那么，什么是市场调查？市场调查有什么作用？市场调查包括哪些内容？市场调查分几个步骤？这些是本章所要研究和解决的问题。

第一节　市场调查的特点及分类

市场调查于 1910 年前后起源于美国，第二次世界大战结束后逐渐推广到世界各国。根据统计资料，发达国家通常会将销售收入的 0.2%～1% 作为市场调查预算，供企业市场营销研究部门使用，或用于购买外部专业营销研究公司的服务。随着市场竞争环境日趋复杂，我国企业也越来越重视市场调查。

一、市场调查的含义

市场调查是企业采用科学的方法，有目的、有计划、分步骤、系统地收集、记录、分析、评价和使用各种市场信息，为市场预测和经营决策提供可靠依据的活动过程。

理解市场调查的含义，需要把握以下几点。

（1）市场调查是有明确调查目的的主题活动。市场调查是为了向企业提供市场营销信息、发现与分析企业存在的生产经营问题而开展的活动。市场调查是企业从事生产经营活动的起点，是创业者选择创业项目的起点，贯穿于企业生产经营活动、各种创业活动的全过程。

（2）市场调查是一项收集和处理市场信息的工作。市场信息是有关市场经济活动的各种消息、情报、数据、资料的总称，其表现形式主要有商情、广告、报表、凭证、合同、货单、文件、书信、语言、图像等。市场调查就是运用科学的方法对这些信息进行整理和分析，为经营决策提供可靠依据。

（3）市场调查是一个系统的工程。市场信息在生成过程中经常处于分散、无序状态，市场调查不是简单的资料收集、整理和分析的活动，它包含了对市场信息的判断、分析、研究和传播等多项活动。通过周密策划、精心组织、科学实施的活动，使市场信息集中化、有序化，从而成为可利用的信息。

二、市场调查的特点

市场调查需要通过科学的调查方法才能获得科学的、真实的调查结果。市场调查具有以下几个特点，如图 1-1 所示。

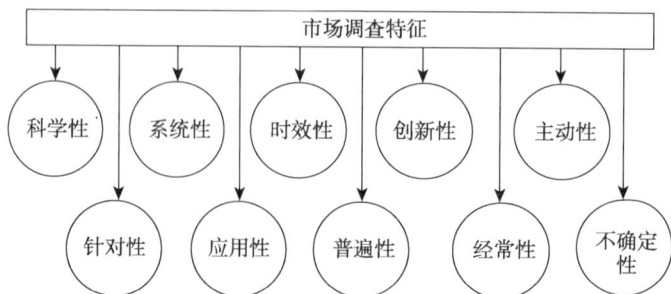

图 1-1　市场调查的特点示意图

▶ **1. 科学性**

为了做好市场调查工作，市场调查者必须以科学方法为指导；在调查过程的设计上，必须按照科学的程序进行；在调查方法的选择上，必须根据科学的原理，选择最恰当的分析和解决问题的方法；在调查的报告中，必须克服市场调查人员的个人偏见和主观影响以及其他人员的干扰，以科学的态度向决策人员提供研究报告。如果研究方法选择不当，或为了迎合某些领导者的意见而提供研究报告，都会给市场营销甚至企业经营战略带来不利的影响。

▶ **2. 针对性**

任何一种调查都应有明确的目的。市场调查要根据调查的目的，设定明确的调查方向和调查目标，如为本企业的产品销售提供市场信息服务、为企业不断改进生产技术或提高业务水平和经营管理水平提供咨询服务、为企业的发展和产品营销活动的经济效益提供市场依据、为企业提高市场竞争能力反馈竞争者信息情报等。目的明确，针对性强，可以大大提高调查的效率和调查结果的质量，从而为市场预测和经营决策提供较为可靠的数据支持，提高预测和决策的科学性。

▶ **3. 系统性**

市场调查是一项相当复杂的工作，需要周密的计划、精心的组织和科学的实施，不仅要采用科学的理论和方法，更要做好系统的组织和管理。系统性包括两个方面：一是调查过程的系统性，包括编制调查计划、设计调查方案、抽取样本、收集资料、整理资料、统计分析资料和撰写调查报告；二是调查数据信息的系统性，要求收集的信息系统、完整。否则根据零星的非系统的调查获得的不完全的信息进行决策，将会导致经营决策工作产生巨大失误，给企业造成不可挽回的损失。

【案例】

肯德基：北京首家店的诞生

20 世纪 80 年代，肯德基公司派人到北京考察投资环境，这组调查人员做了以下工作。

1. 带人出入北京主要的街道，拿秒表测算客流量；

2. 做出炸鸡样品请 500 多个覆盖不同年龄、性别、职业的人品尝，并详细询问了他们对炸鸡的味道、价格、店堂设计和用餐方式等方面的评价和看法；

3. 深入调查了现在和将来能为北京提供各种原料的供应商情况；

4. 将包括油、面、盐、菜等各种原料的样品带回美国进行化学分析；

5. 用电脑汇总各种数据，并得出肯德基进入北京市场会有巨大的竞争力的结论。

1987 年 11 月 12 日，肯德基在北京的第一家店开业。在不到一年的时间里，盈利就达到了 250 万元，原计划 5 年才收回的投资不到 2 年就收回了。

资料来源：杨勇. 市场调查与预测（第二版）[M]. 北京：机械工业出版社，2023. 略有修改。

▶ **4. 应用性**

市场调查是一种具有明确使用目的的应用性调查。每一次调查都是在通过收集商业情报和市场信息，为一项生产经营、创业项目的开展与实施做准备，例如用以解决特定的生产经营问题，或者作为生产经营者对未来市场发展趋势、消费者需求变化进行预测与决策的可靠依据。

▶ 5. 时效性

市场环境是开放的、动态的，随着时间的变化而变化，随着社会经济、科技的发展而不断发展。例如，随着国家经济政策的调整，市场会发生相应的变化。一定时期的流行产品在另一时期会无人问津，而滞销商品有可能在一定时期以后成为新的畅销产品。市场调查是在一定的时间范围内进行的，它所反映的是某一特定时期的信息和情况，只在一定时期内具备有效性。利用过去的市场调查获得的信息来指导企业现实的生产经营活动，只会使企业蒙受更大的损失。

▶ 6. 普遍性

任何企业都面临同样多变的市场环境，包括宏观和微观环境；环境是客观存在的，我们无法改变，但可以积极地去认识，从而主动地去适应环境。只有适应环境变化的生产经营工作才是合适的，任何生产经营活动都离不开市场调查。从这个角度来说，市场调查具有普遍性。

▶ 7. 创新性

市场调查工作虽有一定的程序可循，也有可供选择的研究方法，但是，针对具体的调查问题，调查人员必须根据调查主题的要求，设计出科学合理并具有创新性的调查方案，有时甚至还要针对调查问题的特殊性创造出新的调查方法。

▶ 8. 经常性

市场调查是企业生产经营活动的起点，贯穿于生产经营活动的全过程。也就是说，只要进行生产经营工作，就需要开展市场信息的收集、整理、分析和评价工作。严格来讲，每天都必须开展非正式的市场调查。任何经营者都应当开展经常性的市场调查，多去市场里走走，增强对市场的感性认识；也可以通过互联网进行经常性调查，并实现调查信息共享。

▶ 9. 主动性

市场调查是一种具有主动性的活动，是决策者对市场环境的主动了解和掌握。而持续、系统的市场调查增强了决策者了解和掌握市场信息的主动性和自觉性，减少了决策的盲目性和主观性。决策者必须通过有针对性地开展深入细致的营销调查，及时捕捉有关商品价格、供求、竞争对手状况及消费者心理趋向等各类市场信息，透彻地了解影响目标市场和营销组合的因素，才能做出一个优质的生产经营方案。

▶ 10. 不确定性

市场调查受各种因素的影响。尽管市场调查是建立在严密的程序、科学的技术基础之上的，但市场环境诸多的不确定因素及变化性，如被调查者千变万化的心理状态等，又使得市场调查具有一定不确定性，调查结果与实际可能出现偏差。

三、市场调查的作用

市场调查是企业生产经营活动的基础，没有深入细致的市场调查，企业各项工作就如同无源之水、无本之木。如图 1-2 所示，市场调查对企业的作用可以归纳为如下几点。

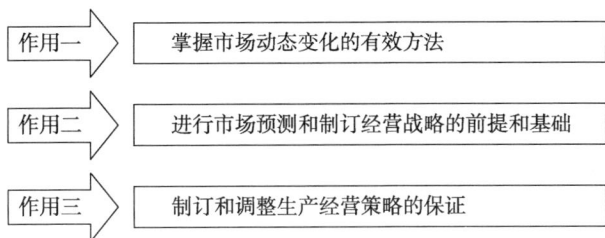

图 1-2　市场调查对企业的作用示意图

▶ 1. 掌握市场动态变化的有效方法

当今世界，全球经济一体化，中国经济进入新常态，物联网和大数据等互联网技术对中国经济进行了颠覆性的改造；消费者的可支配收入不断增长，消费的多样化、差异化越来越显著，国际国内市场竞争越来越激烈，现代企业所面临的市场环境发生了重大变化。要了解复杂多变的市场变化情况，生产适销对路的产品，加快产品的更新换代，更好地满足消费需求，企业就必须加强市场调查。

通过深入细致的市场调查，可以及时收集相关产品的供求状况、价格变化情况、竞争对手状态、国家政策变动、产业结构调整、消费心理趋向等各类市场信息，在整理、分析的基础上，发现新的市场机会、潜在的消费需求、市场变化的基本趋势，从而把握市场运行规律，增强参与市场活动的主动性，减少盲目性。

▶ 2. 进行市场预测和制订经营战略的前提和基础

企业通过市场调查，不仅可以搜集、掌握到比较系统、全面、可靠的预测与决策所需市场信息，而且可以对客观环境变化带给企业的机会和威胁做出符合实际的分析研究，使企业在科学预测市场动态变化及发展趋势的基础上，对其发展战略目标、经营方向、经营策略及内部管理等问题做出正确决策，从而减少预测的误差和决策的失误，将现代企业的经营风险降低到最小限度。娃哈哈创始人宗庆后总结娃哈哈成功时说，这都是他在市场上跑出来的。他对市场的准确把握和良好感觉无不来源于跑市场。他通过自己亲自看、听、问、感觉、分析和判断，能够准确地把握第一手市场信息，避免出现因为市场信息的不准确、不全面造成的决策失误。

▶ 3. 制订和调整生产经营策略的保证

企业通过市场调查研究，了解市场环境的变化趋势、消费需求的变化动向，掌握市场竞争态势，从实际出发做出可行、合理的生产经营决策，促使企业按照市场需求的变化及市场竞争的状况组织生产、开发新产品、促进产品的更新换代；对现行的各种经营策略的实施进行及时的信息反馈、评价，以修订、补充和完善现行经营策略，使之更加适应市场环境的变化和要求提供依据和保证。

【案例】

海尔集团的小小神童即时洗洗衣机

洗衣机市场在夏季是淡季似乎成了洗衣机生产厂商头脑中的一条常识。而海尔集团通过市场调查发现，夏季人们不是不需要洗衣机，恰恰是最需要的。因为这时候人们由于汗出得多，衣服洗得最勤，只是现有产品不适应夏天洗衣的要求。普通的洗衣机容量很大，一般在 5 kg 左右，对于要经常洗小件衣服来说就显得不适用了。海尔由此得出结论，夏季的洗衣机市场淡季是因为没有适宜的产品造成的。于是，海尔研制开发了一种叫小小神童即时洗的 1.5 kg 小容量洗衣机并投放市场，取得了很好的效果。

面对业已成熟且竞争激烈的家电市场，海尔集团重视市场调查，根据消费者生活需要，有针对性地开发新产品，从而取得了骄人的业绩。

资料来源：根据海尔集团网站资料整理。

总之，做好市场调查，获取充分可靠的相关信息，对于掌握市场变化动态和消费需求变化趋势，进行科学预测、决策，制定、评估和完善经营战略与策略，调整产品结构、产品方向，加快产品的更新换代，促进产品销售，改善企业经营状况，提高市场竞争力，具有十分重要的意义。

四、市场调查的分类

市场调查是一项目的各异、方法多样、参与主体与调查对象差异较大的活动。根据不同的标准、研究目的和依据对市场调查进行分类，如图 1-3 所示，有助于对市场调查的含义进行全面系统的认识与理解，有助于企业合理选择市场调查途径、企业决策者选择更好的和可行的行动方案。

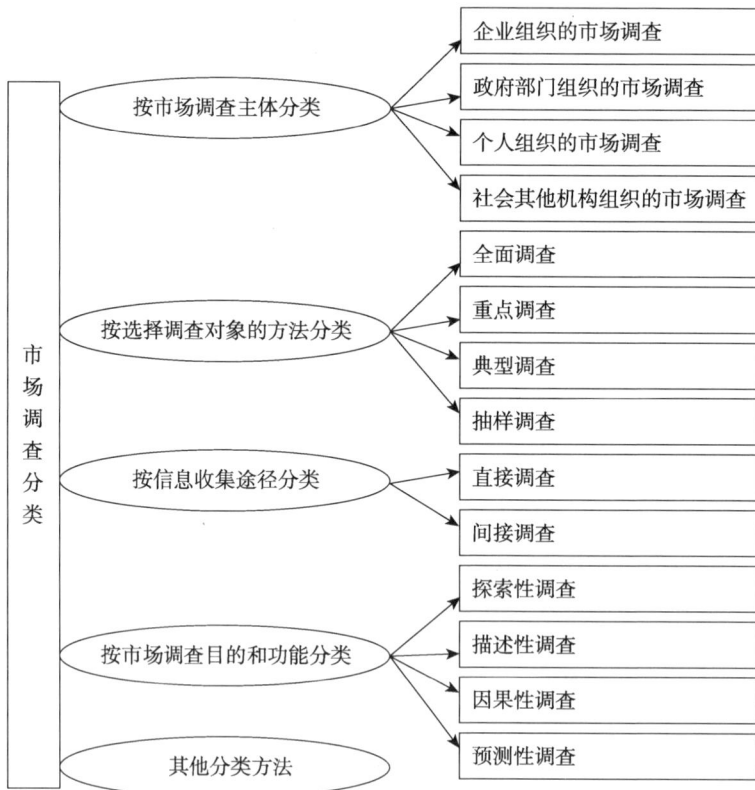

图 1-3 市场调查的分类示意图

（一）按市场调查的主体分类

▶ 1. 企业组织的市场调查

企业是组织与实施市场调查的主要机构。作为市场的经营主体，企业为解决生产经营中的决策问题，往往需要借助市场调查来掌握市场方面的信息。由企业组织的市场调查一般具有规范性、专业性等特点。

▶ 2. 政府部门组织的市场调查

现代政府既承担着社会公共生活行政管理者的职能，又扮演着国民经济活动的调节者、服务者、公共产品供应者的角色。收集、分析、研究和传播市场信息是政府一项重要的公共事务和职责。调查的内容包括商业普查、农业普查、制造业普查、人口普查、运输业普查及矿产资源普查等。由政府组织的市场调查一般具有规模性、全面性、专业性等特点。

▶ 3. 个人组织的市场调查

个人也可能成为市场调查的主体。例如，大学毕业生为完成毕业论文、学者为开展研究工作、个体经营业主为了解市场信息等而进行市场调查。一般而言，个人组织的市场调查因条件所限，市场调查的范围较小、内容较少、专业性不是很强、结论不是十分准确和严谨。

▶ 4. 社会其他机构组织的市场调查

社会其他机构包括各种各样的协会组织、学术团体、中介组织、事业单位、群众性组织、俱乐部等，为了实现一定的组织目标，如学术研究、制定组织目标、提供咨询等需要，也会有组织、有计划地进行一些市场调查活动。

【案例】

运城市民营企业营商环境调查

2018 年，运城市工商联委托运城学院经济管理系，设计组织了运城市民营企业营商环境调查的项目。

调研活动于 2018 年 4 月启动，2018 年 9 月完成对盐湖工业园区、北部高新区、禹都经济开发区、空港经济开发区等五个开发区，及河津市、永济市、临猗县、绛县、夏县、稷山县、万荣县、闻喜县、新绛县、芮城县、垣曲县、平陆县十二个县市的部分民营企业及政府相关部门、银行等展开调研。本次调研采用问卷调研与访谈调研相结合的方式。在本次调研中，面向民营企业发放调研问卷 650 份，回收 412 份，回收率为 63%；剔除 77 份无效问卷，有效问卷 335 份，有效率为 81%；访谈约 100 人次，主要来自部分规模以上企业、政府相关部门及部分银行。

该项目的主要成果被运城市经委、市环保局、市人力资源与社会保障局采用，2019 年被评为山西省统战理论政策研究优秀成果一等奖。

资料来源：《2018 年运城市民营企业营商环境调研报告》

（二）按选择调查对象的方法分类

▶ 1. 全面调查

全面调查又叫市场普查，是指对调查对象中的每个调查单位逐个进行调查，如全国人口普查，工业经济普查、农业经济普查等。这种调查的突出优点是资源翔实可靠，但开展这种调查所耗的人力、物力、财力等均比较多，所耗费的时间也比较长。因此，对于一般企业而言，全面调查仅用于小范围的调查或对一些基础性问题的调查。

▶ 2. 重点调查

它是指对企业所面向的市场的某些重点区域进行的调查。这种调查在操作上较全面，调查简单且易于实施，因而常用于解决企业各种突出问题的调查。

▶ 3. 典型调查

它是指从企业面临的市场中选择若干具有代表性的单位进行调查，据以推论总体，以实现通过典型了解市场总体的目的。典型调查省时省力，方便易行；只要样本代表性强，典型调查可以做到高效可靠，故为企业所常用。但在使用时一定要充分保证样本的代表性。

▶ 4. 抽样调查

它是指按照随机原则，从调查总体中抽取足够的调查单位作为样本，通过对样本的调查所取得的资料来推论总体。常用的抽样方法有：

（1）随机抽样。不区分样本是从总体哪一部分抽出，总体中的每个单位都有同等的机会被抽取出来，如采用抽签法或乱数表法。

（2）机械抽样。遵守随机抽样原则，将全部调查单位按照与研究标志无关的一个中立标志加以排列，严格按照一定的间隔机械地抽取调查样本。由于样本在总体中分配较均匀，样本代表性也较好。

（3）类型抽样。实行科学分组与抽样原理相结合，先用与所研究现象有关的标志，把被调查总体划分为性质相近的各组，以降低各组内的标志变异度，然后在各组内用纯随机抽样或机械抽样的方法，按各组在总体中所占比重成比例地抽出样本。这种方法的样本代表性更好，可得到比纯随机抽样或机械抽样更精确的结果。

（4）整群抽样。上述方法都是从总体中抽取个别单位作为样本进行调查，整群抽样则是整群地抽取样本，对这一群单位进行全面观察。其优点是比较容易组织，缺点是样本分布不均匀，代表性较差。

（5）判断抽样。由专家判断而决定所选的样本，也称立意抽样。

抽样调查是一种科学的调查方式，具有科学、可靠、高效、经济的特征。其适用性广，易于掌握，操作方便。但在具体运用时，要严格按照规则进行样本的抽取，避免主观选择样本，以确保其推断结论真实可靠。

（三）按市场信息收集的途径分类

▶ 1. 直接调查

直接调查即调查者直接在现实的市场环境中收集、获取第一手资料的方法。直接调查的具体方法包括询问调查、观察调查、实验调查及网络调查等。这些方法与现实市场密切相连，较能获得真实的市场信息；但这类方法的组织实施与操作难度较高，对调查人员的素质要求高。

【案例】

娃哈哈的成功缘于市场一线

娃哈哈的创始人宗庆后对市场的专注一直为业界所称颂。二十多年来，宗庆后每年有200多天"泡"在市场第一线。每到一地，他总是立即前往商场、超市、路边小店，了解销售行情。勤跑市场使他能及时把握市场信息，了解消费者的需求。

宗庆后在跑市场的过程中获取了很多第一手市场信息，通过对这些信息进行整理和分析，他做出了许多正确的市场决策。

20世纪80年代末，中国碳酸饮料市场一直被可口可乐和百事可乐所控制。乐百氏曾花重金请麦肯锡作了一次大规模的市场调查，得出的结论是"'两乐'太强大，生产民族可乐没有空间和可能"。然而宗庆后通过市场调查，潜心研究"两乐"在分销渠道上的空白点和中国消费者的需求特点，找到了正确的市场切入策略："农村包围城市""中国人自己的可乐"。结果，1998年6月，"非常可乐"一炮打响，而且一路高歌猛进，占据了国内的二、三级市场和农村市场的绝大部分市场份额。

由于重视一线市场调查，娃哈哈几乎每年都会推出新的产品，并且很多产品市场反响都相当好。

资料来源：根据娃哈哈公司网站资料整理。

▶ 2. 间接调查

间接调查即调查者通过搜集与分析记录和反映市场情报的载体，间接了解和掌握市场信息的调查方法。间接调查的具体方法主要有文献调查法和痕迹调查法。文献调查法就是利用书籍、报纸、杂志、年鉴年报等文献资料所记录和反映的市场情报作调查分析的方法；痕迹调查法是通过观察周围环境中特殊的痕迹了解、研究与推断过去和当前情况的调查方法。

（四）按市场调查的目的和功能分类

按市场调查的目的和功能来分类，市场调查可以分为探索性调查、描述性调查、因果性调查和预测性调查。

▶ 1. 探索性调查

探索性调查，又称非正式调查、初步调查，是指在市场情况不甚明朗或确定时，为了发现问题、找出问题的症结、明确进一步调查的具体内容和重点而进行的小规模的非正式的调查活动。通过探索性调查，可以明确是否有必要作进一步调查。

探索性调查适用于以下几种情况：一是探寻生产经营中存在的问题与潜在的市场机会；二是寻找消费者消费新观念与消费市场发展的新阶段；三是更精确地确定企业所面临的问题与相关的影响因素之间的关系。

探索性调查可以通过以下三个方面来获得资料：①查寻现有资料，用现有资料寻找问题是最节省费用且花费时间最短的一种方法；②请教具有专业知识、专门经验的有关人员，如销售商、生产经理、销售经理等，通过交谈对各种问题进一步深入了解；③参考类似实例，从以往的类似实例中找出一些有关的因素，进行定性研究。

探索性调查通常采用下列方法：专家调查法、试验调查法、案例研究法、二手资料分析法。

探索性调查具有调查范围较小、调查程序简单、获得的信息资料主要为定性信息、通常作为大型市场调查活动的前置性调查等特点。

▶ 2. 描述性调查

描述性调查是指调查人员事先对所需调查的问题有所了解，但缺乏完整、深入、具体的认识时所采用的一种通过准确描述，使相关人员对此问题有比较全面的了解和认识的调查方法。例如，企业对目标市场的人口结构，包括年龄结构、性别结构、需求特征、平均消费额、居民收入状况等情况的调查就属于描述性调查。描述性调查侧重于对市场状况特征的客观反映，包括市场规模、市场份额、销售状况、产品用途、分销渠道、价格变动、广告促销等方面，收集的信息资料必须真实、详尽和完整。

描述性调查有两种类型：横向调查和纵向调查。横向调查是指一次性从目标母体中抽取一个或几个样本收集资料的调查方法，又分为一次性横向调查和多角化横向调查；纵向调查是对一个或几个给定的样本进行重复调查的方法，用以观察在一段时间内调查对象所发生的持续性变化。

常用的调查方法有二手资料分析法、抽样调查法、固定样本连续调查法、观察法、模拟法等。

▶ 3. 因果性调查

因果性调查即因果关系调查，它是指调查一个因素的改变是否引起另一个因素改变的活动。

市场环境中的不同因素之间互相制约、互相影响。通过因果性调查，能够识别与发现各因素之间的深层次因果关系，探明自变量的变化对因变量的影响，如在价格与销售量之间，价格是自变量，销售量是因变量，通过调查可以发现销售量随价格变动而变化的情况。

因果性调查一般被用来获取变量之间关系的证据，以确定变量之间的因果关系，为生产经营决策提供可靠依据。实验法是因果性调查的常用方法。

▶ 4. 预测性调查

预测性调查是指为了推测市场未来的变化情况而进行的市场调查。

预测性调查是有预见性的，通过对市场现实情况的调查预测市场未来发展变化趋势，为经营决策提供可靠依据。如为了预测未来市场占有份额，首先要调查现实的市场占有份额，再预测未来市场占有份额。预测性调查是企业进行新产品开发、市场开拓和其他经营性决策时，必须进行的市场调查活动。

（五）其他分类方法

（1）按照市场调查区域范围，可分为区域性市场调查、国内市场调查与国际市场调查；

（2）按照组织市场调查的时间连续性，可分为经常性市场调查、定期市场调查、临时性市场调查；

（3）按照市场调查的组织形式，可分为专项调查、连续性调查和搭车调查；

（4）按照调查的对象，可分为消费者调查与非消费者调查；

（5）按照调查分析的方法，可分为定量调查与定性调查。

第二节 市场调查的内容和原则

一、市场调查的内容

现代企业进行市场调查应包括一切与企业生产经营活动直接或间接有关的信息和因素。主要有以下几方面内容，如图1-4所示。

图 1-4 市场调查的内容示意图

（一）宏观环境

宏观营销环境泛指一切影响、制约企业营销活动的普遍的、不可控制的因素。作为社会的一部分，企业的生存和发展离不开宏观条件。一方面，宏观环境与企业相辅相成：宏观环境及其正常变化可为企业的生产经营活动提供必需的场所和条件，无数企业的生产经营活动又能促进宏观环境的稳定；另一方面，环境与企业相互制约：宏观环境的异常变化有时可能超越企业的承受能力，甚至破坏企业的正常行为，而企业的不合理行为（如假冒伪劣产品的生产和销售）则会导致宏观环境的紊乱。现代市场营销学认为，企业营销成功与否关键在于企业能否适应不断变化的营销环境。因此，企业必须通过市场调查分析宏观营销环境，探讨宏观环境给企业带来的营销机遇并避免环境威胁，并研究企业如何适应宏观环境的变化，从而取得经营的成功。宏观环境调查的内容包括以下几个方面。

▶ 1. 政治法律环境调查

政治法律环境指影响企业市场营销的国家各项法律、法规、政策、方针等。在政治方面，一般而言，只要一国政府的政策透明、政府廉洁、政局稳定，企业就可以在了解掌握政策的基础上，制定相应的策略或对策，从而取得企业经营的成功。但是，如果政策、方针不稳定，经常发生变化，企业就无法准确把握政策，尤其是国际贸易就容易遭遇政治风险。在法律方面，主要调查与企业生产经营活动相关的法律法规，如企业法、物权法、经济合同法、劳动法、劳动合同法、各种税法、会计法、环境保护法、商标法、消费者权益保护法等。

▶ 2. 经济环境调查

经济环境是指一个国家或地区的经济发展速度、经济景气状况、消费信贷政策、居民的经济收入、可支配收入、储蓄与信贷习惯、消费构成、价格与通货膨胀率、消费结构水平、消费者情绪指数等环境因素。企业生产经营的成功与否与周围的经济环境（快速增长、慢速增长、衰退或滞胀）密切相关，而一个国家或地区经济处于不同的发展阶段，会形成不同的产业结构、需求模式、消费心态等，市场也呈现出不同特性。

▶ 3. 人口环境调查

人口因素是环境调查中比较重要的内容。在有些国家，一些企业已经规定了，在市场可行性报告中，必须有人口专家的签字。同样，在一些市场经济比较发达的国家和地区，市场所在地的人口环境调查被认为是市场调查的首要因素。

人口环境调查的主要内容包括对人口总量、人口构成（年龄、性别、职业、收入、地理、家庭结构、受教育程度）、人口流动和迁移、家庭生命周期、家庭结构变化的调查等。

▶ 4. 社会文化环境调查

社会文化作为一种沟通体系，是生活方式的总和，它提供了许多标准和规则，促进了社会成员的生存与发展。文化作为一种适合本民族、本地区、本阶层的是非观念影响着消费者的行为，进而影响到这一市场的消费需求、消费结构、消费方式，并使生活在同一文化范围里的人们具有更多相似之处。

针对社会文化环境进行的调查内容主要涉及消费者的文化背景、社会教育水平、民族与宗教状况、风俗习惯、社会心理等方面。

▶ 5. 科技环境调查

科学技术是第一生产力，对经济发展有巨大影响，不仅直接作用于企业内部的生产和经营，还与其他环境因素相互依赖、相互作用，共同带动企业经营活动的发展。对于企业来讲，科技环境日新月异的变化，既带来新的机遇，也带来新的挑战。企业要在市场上立于不败之地，就必须时刻关注科技环境的变化，通过多种形式的调查研究，充分认识新技术、新工艺、新材料、新产品、新能源、新标准的情况，同时还要注意科学技术引领消费者观念、购买习惯、购买决策和营销策略的变化。

► 6. 自然环境调查

自然环境包括地理、气候、资源、能源等因素。企业会受到各种自然环境的影响，如多种资源的短缺、环境污染、能源成本的上升、气候条件的变化等。自然环境对消费者行为的影响，直接影响甚至制约企业的生产和经营。企业应注意对地区条件、气候条件、季节因素等方面进行调查，要不断地了解掌握自然资源、地理与气候环境的变化，以制订适应其变化的企业发展战略。

（二）市场需求容量

市场是企业的舞台，市场需求是企业生产经营活动的中心和出发点。市场需求容量是可能购买该产品的人口总量、购买力和购买欲望的乘积，市场需求容量调查是市场调查的重要内容，主要包括以下方面：

（1）市场需求产品总量调查；

（2）市场需求产品品种调查；

（3）市场需求弹性调查；

（4）满足市场需求的企业条件调查。

（三）消费者行为

消费者是市场营销中一个非常重要的力量，可以说市场调查就是以消费者为中心的研究活动。对消费者及消费行为进行深入调查和研究，并将之应用于生产经营活动，是为生产经营企业发现新的市场机会、找到新的营销战略战术，从而提高营销成效的有效途径。消费者行为的调查主要从以下几个方面展开：

（1）消费者需求与需求变化的调查；

（2）本企业产品的现实与潜在购买者数量调查；

（3）消费者的年龄、性别、职业、文化程度、地区分布、民族调查；

（4）消费者生活方式的特点与差异调查；

（5）消费者的购买动机、购买行为与购买习惯等调查；

（6）消费者对价格敏感度、广告影响度方面的调查；

（7）消费者态度、文化价值观及消费分层的调查；

（8）消费者对产品及服务的满意度调查；

（9）消费者对竞争对手产品的认可程度和本企业产品的认可程度的调查。

（四）竞争状况

企业仅仅了解消费者的需求量是不够的，还必须了解自己的竞争对手。商场如战场，任何企业要想在市场中生存与发展，不研究竞争对手的战略而要取得竞争优势是不可能的。从某种意义上讲，了解竞争者也是现代企业的重中之重，是企业选择营销战略和策略的先决条件。因此，市场竞争调查正成为生产经营者最为关注的调查内容之一。市场竞争调查主要包括以下内容。

（1）竞争对手数量及主要竞争对手的调查；

（2）竞争对手产品设计能力、工艺能力、发展新产品的动向调查；

（3）竞争对手的生产经营规模、拥有资金、市场竞争的策略和手段调查；

（4）竞争产品的质量、数量、品种、规格、商标、成本调查；

（5）竞争对手的市场占有率及市场营销策略组合调查；

（6）消费者对竞争对手产品认可程度和对本企业产品认可程度的对比调查；

（7）竞争对手发展新动向调查；

（8）潜在竞争对手出现的可能性调查。

（五）营销因素

▶ 1. 产品调查

对提供产品的企业来说，任何形式的产品都必须符合其消费者的需要，并且促使消费者以最快的速度接受自己的产品，那么，采取什么样的战略与策略才能做到这一点呢？这就需要对有关产品的各个方面进行调查，包括对产品实体、产品寿命周期、产品外观对消费者的吸引程度、产品性能质量、产品包装设计、品牌的知名度、产品使用价值、产品市场生命周期的不同阶段和推出新产品的调查。

【案例】

"安卡普林"忽视市场调查酿成后果

"安卡普林"是宝洁公司生产的一种不伤胃的止痛剂，它运用定时释放的新技术，可以在药剂溶化前通过胃部。这种止痛剂对频繁的使用者是一种不错的选择，但患者必须每4小时就服用一次。事实上，大部分人只在疼痛时才服用止痛药，而且希望立即见效。宝洁陶醉于产品的独到技术，忽视消费者的想法，跳过了正常的市场调查和测试，直接进行大范围销售，最终以失败而告终。现在的宝洁非常注重调查和测试，如果一个产品无法在调查和测试中获得消费者认可，绝不允许上市。

资料来源：杨勇. 市场营销学实务教程（第二版）[M]. 北京：中国财富出版社，2024.

▶ 2. 价格调查

产品价格是企业可控因素中最活跃、最敏感、最难以有效控制的因素，也是决定企业产品市场份额和盈利能力的最重要因素之一。企业的产品定价适当与否关系到产品能否顺利地进入市场，关系到产品的销量、市场占有率和利润的大小以及企业产品与企业形象的好坏。然而，产品定价又不完全是企业单方面决定的，它涉及消费者和经销商的利益，受到市场供求状况、竞争产品价格、消费者对价格的敏感度以及其他各种社会环境因素的影响和制约。因此，在为产品定价或调价的决策之前，进行价格调查是必要的。

价格调查的主要内容包括：对企业产品的各种弹性系数包括需求与供给弹性、价格和消费者收入弹性等的调查，对市场现行零售价格和价格变动的可能性的调查，对各种替代品、互补品价格的调查，对消费者对产品价格的认知、在经济与心理上的承受能力、可以接受的最高价格的调查，对竞争对手的价格变动情况的调查等。

▶ 3. 分销渠道调查

分销渠道是产品从生产者向消费者或用户转移过程中经过的通道，是企业产品通向市场的生命线，是企业的无形资产。分销渠道策略是营销活动的重要组成部分之一，合理的分销渠道可使产品及时、安全、经济地经过必要的环节和路线，以最低的成本、最短的时间、最合适的中间商实现最大的价值。因此，分销渠道的调查也是营销策划调查的一项重要内容。分销渠道调查的内容一般包括：企业现有渠道能否满足销售商品需要、渠道布局是否合理、渠道成员的营销实力如何、各类中间商对企业商品有何要求、线上线下渠道差异性调查等。

▶ 4. 促销调查

促销是营销者与购买者之间的信息沟通与传递活动。促销的目的是激发消费者的购买欲望，影响和促成消费者的购买行为，扩大产品的销售，增加企业的效益。促销调查就是对企业曾经在产品或服务的促销过程中所采用的各种促销方法的有效性进行测试和评价，为策划设计新的促销手段提供可靠依据。促销调查的内容一般包括促销手段和促销策略调查。其中促销策略调查包括人员推销、广告、营业推广、公共关系的可行性、促销投入与促销效果调查等。

市场调查人员通过以上内容的调查，收集有关方面的信息和资料，针对不同的市场环境，结合顾客需求，综合运用企业可以控制的各种营销手段，帮助企业制订有效的市场营销组合策略，促使顾客购买和新市场开发，从而实现企业预期的营销目标。

二、市场调查的原则

市场调查活动必须按照原则进行。市场调查的原则，是指在收集、分类、筛选资料等市场调查活动时，应该遵守的规范和标准。

市场调查的原则是市场调查活动的设计者、调查结果的提供者和信息数据的收集者、处理者应该遵守的行为规范和工作标准，是市场调查活动取得成效的保证。市场调查活动应遵循以下原则，如图 1-5 所示。

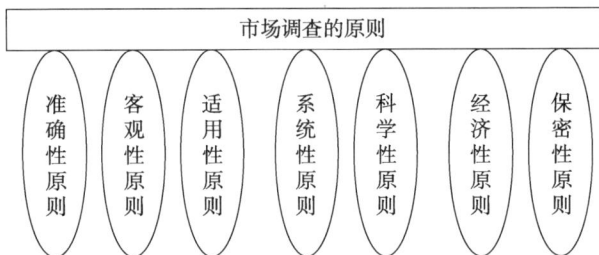

图 1-5　市场调查的原则示意图

▶ 1. 准确性原则

进行市场调查是为了给企业的市场预测和生产经营决策提供依据，如果调查后获取的资料形式结构虽然完整，内容却是胡编乱造的虚假信息，将会对企业产生经营决策误导。它所造成的危害比没有调查可能还要大得多。因此，收集和提供真实、准确的市场信息资料，是进行市场调查活动的首要原则。

▶ 2. 客观性原则

客观性原则是指进行市场调查时，市场调查人员一要保持客观的态度，从实际情况出发；二要在市场调查中保持"中立"，真实反映客观事实。具体做好以下几个方面：

（1）市场调查人员要以事实为依据，让事实和依据说话，决不能随心所欲地给客观事物注入主观臆想的成分；

（2）要从每一个单位、每一件具体事物的具体情况出发；

（3）认识事物的差别和变化，把握事物所处的具体时间、空间和其他条件；

（4）在研究和认识市场特殊性基础上，具体情况具体分析；

（5）要惟实，不惟书、不惟己。要"惟实"，即根据客观实际情况做出符合客观实际的结论；不"惟书"，即不为书本上已有的理论或结论所制约，而是尊重客观事实；不"惟己"，即不固执己见，在事实面前敢于否定自己主观的、错误的看法。

▶ 3. 适用性原则

适用性原则是指调查活动提供的市场信息资料内容应适合企业进行经营决策时使用的原则。不能解决企业生产经营问题的市场调查是无用的。市场调查活动的质量不在于收集回来多少数据，或是采用什么方法得到结论，而在对企业决策的适用性上。针对企业某些经营难题制定相应的调查方案，然后踏实地去了解、分析市场情况，这样的市场调查才符合适用性原则。

▶ 4. 系统性原则

系统性原则可以从两个方面来理解：一是指调查任何市场现象都要从系统整体性出发，全面收集有关企业生产和经营各方面的信息资料，既要了解企业的生产和经营实际，又要了解竞争对手的有关情况，也要调查社会环境的各方面对企业和消费者的影响等；二是要严格按照调查程序来进行市场调查，明确调查准备阶段、正式调查阶段、结果处理阶段具体的工作任务及要求，避免调查过程中的盲目性、随意性，以保证调查工作的顺利进行并达到预期的调查质量。

▶ 5. 科学性原则

科学性原则是指市场调查过程中要以科学的市场调查理论为基础，应用科学的方法进行调查活动。科学性原则要求调查人员树立对待调查工作的科学态度，采用定性调查与定量分析相结合的科学方法，注重市场调查的信息的及时收集、整理和分析过程的特点和规律；组织者加强对调查工作的管理与监督，以保证调查活动的质量标准，保证及时、准确、全面提供有效信息资料。

▶ 6. 经济性原则

经济性原则是指使用最低的成本、最短的时间提供可信、有用的信息资料。市场调查是一项耗时、耗力和耗财的活动，在市场调查过程中，必须根据明确的调查目的，确定市场调查的内容项目，选择合适的调查方法。尽量用较少的费用获取更多、更有效的信息资料。

▶ 7. 保密性原则

保密性原则在市场调查过程中体现在两个方面。

一是为客户保密。许多市场调查是由客户委托市场调查机构进行的，其研究成果属于客户企业的商业机密。因此，市场调查机构以及从事市场调查的人员一方面必须对调查所获得的信息保密，另一方面也要对客户内部资料情报予以保密，不能将信息泄露给第三者。为规范市场调研行业的行为，国际商会与欧洲民意和市场研究协会在关于市场和社会研究的国际准则中明确规定了营销调研公司与客户合作的"保密原则"。

二是对被调查者提供的信息保密，包括其匿名权，不仅是其名字与地址，任何他们提供的或关于他们的可以此辨别他们身份的信息必须被保护。如果被调查者的信息被暴露，可能给被调查者带来某种程度的伤害，同时也会使他们失去对市场调查者的信任。

第三节　市场调查的程序

为了迅速、准确、高质量地收集到有关市场信息资料，保证市场调查工作顺利进行并保证其质量，市场调查必须依照一定的科学方法有步骤、系统地进行。市场调查一般要经过调查准备、正式调查、结果处理三个阶段、六个步骤，如图 1-6 所示。

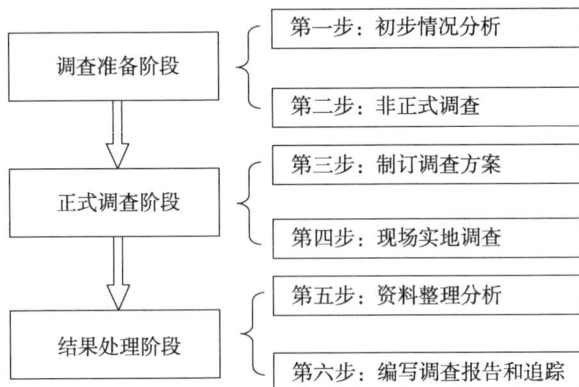

图 1-6　市场调查步骤示意图

一、调查准备阶段

市场调查的主要目的是通过收集与分析资料，研究解决企业在生产经营过程中存在的问题，针对问题拟定正确可行的改进方案。因此市场调查首先要从企业的实际出发，对生产经营活动的现状进行全面分析研究，确定问题之所在并根据问题的轻重缓急确定调查范围。例如，某企业的某种产品近几个月来销售量或销售额一直处于下降状态，原因是什么？是顾客对产品质量不满意？是商品价格偏高？商品结构不合理？还是售后服务工作没跟上？是促销宣传费用减少的影响，还是竞争对手采取了新的营销对策，或者是由于宏观经济形势发生变化造成的？为了确定问题之所在及其调查范围，一般先进行初步情况分析和非正式调查。

第一步：初步情况分析。问题明确后，为了使调查具有针对性，调查人员可收集企业内外部有关资料，包括各种报表、记录、统计资料、用户来函、财务决算、综合及专题报告、政府部门公布的有关信息等，以掌握足够的背景资料，缩小正式调查范围。

第二步：非正式调查。非正式调查，也称试探性调查，调查人员根据调查问题和初步情况，为了明确进一步调查的具体内容和重点，采用专家咨询或调查、试点调查、个案研究、二手资料分析、定性研究等方法，在小范围内作一些试探性的调查。如向本企业内部有关人员、向精通调查所涉及问题的专家和人员以及有代表性的用户主动征求意见，听取他们对这些问题的看法。

如果通过非正式调查，已经找到了问题的症结，所需资料已经齐备，就无须进行正式调查。否则，就应当进入正式调查阶段。

【案例】

日清在美国的市场调查

日本日清食品公司在准备进入美国食品市场之前，曾委托美国当地的权威机构做过调查，结果却令公司大失所望：由于美国人没有吃热汤面的饮食习惯，而是喜欢吃面时只吃面，喝汤时只喝汤，不会把面条和热汤在一起食用。调查人员由此断定汤面合一的方便面很难进入美国市场，更不可能成为一日三餐必不可少的快餐食品。日清公司并没有盲目迷信这一结论，而是派出自己的专家再次进行实地考察，这次却得出了相反的结论：美国人的饮食习惯虽然是"汤面分食"，但随着世界不同种族移民的大量增加，汤面合一这种饮食习惯很有可能成为美国人的饮食"新宠"。

日清公司在坚信自己结论的基础上，确定了四大营销策略：一是针对美国人热衷于减肥运动的生理和心理需求，在声势浩大的广告宣传中，把方便面称作为"高蛋白、低热量、去脂肪、防肥胖，价廉易食用的'瘦身最佳绿色食品'"，由此带来了营销奇效；二是为了配合美国人以叉子进食的习惯，果断地将面条加工成短而稍硬且又劲道的美式方便面；三是一改以往包装，采用适合美式的"杯面"，同时根据美国人爱喝口味重的浓汤的独特口感，不仅在面条上精益求精，而且在汤味佐料上入乡随俗；四是改变方便面面多汤少的传统工艺，研制生产了汤多面少的美式方便面，并改名为"远胜于汤"，使杯面迅速成为美国消费者人人喜爱的快餐汤。

凭着这四大策略，日清公司果断地挑战美国人的饮食习惯，不仅出奇制胜地突破了"众口难调"的瓶颈，也为自己在美国市场开辟了一片新天地。

资料来源：杨勇. 市场营销学实务教程（第二版）[M]. 北京：中国财富出版社，2024. 略有改动。

二、正式调查阶段

在正式调查阶段，要根据初步情况分析和非正式调查确定问题，制订正式调查方案，进行实地调查，收集原始数据和资料。

第三步：制订调查方案。调查方案主要包括以下内容：

（1）确定调查主题；

（2）决定收集资料的来源和方法；

（3）准备所需的调查表格；

（4）设计抽样；

（5）设计调查问卷；

（6）安排调查人员；

（7）安排调查进度与日程；

（8）确定市场调查费用。

第四步：现场实地调查。现场实地调查指调查人员根据确定的调查对象，通过各种方式方法到现场获取资料。现场调查工作的好坏，直接影响调查结果的准确性，必须由经过严格挑选并加以培训的调查人员按规定方法获取资料。

调查人员一般应有一定的文化水平和工作经验，了解本企业的基本情况，具备市场营销学、统计学和企业生产技术方面的专门知识，性格外向，善于与陌生人相处，工作认真，有克服困难的信心和勇气。

三、结果处理阶段

第五步：资料整理分析。这一步骤是对调查收集到的零散杂乱的资料和数据进行审核、分类和统计制表等。审核是为了发现资料的各种错误和误差，剔除因抽样设计有误、问卷内容不合理、被调查者的回答前后矛盾等而产生的错误，保证资料系统、完整和真实可靠；分类是为了使资料便于查找和利用而将整理后的资料分类编号；统计制表是对调查的资料进行统计计算，通过图、表形式反映各种相关因素之间的关系。

第六步：编写调查报告和追踪。编写调查报告是市场调查的最后一步，是对问题的集中分析和总结，也是调查成果的反映。调查报告的内容包括：①调查过程概述或称摘要；②调查目的，又称引言；③调查结果分析，即调查报告的正文，包括调查方法、取样方法、关键图表和数据；④结论与建议；⑤附录，包括附属图表、公式、附属资料及鸣谢等。

编写调查报告时，应注意报告内容要紧扣调查主题，针对性强，突出重点，力求客观扼要；文字简练，观点明确，说服力强；分析透彻，尽可能使用图表说明，便于企业决策者在最短时间内对整个报告有直观的了解。

追踪是指提交报告后，调查人员的工作并没有彻底完结，还需要追踪了解调查报告中的数据是否真实可靠、调查报告中的建议或意见是否切合实际、调查报告是否已被采纳、采纳的程度和实际效果如何，并尽可能协助有关人员尽早实现报告中提出的建议方案。并根据实践检验调查报告反映的问题，不断总结经验教训，不断提高市场调查的工作能力和调查水平。

知识总结

市场调查是指运用科学的方法，有目的、有计划、有步骤、系统地收集、记录、整理、分析、评价和使用有关市场方面的各种信息，为市场预测和经营决策提供可靠依据的活动过程。市场调查具有科学性、针对性、系统性、应用性、时效性、普遍性、创新性、经常性、主动性、不确定性等特点。

市场调查对企业的作用包括：是掌握市场动态变化的有效方法，进行市场预测和制订经营战略的前提和基础，制订和调整生产经营决策的保证。

市场调查的类型很多，按市场调查的主体可以分为：企业组织的市场调查、政府部门组织的市场调查、个人组织的市场调查、社会其他机构组织的市场调查。按选择调查对象的方法可以分为：全面调查、重点调查、典型调查、抽样调查（随机抽样、机械抽样、类型抽样、整群抽样、判断抽样）。按市场信息收集的途径可以分为：直接调查、间接调查。按市场调查的目的和功能可以分为：探索性调查、描述性调查、因果性调查、预测性调查等。

市场调查的内容主要包括：宏观环境调查、市场需求容量调查、竞争对手调查、营销组合调查等。

市场调查原则指市场调查活动的设计者、调查结果的提供者和信息数据的收集者、处理者应该遵守的行为规范和工作标准，是市场调查活动取得成效的保证。市场调查活动应遵循准确性、客观性、适用性、系统性、科学性、经济性、保密性等原则。

市场调查应依照一定的科学方法有步骤地进行，市场调查经过调查准备（初步情况分析、非正式调查），正式调查（制定调查方案、现场实地调查），结果处理（资料整理分析、编写调查报告和追踪）三个阶段，六个步骤。

▎知识巩固▎

一、填空题

1. 市场调查具有科学性、（　　　）、系统性、（　　　）、时效性、（　　　）、创新性、（　　　）、主动性、（　　　）等特征。

2. 市场调查的内容主要包括：（　　　）、市场需求容量调查、（　　　）、营销组合调查等方面。

3. 市场调查活动应遵循准确性、（　　　）、适用性、（　　　）、科学性、（　　　）、保密性等原则。

二、单项选择题

1. 市场调查为（　　　）提供资料数据，为经营决策提供可靠依据。
   A. 市场预测　　　　B. 经营决策　　　　C. 市场营销　　　　D. 电子商务

2. （　　　）是市场调查活动的设计者、调查结果的提供者和信息数据的收集者、处理者应该遵守的行为规范和工作标准。
   A. 市场调查特征　B. 市场调查原则　C. 市场调查方法　D. 市场调查步骤

3. 资料的整理分析、编写调查报告和追踪是市场调查的（　　　）阶段工作。
   A. 调查准备　　　B. 正式调查　　　C. 结果处理　　　D. 扫尾

三、简答题

1. 什么是市场调查？企业为什么要进行市场调查？
2. 市场调查的基本步骤有哪些？

参考答案

案例分析

第二章　市场调查方案的编制

知识要点

1. 理解市场调查主题、市场调查方案的含义
2. 掌握确定主题的主要工作和市场调查方案的内容
3. 掌握市场调查方案的可行性分析与评价方法

思维导图

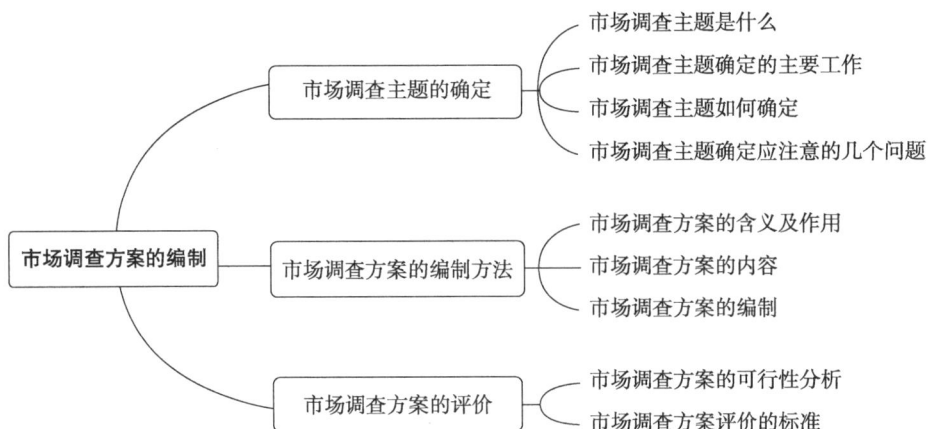

市场调查方案的编制
- 市场调查主题的确定
  - 市场调查主题是什么
  - 市场调查主题确定的主要工作
  - 市场调查主题如何确定
  - 市场调查主题确定应注意的几个问题
- 市场调查方案的编制方法
  - 市场调查方案的含义及作用
  - 市场调查方案的内容
  - 市场调查方案的编制
- 市场调查方案的评价
  - 市场调查方案的可行性分析
  - 市场调查方案评价的标准

案例导入

太原市新能源汽车消费者调查方案

一、调查背景

随着居民收入水平的日益提高，汽车在消费者日常生活中所扮演的角色已由奢侈品转变为必需品。然而，随着汽车数量的大幅增长，所造成的空气污染、噪声污染问题也愈加严重，能源耗费问题亦不容忽视。于是，符合道路交通、安全法规各项要求，可降低环境污染并减少不必要资源浪费的新能源汽车应运而生，目前在国内各大城市蓬勃发展起来。

二、调查目的

太原市某汽车销售公司为了了解新能源汽车使用者与潜在使用者的需求与建议，以作为新能源汽车市场推广的有效参考，设计调查问卷，组织对太原市进行访谈调查。

三、调查内容

（一）新能源汽车使用状况分析

- 驾车经验分析
- 驾驶速度分析
- 每日行驶里程数分析
- 每日行驶时间分析
- 主要用途分析
- 搭载情况分析
- 交通状况分析
- 电动汽车更换频率分析
- 使用满意度分析
- 使用情况分析

（二）新能源汽车需求分析

- 理想的电动汽车外形分析
- 充电方式分析
- 公共设施的配合分析
- 愿意购买价格分析
- 购买可能性分析
- 欲购买的原因分析
- 不想购买的原因分析
- 购买时机分析

四、调研地区、对象、样本

太原市 25～60 岁的公民作为抽样母体，并依抽样地区、性别、年龄等 3 个变数进行分层比例抽样，分配各组样本数。

样本分配表如下：

样本分配表

项目类别		样本数
地区	太原市 6 区	200
	3 县 1 市	200
性别	男	215
	女	185
年龄（周岁）	25～29	50
	30～34	80
	35～39	70
	40～44	60
	45～49	50
	50～54	50
	55～60	40
合计		400

五、调研方式、方法

采用问卷调查、人员定点访问的调查方式

六、问卷发放数量

按样本数量发放调查问卷 400 份

七、调研时间

2024 年 8 月 1 日—12 月 31 日

调查阶段	具体安排
准备阶段	8 月 1 日—14 日，编制调查计划； 8 月 11 日—18 日，设计调查问卷并印刷。
实施阶段	8 月 25 日—29 日，招聘、培训调查员； 9 月 1 日—10 月 30 日，到各县、市进行调查。
总结阶段	11 月 1 日—15 日，整理问卷、分析总结； 11 月 15 日—12 月 31 日，撰写调查报告。

八、资料整理与分析的方法

对合格的问卷进行登记、计算、得出可供分析使用的初步计算结果，进而对调查结果作出准确描述及初步分析，为进一步的分析提供依据。

该阶段的工作虽在室内进行，不可控因素相对较少，但智力要求高，技术性强，须予以相当重视。

九、调研报告提交方式

将本次调查的实施情况，调查结果及分析结果付诸文字，形成《太原市新能源汽车消费者调查报告》，以作为本次调查的最终结果。

十、调研经费预算

调查项目	数量	单价（元）	天数	金额（元）	备注
问卷制作费	400（份）	5		2000	打印复印费
调查员工资	40（人）	200	20	160000	劳务费
交通费	40（人）	30	20	24000	公交车
调查文具	40（份）	10		400	签字笔、笔记本
礼品	400（份）	5		2000	香皂
合计				188400	

从上述新能源汽车太原市场消费者调查方案的案例可知，市场调查活动是一项有目的、有计划、分步骤的系统性实践活动，科学设计编制市场调查方案是进行科学市场调查的前提，对市场调查工作起着统筹兼顾、统一协调的作用。当确定了市场调查的主题以后，就应针对这一调查主题科学设计编制市场调查方案。市场调查主题如何确定？市场调查方案如何编制？市场调查方案如何评价？这些是本章所要研究和解决的问题。

第一节　市场调查主题的确定

为了使市场调查做到有的放矢，市场调查方案具有更强的实际指导意义，在具体编制市场调查方案前，首先要确定市场调查的主要问题，即市场调查主题，再针对调查主题设计编制市场调查方案。

一、市场调查主题是什么

市场调查主题是指一次市场调查活动需要解决的核心、关键的问题。

市场调查主题包括营销管理决策方面的问题和具体的市场调研问题两种类型。营销管理决策方面的问题指企业决策者在企业经营管理中面临的问题，它所要解决的是"什么是决策者所要做的"这一问题。市场调研问题主要指的是"需要哪些信息，如何获取这些信息"等问题。

在一项市场调查项目开始和在进行市场调查方案设计之初，确定市场调查主题具有十分重要的意义。只有清晰地界定市场调查主题，才能顺利地编制市场调查方案并付诸实施，为整个市场调查过程提供保证、指明方向。

二、市场调查主题确定的主要工作

无论调查规模大小，都会涉及很多复杂的矛盾和问题，企业，尤其是对市场调查不甚熟悉的企业提出的调查问题或比较抽象，或过于宽泛、针对性不强，经常不能明确表达对市场调查的具体要求。调查者应首先针对企业本身和企业想要了解的问题进行小范围调查、分析，从而确定市场调查主题。调查主题必须清晰地确定，否则无法编制出有效的市场调查方案。

确定市场调查主题需要做好以下几方面的工作：

▶ 1. 分析市场调查主题的背景信息

在确定市场调查主题的过程中，根据企业提出的调查要求，对与市场调查相关的各种因素，如市场调查所属行业背景、企业决策目标、企业的长期目标与近期目标、企业的经营状况、企业的生产销售情况、企业所占市场份额、企业的营销能力及技术手段、企业现有资源条件及相应的限制因素、消费者行为特征及消费习惯、政治法律环境、人口经济环境、自然科技环境等进行分析，有助于正确界定市场调查主题。

▶ 2. 与市场调查的管理决策者加强沟通

在了解、分析了相关背景信息后，调查人员应与市场调查的管理决策者进行交流，帮助企业厘清所要解决的关键性问题、讨论对市场调查的需求，把自己对市场调查主题的理解与决策者进行充分沟通。

▶ 3. 和市场调查相关行业专家进行交流

为了确定调查主题，除了与决策者进行交流沟通，调查人员还要和相关行业的具有丰富的专业调查经验的专家们进行交流和请教，以及与公司内部的相关专业人员进行交流。

尤其是对于技术含量比较高或专业性强的行业，更有必要向行业专家请教交流，从而进一步确定调查主题。

▶ 4. 重视对二手资料的分析

市场调查人员可以通过对现有的二手资料，包括政府、企业、专业机构的数据和报告等进行分析，以进一步确认调查主题。如果二手资料非常丰富，通过对其分析即可满足调查需要，就没有必要再做实地调查收集原始数据。

三、市场调查主题如何确定

市场调查主题的确定是市场调查设计中的关键环节，它影响着整个市场调查方案的制定和市场调查的实际运作过程。市场调查的主题确定方法很多，常用的有以下几种方法。

（1）项目确定法。即市场调查是为某个项目设计方案而进行的前期调查工作，如《××房地产公司大世界花园项目市场调查方案》。

（2）产品确定法。即市场调查是为某个新产品设计、改进、上市推广策划而进行的前期调查工作，如《××公司××新产品上市推广策划调研方案》。

（3）市场确定法。即市场调查是为某个特定市场开发而进行的前期调查工作，如《××省化妆品消费市场调研方案》。

（4）行业确定法。即市场调查是为某个行业产品策划而进行的前期调查工作，如《××市烟草行业市场调研方案》。

（5）专题确定法。即市场调查是为某个专题策划而进行的前期调查工作，如《××电冰箱市场推广策划市场调研方案》。

四、市场调查主题确定应注意的几个问题

（1）确定的市场调查主题应该既是调查任务所需，又方便取得信息资料；

（2）主题的表达必须明确，要使调查资料具有确定的表达形式，如数据、文字等，以便于调查资料的整理和分析；

（3）确定调查主题时必须考虑到企业可以利用的资源以及面临的限制条件，如资金、时间等；

（4）调查主题的含义要明确、肯定，必要时可以附上调查主题的相关解释。

第二节　市场调查方案的编制方法

市场调查主题确定以后，在市场调查工作正式开展之前，要对市场调查工作各个方面进行通盘考虑和安排，制订出合理的工作程序，即编制市场调查方案。

一、市场调查方案的含义及作用

市场调查方案，又称"市场调查计划书"或"调查项目建议书"。它是根据市场调研的目的和调研对象的性质，在进行实际的市场调查之前，对调查工作总任务的各个方面和各

个阶段进行通盘考虑和安排，制订出的合理的市场调查程序的书面文案。

市场调查方案是进行市场调查工作的框架和蓝图。任何市场调查活动都是一项系统工程，为了在调查过程中做到统一认识、统一内容、统一方法、统一步调，圆满完成调查任务，在具体开展调查工作前，必须编制设计好市场调查方案。

二、市场调查方案的内容

市场调查主题确定以后，就要围绕主题确定与编制市场调查的具体方案。市场调查方案包括以下八个方面的内容。

（一）确定调查目的和项目

调查目的是指通过调查获取什么资料，解决哪些问题，调查结果有什么用处。例如，某次市场调查的目的是了解某产品的消费者购买行为和消费偏好情况，认识新市场、开发新市场、维持巩固市场等。

只有首先确定市场调查目的，明确了为什么要进行调查，要收集哪些信息资料，这次调查有什么用途等，才能确定调查的范围、内容、任务，才能确定市场调查项目。否则可能会漏掉一些重要的调查内容和调查项目，无法达到市场调查的要求。

衡量市场调查方案设计编制科学与否，主要看市场调查方案是否能满足调查目的的要求，是否符合客观实际情况，是否具有针对性。

调查项目是指对调查对象调查的具体内容，也就是要向被调查者了解哪些方面的问题。

调查项目是市场信息资料的主要来源，调查项目的选择要做到"精"与"准"。"精"即调查项目所涉及的资料能满足调查分析的需要，不存在与调查主题无关的多余项目，避免内容过多，过于烦琐。"准"即要求调查项目反映的内容要与调查主题密切相关；调查项目的含义要明确，必要时可以附上调查项目的相关解释及填写要求；调查项目的答案必须有确定的表达形式，如数值式、文字式等，以便于数据的处理和汇总。

【案例】

北京市城乡居民垃圾分类意识及现状调查

一、调查目的

2019 年 11 月 27 日，《北京市生活垃圾管理条例》修改决定经北京市十五届人大常委会第十六次会议表决通过，2020 年 5 月 1 日，《北京市生活垃圾管理条例》正式施行，全市垃圾分类工作持续发力推动，居民知晓率和重视度逐步提高。尽管《北京市生活垃圾管理条例》已实施近四年，但垃圾分类长效机制仍需进一步巩固，垃圾分类源头减量尚需进一步推进，垃圾分类设施体系也需进一步完善。

为贯彻落实首都城市环境建设管理委员会《北京市生活垃圾分类工作行动方案》（首环建管〔2019〕5 号）关于"制定居民参与生活垃圾分类的社会调查方案，定期组织开展"的有关要求，及时了解北京市生活垃圾分类工作推进情况，社区（村）垃圾分类现状及问题，居民垃圾分类的习惯、态度和期待，北京市统计局将在全市 16 个区开展北京市城乡居民垃圾分类意识及现状调查。

二、调查内容

调查的主要内容包括：北京市城乡居民垃圾分类现状及问题，个人处理垃圾的习惯和对垃圾分类的态度和期待。

三、调查对象及范围

全市 16 个区范围内被抽中社区（村）中 18～80 周岁的城乡常住居民。

四、调查方法

北京市城乡居民垃圾分类意识及现状调查采用由调查员利用 PAD 在抽中的社区（村）内进行拦截访问的调查方法。

五、组织方式

本次调查由北京市统计局统一领导，区统计局负责具体组织实施。

六、数据发布

本调查数据仅供内部使用并仅限用于统计相关目的，不对外发布。

资料来源：国家统计局. 北京市城乡居民垃圾分类意识及现状调查[EB/OL]. (2024-04-01). https://www.stats.gov.cn/fw/dftjxmgl/dftjdczd/bj/202404/t20240410_1948377.html.

（二）确定调查对象和单位

调查对象就是根据调查主题及调查目的、任务而确定的调查范围以及所要调查的对象总体，它是由某些性质上相同或相似的一定数量的调查单位组成。调查单位是指所要调查的对象总体中的个体，抽样调查中的调查样本，是在调查过程中要进行研究的各个调查项目的具体承担者，是收集信息资料的对象。

确定调查对象和单位应遵循的原则是所选的调查单位必须能够代表调查总体。在调查总体的数量较少时，采用普查方式，对所要调查的全体对象一个不漏地进行调查；在调查对象数量较多时，采用抽样调查方法，可以选取一部分有代表性的单位进行调查。抽取样本时，无论采用哪种抽样方法，都要严格规定其应具备的条件和范围，如有关性别、年龄、文化水平、收入水平、职业等方面的选择要求，以免出现如下面案例中由于调查对象和单位选择错误而导致调查结果错误，由于条件和范围不清而造成调查记录的误差。

【案例】

便利商店的市场调查失误

以"7-Eleven"为首的便利商店在 20 世纪 70 年代初引入日本时，选择了家庭主妇为对象进行调查。调查结果表明：当时日本超级市场林立、私家轿车普及，且每周休息两天，使全家外出购货之风盛行。市场调研的结论是：家庭主妇每周外出购货次数减少而每次购货的数量激增，这将不利于便利商店的经营和发展。可是事实恰好相反，日本当时发展最快的零售形式正是这种便利商店。这次调查失败的直接原因是，不该以家庭主妇作为调查对象。因为，便利商店的主要顾客是单身汉、学生和"夜行族"。将单身汉、学生和"夜行族"包括在调查对象之内，才不会得出错误结论。

资料来源：杨静. 市场调研基础与实训[M]. 北京：机械工业出版社，2013.

（三）确定调查时间和地点

调查时间包含两方面的含义：一方面，调查时间是指信息资料所属的时间，即收集调查对象何时的信息资料。确定时间是为了保证数据的统一性，如果调查的是时期现象，如收入、支出、产量、产值、销售额、利润额等，就要明确规定资料所反映的是调查对象从何时起到何时止的资料；如果所要调查的是时点现象，如期末人口、存货、设备、资产、负债等等，就要明确规定统一的截止时间。

另一方面，调查时间是指从调查方案设计到提交调查报告的整个工作时间以及各个阶段的起始时间和结束时间。要根据调查项目的难易程度、工作量的大小和时效性要求，对调查过程的每一阶段所要完成的调查任务的时间安排作出细致的合理规定，制定调查进度安排表，使调查工作能够及时开展、按时完成，保障信息资料的时效性。

调查时间安排的原则是保证市场调查的准确、可靠；尽早完成调查活动，保证时效性，兼顾经济性；时间安排要有一定的弹性和余地，以应对意外情况发生。

在安排各个阶段的工作时，还要求制作时间进度表，具体安排做哪些事项，由何人负责，并提出注意事项。

调查地点是指市场调查在什么地方进行，在多大范围内进行。在市场调查方案中，一定要明确规定调查地点，以免出现调查资料的遗漏和重复。

（四）确定调查方式和方法

市场调查需要的信息资料很多，而市场正是一个庞大的信息系统，为了信息收集的针对性，调查方式和方法的确定一定要考虑调查资料的收集难易程度、调查对象的特点、数据取得的源头、数据的质量要求等。

收集资料的方式有普查、重点调查、典型调查、抽样调查等。具体调查方法有文案调查法、访问调查法、观察调查法、实验调查法和网络调查法等。在具体调查过程中，采用何种方式方法没有统一的规定。为准确、及时、全面地取得市场信息资料，不仅要根据调查对象和调查任务的不同而选择不同的方式方法，更要注意多种调查方式方法的结合运用。

为使数据、信息情报收集、整理、分类、统计、分析更有效率，一定要针对调查主题和方法，设计出提供标准化和统一化的数据收集程序的调查问卷（又称调查表）。

（五）确定调查资料的整理与分析方法

市场调查的原始资料大多是零散的、不系统的。确定资料整理与分析方法，旨在对原始资料进行审核、加工、整理、编辑、编码、汇总和解析，明确分析结果的表达形式，如图表展示、列表分析等，使调查资料系统化、条理化，使调查数据综合化、系列化、层次化，为揭示和描述市场调查现象特征、问题和原因提供初步加工的信息。

随着计算机技术在经济领域的广泛应用，数据资料录入可以利用 EXCEL 等工具；数据资料分析包括定性分析和定量分析，定量分析时可选择如回归分析、相关分析、因子分析、聚类分析等现代统计分析手段以及专业的社会统计分析系统软件 SPSS 等，同时要说明所使用的分析方法所具有的特征及对数据分析的意义。

（六）确定提交调查报告的方式

市场调查报告是针对调查主题，在所收集的信息资料分析基础上拟定的总结性汇报书。调查者要根据调查目的和调查主题的要求，将收集到的原始信息资料，进行系统的整理和分析，提出建设性的意见、建议及措施，为企业生产、营销、经营决策提供可靠依据。

市场调查报告应尽量简洁，要突出客观性、简明性、针对性、时效性和逻辑性的特点。

构成要素包括标题、目录、正文、附件等内容。应确定提交调查报告的方式是书面报告还是口头报告，以及对于报告书的形式和份数、报告书的基本内容、原始数据、分析数据、阶段性研究成果、演示文稿等有何要求。

（七）确定市场调查组织和计划

市场调查组织和计划是指为确保市场调查工作的实施而制定的具体工作计划及人力资源配置计划。主要包括设置专门的市场调查领导机构、确定调查项目负责人、调查人员的选择和培训、工作步骤及其善后处理工作等。如果企业委托市场调查机构进行市场调查时，还要就双方的负责人、联系人、联系方式等做出规定。

调查人员的素质高低，直接影响到市场调查工作的质量。对调查人员来说，必须具备一定的思想水平、工作能力和业务技术水平。第一，调查人员要具备积极、严谨的工作态度与敬业精神，热爱市场调查工作。工作认真细致，严格遵守组织纪律，快速适应调查环境，要准确地记录调查对象反映出来的各种问题；第二，要有良好的沟通与团队协作能力，有较强的语言和文字表达能力，热情、真诚、谦虚和礼貌；第三，要具备一定的市场调查与预测原理、市场营销学、管理学、经济学、统计学、心理学等理论知识；第四，要有较强的业务能力，能够正确理解调查提纲、表格及问卷内容，利用各种情报资料，分析、鉴别和综合有关信息资料。

对调查人员的培训内容包括：业务理论知识与技能、品格修养与精神意志、职业道德及有关规章制度等。培训方法包括讲解培训、模拟训练、实际操作训练等。

（八）确定市场调查费用

任何市场调查活动都需要有一定的费用支出。在编制市场调查方案时，要根据调查项目的难易程度、参与人数的多少和调查范围大小，尽可能考虑全面，设计好调查费用预算，以保证在可能的财力、人力和时间限制要求下市场调查活动得以顺利实施。

确定市场调查费用的基本原则是：在调查经费有限的条件下，力求取得好的调查效果；在保证实现调查目标的前提下，力求使调查费用最少。同时应避免两种情况：一是拖延市场调查时间，必然造成费用开支的增大；二是缩减调查费用，可能导致市场调查的不彻底或无法进行下去，也很难保障信息的质量。

市场调查费用大体包括以下几个方面项目：

（1）整体方案的设计编制及论证费用；

（2）资料收集、复印费用；

（3）抽样设计、问卷编制、印刷费用；

（4）实地调查费用（包括调查人员的选聘和培训费、试调费、交通费、劳务费、被调查者的礼品费、复查费等）；

（5）数据录入、汇总、查错、统计劳务费用；

（6）计算机数据处理费用；

（7）调查报告撰写费用；

（8）调查报告打印、复印、装订费用；

（9）组织管理费用（包括资料费、复印费、专家咨询费、联络费、有关人员的劳务费、成果鉴定论证费等）；

（10）机动费用。

调查费用的预算应尽量做到全面、细致、实事求是，留有一定的余地。调查费用的预算分配大体是：调查前期计划准备阶段，包括策划、调查方案设计编制的费用占总预算的20%，具体实施调查阶段的费用占 40%，后期分析报告阶段的费用占 40%。应避免在整个调查过程中由于预算不充分或者分配上出现问题而影响调查工作的正常进行。

三、市场调查方案的编制

（一）市场调查方案的基本格式

市场调查方案的内容确定以后，市场调查人员可以撰写方案。市场调查方案格式没有统一要求，基本包括封面、目录、正文、附录四个部分。

（1）封面。一般包括调查方案题目、项目负责人、调查单位、完成时间及使用时间等。方案的封面要简洁、明确、有特色，可以作适当的修饰。

（2）目录。其内容主要包括方案各部分的标题和页码，注意页码与内容的对应。

（3）正文。包括摘要、调研背景以及上述八个方面的内容，这一部分是方案的主体部分，不应有遗漏。

（4）附录。这部分主要包括对市场调查方案的一些补充说明材料，例如市场调查项目负责人及主要参加者的名单，团队成员的专长及分工情况，抽样技术、问卷设计、数据处理方法等的技术说明，原始问卷资料。所有内容按照一定顺序进行编号，排在正文后面，作为补充说明。

（二）市场调查方案编制的基本要求

具体来说，市场调查方案编制应符合以下几点基本要求。

▶ 1. 方案撰写必须客观、真实

市场调查具有很强的针对性和目的性，每一次市场调查都是为了解决特定的市场问题。撰写市场调查方案一定要围绕市场调查目的和主题，解决市场问题，不能主观臆断、闭门造车，随意撰写市场调查方案。

▶ 2. 方案内容力求全面、完整

市场调查方案的内容力求全面、完整，应包括调查目的和主题、调查对象和单位、调查时间和地点、调查方式和方法、调查资料的整理和分析方法、调查组织与计划、调查费用等。市场调查方案通过对这些内容的具体化，为整个市场调查工作提供全方位的指导，使所有调查人员目的明确、对象清楚、有章可循，能够按统一的内容、方法和步骤开展市场调查工作，顺利完成市场调查任务。

▶ 3. 方案语言表达简明、有逻辑

市场调查方案的语言要做到清晰、简明，符合逻辑。应遵循一定的逻辑，做到前后衔接，环环相扣，避免语言前后缺乏连贯性、联系性，避免使用文学描述性强的语言或太抽象、太模糊、有歧义的语言，避免调查人员因对市场调查方案的误解而造成人力、物力、财力的浪费。

▶ 4. 方案撰写体现科学性、经济性

撰写市场调查方案既要体现调查方法、信息资料分析的科学性，达到市场调查的目的，取得科学合理的调查结果，又要体现出经济性的要求，尽量节约调查费用，力求以较少的调查投入取得较好的调查效果。

第三节　市场调查方案的评价

市场调查方案经过可行性分析与评价以后，才能成为正式的市场调查计划书。

一、市场调查方案的可行性分析

对市场调查方案进行可行性分析的方法很多，综合起来有四种：逻辑分析法、经验判断法、试点调查法和项目小组座谈会法。

（一）逻辑分析法

逻辑分析法是指从逻辑的层面对市场调查方案设计进行把关，考察市场调查方案的内容是否符合逻辑和常理。例如，对于农村中老年消费者采用网络问卷方式进行调查、对青少年用报纸问卷方式进行调查、将婴儿食品市场的调查对象设计为小学生等都是不符合逻辑和常理的。

（二）经验判断法

经验判断法是指通过组织一些具有丰富市场经验的从业者或者相关领域的专家，凭借其自身经验对初步设计的市场调查方案进行初步研究和判断，以确定该方案是否具备合理性和可行性。经验判断法的优点是能够节省人力和时间，在较短时间内得出结论，缺点是容易受主观因素影响使判断出现偏差。

（三）试点调查法

试点调查法通过在小范围内选择部分单位进行实验性调查，对调查方案进行实地检验，以确定市场调查方案的可行性。

试点调查在具体操作时应注意以下几个问题：

▶ 1. 组建精干的调查团队

建立一支精干的调查团队是做好试点调查工作的先决条件。有关调查的负责人、调查方案的设计者和调查员，都要亲自参加调查，以便及时发现和解决试点调查中的问题，为做好试点调查工作提供组织保证。

▶ 2. 选择适当的调查对象

应选择规模小、数量少且具有代表性的试点单位。可以采用少数单位先行试点，然后再扩大试点的范围和区域。

▶ 3. 选择合适的调查方法和调查方式

调查方法和调查方式应保持适当的灵活性，可以多准备几种调查方式，以便通过对比，选择适当的方式。如问卷法不合适，可改为访问法；集体访问不适合，可采用个别访问等。

▶ 4. 及时做好试点调查工作的总结

试点调查工作结束后，及时做好总结，认真分析试点调查的结果，找出影响调查的各种主客观因素并进行分析。检查调查目标是否制定得当，调查指标是否设置正确，哪些项目应该增加或减少，哪些项目应该修改和补充，及时提出具体意见，以便对原方案时行修改、补充与完善，从而制订科学合理、切实可行的市场调查方案。

（四）项目小组座谈会法

项目小组座谈会是由市场调查项目小组的负责人主持、项目小组及各方代表参加的会议。在有丰富市场调查经验的项目负责人主持下，座谈会围绕调查目的、调查内容、调查对象、调查范围、调查方法、调查问卷的设计、数据处理与分析、调查时间进度安排、调查经费预算等方面讨论调查的可行性问题。

二、市场调查方案评价的标准

对市场调查方案评价的标准涉及以下五个方面的内容：

（1）主题的界定是否清晰，有无歧义；

（2）市场调查方案的编制是否体现了市场调查的目的和要求，这是最基本的评价标准；

（3）市场调查方法的选择是否科学、完整和适用；

（4）方案编制是否具有可操作性，是否考虑了各种不可预期的因素；

（5）调查方案是否科学、可行，这决定了收集数据的质量，对调查质量有直接的影响。

知识总结

具体编制市场调查方案前，首先要确定市场调查的主要问题，即确立市场调查主题——市场调查活动所面临和需要解决的核心、关键性的问题。市场调查主题包括营销管理决策方面的问题和具体的市场调查问题两种类型。确定市场调查主题需要做好分析市场调查主题的背景信息、与市场调查的管理决策者加强沟通、和市场调查相关行业专家进行交流、重视对二手资料的分析等方面的工作。

确定市场调查主题的方法主要有项目确定法、产品确定法、市场确定法、行业确定法、专题确定法等。

确定市场调查主题应注意调查主题既要是调查任务所需、又要能够取得信息资料，主题含义表达应明确、肯定，考虑可以利用的资源以及面临的限制条件等问题。

市场调查方案，又称"市场调查计划书"或"调查项目建议书"，它是根据市场调研的目的和调研对象的性质，在进行实际的市场调查之前，对调查工作总任务的各个方面和各个阶段进行的通盘考虑和安排，提出相应的调查实施方案，制订出合理的市场调查程序的书面文案。市场调查方案是市场调查工作的指导大纲，为市场调查工作指明方向和目标，市场调查方案便于市场调查的管理与控制，是向政府有关方面申请研究项目和研究经费的文本依据。

市场调查方案包括确定调查目的和项目、确定调查对象和单位、确定调查时间和地点、确定调查方式和方法、确定调查资料的整理与分析方法、确定提交调查报告的方式、确定市场调查组织和计划、确定市场调查费用八个方面的内容。

市场调查方案的基本格式主要包括封面、目录、正文、附录四个部分。市场调查方案编制应符合撰写客观真实、内容全面完整、语言简明有逻辑、体现科学性和经济性等基本要求。

撰写市场调查方案既要体现调查方法、信息资料分析的科学性，达到市场调查的目的，顺利完成市场调查任务，取得科学合理的调查结果，又要体现出经济性的要求，尽量节约调查费用，力求以较少的调查投入取得较好的调查效果。

对市场调查方案进行可行性分析主要有逻辑分析法、经验判断法、试点调查法和项目小组座谈会法等方法。对其的评价主要从主题的界定是否清晰，是否体现了市场调查的目的和要求，市场调查方法的选择是否科学、完整和适用，方案编制是否具有可操作性，方案能否使调查质量有所提高等五个方面进行。

知识巩固

一、填空题

1. 确定市场调查主题需要做好分析（　　　　）的背景信息、与市场调查的（　　　　）加强沟通、和市场调查相关（　　　　）进行交流、重视对（　　　　）的分析等方面的工作。

2. 市场调查方案的基本格式主要包括（　　　　）、目录、（　　　　）、附录四个部分。

3. 对市场调查方案进行可行性分析主要有（　　　　）、经验判断法、（　　　　）和项目小组座谈会法等方法。

二、单项选择题

1. 为某个项目设计方案而进行的前期调查工作需采用（　　　　）。

    A. 项目确定法　　　B. 产品确定法　　　C. 市场确定法　　　D. 行业确定法

2. 撰写客观真实、内容全面完整、语言做到简明有逻辑、体现科学性和经济性是（　　　　）的要求。

    A. 确定市场调查主题　　　　　　　　B. 市场调查方案

    C. 市场调查方案编制　　　　　　　　D. 调查实施方案

3. （　　　　）的优点是能够节省人力和时间，在较短时间内得出结论，缺点是容易受主观因素影响使判断出现偏差。

    A. 逻辑分析法　　　B. 经验判断法　　　C. 试点调查法　　　D. 项目小组座谈会法

三、简答题

1. 什么是市场调查主题？确定主题的方法有哪些？

2. 什么是市场调查方案，其中包括哪些内容？

3. 如何对市场调查方案进行可行性分析？

参考答案

案例分析

第三章　抽样调查技术

知识要点

1. 了解抽样调查的基本概念，例如总体、样本、抽样调查等
2. 掌握样本容量的确定方法，能根据调查要求计算出样本容量
3. 理解四种概率抽样技术，能根据实际调查需要选择恰当的抽样方法
4. 理解四种非概率抽样技术，能根据实际调查需要选择恰当的抽样方法
5. 熟悉抽样调查方案设计的基本程序及要求

思维导图

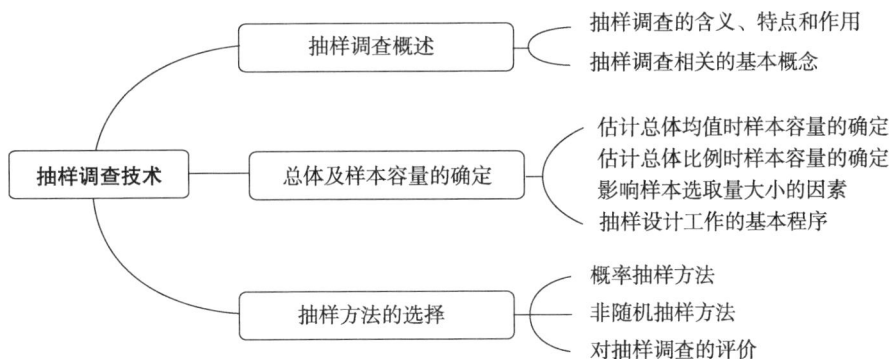

案例导入

法恩莎、申旺、SUPOR 等多款龙头、花洒产品抽查不合格

浙江省市场监督管理局在其官网发布了《2023 年度浙江省人民币鉴别仪、烟花爆竹、电动自行车等 50 种流通领域产品质量监督抽查情况的通告》。通告显示，本次共抽查流通领域 2161 批次产品，检出 372 批次产品不合格，不合格发现率为 17.21%。

其中，建筑和装饰装修材料（地漏、水嘴、淋浴用花洒）品类共有近百个批次的产品不合格，法恩莎、申旺、SUPOR、恒莱雅、千家乐等品牌上榜。

具体看来，本次抽查涉及 49 批次地漏产品，其中 23 批次产品不合格，不合格发现率为 46.94%，不合格项目为承载能力、排水流量、冷热循环、密闭性能；涉及 113 批次水嘴产品，其中 38 批次产品不合格，不合格发现率为 33.63%，不合格项目为流量、管螺纹精度、金属污染物析出、表面耐腐蚀性能、流量均匀性、水效等级。在淋浴用花洒方面，抽

查了 80 批次淋浴用花洒产品，其中 39 批次产品不合格，不合格发现率为 48.75%，不合格项目为流量、整体抗拉性能、手持式花洒防虹吸性能、流量均匀性、管螺纹精度、温降、喷射力。

对抽检中发现的不合格产品，该局称已责成浙江省内相关市级市场监管部门依法采取查封、扣押等措施，严禁生产销售；分析原因，督促问题企业落实主体责任，严格督促整改举措落实到位，及时组织复查；依法给予行政处罚，对涉嫌犯罪的，要及时移送司法机关。涉及省外企业的，均移送同级市场监管部门。

资料来源：新华网. 法恩莎、申旺、SUPOR 等多款龙头、花洒产品抽查不合格[EB/OL]. (2024-06-21). https://www.news.cn/jiaju/20240621/62a1378962bb44aeb741be46f04b306d/c.html.

从法恩莎、申旺、SUPOR 等多款龙头、花洒产品抽查不合格案例可以看出，浙江省市场监督管理局对多品类产品进行了抽样检查，取得相关信息，并予以公布，从而达到了督促企业提高产品质量、保护消费者权益的目的。抽样调查在经济社会生活中有着广泛的应用。那么，什么是抽样调查？其有何优缺点？样本容量（即要抽取的有代表性的样本的数量）如何确定？抽样的信度与效度如何？抽样的方法又有哪些？这些方法如何运用？这些是本章要研究和解决的问题。

第一节　抽样调查概述

企业营销决策需要大量的市场信息，例如消费者、竞争对手、所在行业、市场占有率等的最新情况。企业从各种渠道取得所需数据，其中数据直接来源有两种：一是调查或观察；二是实验。统计调查是取得经济社会数据的主要来源，也是获得直接统计数据的重要手段。实际中常用的统计调查方式主要有普查和抽样调查等。

一、抽样调查的含义、特征和作用

（一）含义

抽样调查是指按照一定程序，根据随机原则，从所研究对象的全体（总体）中抽取一部分单位（样本）进行调查或观察，并根据样本调查结果来推断总体数量特征，做出具有一定可靠性的估计判断，从而达到对全部研究对象的认识的一种方法。

（二）特征

抽样调查同普查、典型调查等相比，具有四个特征：

（1）调查的样本是按随机原则抽取的，而不是由调查者主管选择或确定的。

（2）调查的目的，不是说明样本本身的情况，而是通过样本来推断、说明总体的情况。

（3）通过现象间数量关系来说明现象间质的关系。即抽样调查是着重定量分析的非全面调查。

（4）抽样误差可以计算，并加以控制。

（三）作用

抽样调查是实践中应用最广泛的一种调查方式，它的作用主要表现在以下几个方面：

（1）对有些研究总体不可能进行全面调查，但又需要了解全面情况时，就可以通过抽样调查来推论和说明总体。例如，可口可乐公司要推出一款新口味的饮料，不可能对数亿可乐消费者进行全面调查，抽样调查则是较好的选择。

（2）对于没有必要进行全面调查的差异不大、同质性较强的研究总体，通过抽样调查即可了解全面情况。

（3）对普查资料进行修正和补充。例如，人口 1% 的抽样调查就是对人口普查的修正和补充。

二、抽样调查相关的基本概念

（一）总体

总体是指为一定研究目的和要求所确定的被研究对象的全体。总体单位数一般用字母 N 来表示。

假设某企业想通过调查了解在校大学生手机使用习惯，以便从中发现新的商机。据国家统计局发布的数据，2020 年全国共有普通本科学校 2740 所、专科学校 1258 所。

该企业调查的对象是全国普通本科专科学校。那么，全国普通本科专科学校的数量就是调查的总体。

普查就是指对总体中的所有个体进行统计。

（二）样本

样本是指按一定要求从总体中随机抽取出来进行调查的一部分单位。例如，根据实际情况及需要，某企业决定从全国抽取 5000 名大学生进行抽样调查，那么这 5000 名学生就是样本。样本量一般用字母 n 来表示。

（三）抽样框

抽样调查通常要使用抽样框。抽样框是指供抽样所用的所有调查单位的详细名单。上述例子中，全国所有在校本专科大学生的名单就是一个抽样框。

（四）参数

参数是指用来描述总体特征的概括性数字度量。参数是研究者想要了解的总体的某种特征值。例如，某企业特别关心在校大学生每天使用手机的平均时间有多长、在移动终端上购物的人数比例等。

常见的参数有总体均值（用 μ 来表示）、总体标准差（用 σ 来表示）等。

由于总体数据通常是未知的，因此参数是一个未知的常数。正因为如此，才需要进行抽样，根据样本计算出某些值，进而估计出总体参数。

（五）统计量

统计量是指用来描述样本特征的概括性数字度量。统计量是根据样本数据计算出来的量，它是样本的函数。

人们通常关心的统计量有样本平均数（用 x 来表示）、样本标准差（用 s 来表示）等。

（六）抽样误差与非抽样误差

抽样误差主要是指在用样本数据推断总体时产生的随机误差。其产生的主要原因有：抽取样本时没有遵循随机原则；样本结构与总体结构的差异（总体各单位间的差异程度越大，则抽样误差一般也越大，反之亦然）；样本量不足（样本量越小，则抽样误差越大）；所选择的抽样方法等。这类误差通常是无法消除的，但事先可以进行控制或计算。

非抽样误差是调查过程中由于调查者或被调查者人为因素造成的误差。调查者造成的误差有：填报错误、抄录错误、汇总错误等；被调查者造成的误差主要有：有意虚报或瞒报调查数据等。从理论上讲，这类误差是可以消除的。

（七）样本代表性

样本代表性是指样本对总体的代表程度，即样本统计量在一定的把握程度下接近总体参数的准确程度。样本代表性与抽样误差有着密切的关系，抽样误差越小，样本代表性越高，反之亦然。

（八）重复抽样与不重复抽样

重复抽样是指从总体中随机抽取一个样本单位之后，仍把它放回总体中，再从全部总体单位中选取样本。即，每次抽选总体单位数不变，同一单位有多次被抽取的可能。

不重复抽样是指已经抽出来的样本单位不再放回，而在剩下的总体单位中继续抽取。换言之，总体中每个单位只有一次被抽选的可能。

重复抽样与不重复抽样的抽样误差计算公式不同。

抽样调查工作涉及两个重要的方面：一是确定要从总体中抽取的样本数量（一般称为样本容量），即决定样本容量的大小；二是确定抽样时所使用的抽样方法。下面第二、三节分别来论述抽样调查中的这两个重要问题。

第二节　总体及样本容量的确定

本节内容需要读者具备一定的概率论与统计学基础知识，如果有必要，可以参考相关书籍。

根据样本统计量进行总体参数估计之前，首先应该确定一个适当的样本量，也就是应该抽取多少样本来估计总体参数。在进行估计时，总是希望提高估计的可靠程度。但在一定的样本容量下，要提高估计的可靠程度（置信水平），就应扩大置信区间，而过宽的置信区间在实际估计中往往是没有意义的。

通常情况下，样本容量的确定与可以容忍的置信区间的宽度以及对此区间设置的置信水平有一定关系。

一、估计总体均值时样本容量的确定

总体均值的置信区间由样本均值和估计误差两部分组成。在重复抽样或无限总体抽样条件下，确定样本量的公式为：

$$n = \frac{Z^2 \sigma^2}{E^2} \qquad (3.1)$$

式中，Z 表示置信水平为 $1-\alpha$ 时的可信度或把握程度，σ 表示总体的标准差，E 表示可接受的允许误差，n 表示所确定的样本量。在总体标准差未知的情况下，可用样本的样本标准差作为 σ 的估计值。

从公式 3.1 可以看出，样本量与置信水平成正比，在其他条件不变的情况下，置信水平越大，所需的样本量也就越大；样本量与总体方差成正比，总体的差异越大，所需的样本量也就越大；样本量与估计误差的平方成反比，即可以接受的估计误差的平方越大，所需的样本量就越小。

【例 3-1】 拥有工商管理学士学位的毕业生年薪的标准差大约为 2000 元，如果想要估计年薪 95%的置信区间，希望估计误差为 400 元，应抽取多大的样本量？

解 已知 $\sigma = 4000$，$E = 800$，$Z = 1.96$。

根据公式 3.1，得

$$n = 96.07 \approx 97$$

需要说明的是，根据公式 3.1 计算出的样本量不一定是整数，通常是将样本量取成较大的整数，也就是将小数点后面的数值一律进位成整数，而不采取四舍五入的规则。这就是样本量的圆整法则。

【案例】

样本容量越大越好吗？

如果样本越大越好，那肯定是对总体进行普查最好。普查对总体较小的调查而言的确是好方法。但问题的关键是，许多调查涉及的总体往往较大，限于经费、时间、人力等条件的制约，人们不可能对其进行普查。同时，在概率理论、统计技术与计算机技术高度发达的今天，它又是没有必要的。

盖洛普（Gallup）公司是全世界著名的民意调查机构，由美国著名的社会科学家乔治·盖洛普博士于 1930 年创立，它曾在 1994 年、1997 年、1999 年及 2004 年进行了四次覆盖中国全境的大型调查，旨在把握中国经济发展情况及人们生活方式方面的变化，这四次调查的样本都在 4000 人左右。按样本越大越好的观点，覆盖中国全境的大型调查，4000 左右的样本肯定不够，但恰恰是这几个调查，向世界如实地介绍了中国，也在国内外激起了广泛反响。

更有趣的是，盖洛普公司从成立时起到 2012 年为止，几乎要对每届美国总统选举进行预测性民意调查，每次调查的结果与真正选举的结果非常相似（1948 年的调查除外），一般只相差两三个百分点，而它们每次抽取的样本不超过 2000 人，这对那些要求样本越大越好的人来说，简直不可想象。可见，总体很大的情况下，样本容量并不总是越大越好。

二、估计总体比例时样本容量的确定

与估计总体均值时样本量的确定方法类似，在重复抽样或无限总体抽样条件下，确定样本容量的公式为：

$$n = \frac{Z^2 P(1-P)}{E^2} \tag{3.2}$$

式中，P 表示总体比例，E 表示比例条件下的允许误差，其他含义同式 3.1。如果总体比例未知的情况下，可以选择一个初始样本，以该样本的比例作为 P 的估计值。当 P 的值无法知道时，通常取使 $P(1-P)$ 最大值的 0.5。

【例 3-2】 根据以往的生产统计，某种产品的合格率约为 90%，现在要求估计误差为 5%，在求 95%的置信区间时，应抽取多少个产品作为样本？

解 已知 $P = 90\%$，$E = 5\%$，$Z = 1.96$。

根据公式 3.2，得

$$n = 138.3 \approx 139$$

即应抽取 139 个产品作为样本。

那么，一个调查究竟需要多大的样本才算合理呢？一般来说，样本越大，其代表性越好，但并不能绝对地说越大越好。样本大小与总体大小呈正相关，且具有一定的函数关系，但当样本增加至 390 左右时，即使总体继续增加，样本大小也不会增加太多，也就是说继续增加样本大小不会对调查结果产生更有价值的影响。

如果总体较小（样本超过总体的 5%），则可以使用以下公式修正：

$$样本大小 = 样本大小公式 \times \sqrt{\frac{N-n}{N-1}}$$

N 为总体数，n 为样本大小。

三、影响样本选取量大小的因素

确定样本的数量时，一般考虑以下五方面的因素，如图 3-1 所示。

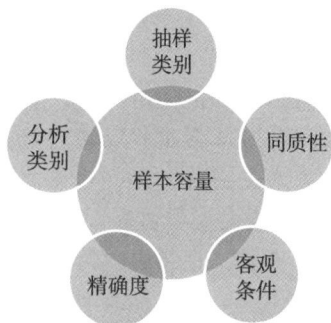

图 3-1 影响样本选取量大小的因素示意图

（1）精确度。即样本值接近总体值的程度。调查要求的精确度越高，所需样本数就越大；反之亦然。

（2）同质性。即总体各单位在所选特征上的相似性。同质性越强，所需样本数就越小；反之亦然。

（3）抽样类别。即抽样方法不同，所需样本数也不同。一般分层随机抽样所需样本量最小，整群抽样所需样本量最大，其他随机抽样方法处于二者之间。

（4）分析类别。分析类别越多，样本数要求越大；反之亦然。

（5）客观条件。即确定样本大小时还要考虑该项调查的预算约束，如调查可用的人力、物力、财力、时间等客观条件。有时由于这些条件的限制或抽样操作上的困难，必须做出选择，或者减小样本规模而达不到所要求的精确度，或者增加调查力量，以确保样本的精确度。

在实际调查中，样本量应依照市场调查本身的重要程度和实际支付能力而定。

四、抽样设计工作的基本程序

调查抽样过程既具有科学性又具有艺术性，要求调查人员在尊重科学原则的基础上，充分运用自身的经验与智慧，抽取的样本才能满足实践的条件，使样本在理论上、统计上无懈可击，在实践上、现实条件上可行，为顺利推进调查工作奠定重要的基础。

抽样设计工作的基本程序包括以下六个步骤。

（一）明确调查目的，界定调查总体

调查目的决定了预期的调查内容，或描述总体的某些特征与状况，或找寻总体发展的某一规律。明确了调查目的后，就可以界定调查总体。如中小学收费情况的调查，目的是

调查今年的收费情况，还是近几年的收费情况？如果是今年的收费情况，那么将调查总体界定为全部在读的中小学生或中小学生家长即可；如果是近几年的收费情况，则还要扩展到近几年已经毕业的中小学生。

（二）熟悉调查总体，编制抽样样本框

一旦界定了调查总体，调查者必须想方设法了解总体的基本情况，分析总体的分布与构成，了解得越详细、越具体越好。因为调查总体的构成是确定样本大小与选择抽样方法的依据。熟悉总体的一个重要工作是收集总体的有关资料，建立总体的符合抽样需要的抽样框。如要从北京市选择 6 个区作为样本区，则我们要将北京市 16 个市辖区按中心城区、次中心城区与远郊区分类，并分别编号，形成 3 个抽样框，然后按比例从 3 个抽样框中抽选区县。

（三）分析调查条件，抓住主要因素

调查的时间、经费与人力等条件是制约抽样的重要因素。俗话说："有多大能耐，做多大事"，这是指自身资源有限的情况下，不得不这样考虑。即使资源无限，如果能达到同样的调查要求，也应尽量降低调查成本，"以尽可能小的成本，做尽可能多的事"。除了资源以外，需要着重考虑调查人员自身的条件。如果有一批社会志愿者作为调查员，则可能会采取入户或社区拦截的调查方法，这样在抽样上可能要以社区总体为抽样框，抽样的方法也应与之配合；而如果有一批区县的教师兼职调查员，则容易进入学校进行调查，这样自然会想到以学校为抽样框。

（四）确定样本大小

在明确了目的、熟悉了总体与分析了调查条件后，调查人员就应对自己的调查提出一个预想，即调查要求的精确度是多少、允许的误差是多少等。从这些要求出发，再根据总体情况以及调查条件，确定一个最为可行的样本大小。

（五）选择抽样方法

从实战的角度讲，一般先确定样本大小，再选择抽样方法。如从一所有 2000 名在校生的学校里抽 1000 人与抽 30 人的方法就可能不一样，抽 1000 人可以用分层整群的抽样方法，而抽 30 人则用不到整群抽样方法。

（六）评估样本情况

根据一定的抽样原则与方法，得到的样本质量如何？简而言之，一是要看样本大小，二是要将样本与总体进行比较，如果样本与总体的情况相符，则认为样本具有代表性。

除此之外，还有两点值得注意：

第一，根据统计计算出来的样本大小，是指经调查后，实际回收的有效调查样本大小，而非抽样时的样本大小。因为在调查实施过程中，往往会有调查不成功的情况，这样，抽样时的样本量一般会比最后成功调查的样本量大。在抽样时，要根据所用调查方法的不同，确定一个折扣率，一般在 5%～25%为宜。

第二，要分析对样本进行调查的可行性。根据抽样规则选取了样本后，还要认真分析调查的条件和需要。如果估计到调查人员在规定的时间内，无法完成调查任务，那么在不影响调查样本的代表性与精确性的前提下，应该考虑对样本进行适当调整，以利于调查的顺利实施。

第三节　抽样方法的选择

【案例】

样本容量足够大就能确保抽样调查的成功吗?

美国《文学文摘》从 1920 年起对美国总统选举进行预测性调查。1936 年，他们从电话号码与车牌登记号码中抽选 1000 万人，确效回收 200 万张选票，结果 57%的人支持阿尔夫·兰登，43%的人支持在任总统富兰克林·罗斯福。但选举结果是罗斯福以 61%的得票率，击败阿尔夫·兰登，获得第二届任期。

这次民意调查样本大小应该足够大，但为什么结果差距如此之大呢？原因就在于电话号码与车牌登记号码的主人主要代表了富人，而一大批没有电话也没有车子的穷人被排除在外，但恰恰是贫穷阶层希望民主党人当选总统，是罗斯福的主要支持者。但《文学文摘》的民意调查却忽视了这一点，从而导致了失败。

由此看来，样本大小只是一定程度上解决了抽样的精确度与误差问题，但是没有从根本上解决样本的代表性问题。样本的代表性除了样本要达到一定量外，还需要采取适当的抽样方法。

抽样方法分为概率抽样方法与非概率抽样方法。非概率抽样方法一般是在调查者对调查总体不了解的情况下，采取的无奈之举，代表性较低，容易产生较大的误差。而概率抽样方法是以概率理论为基础，使总体中每一个体都有机会被选中，从而能保证样本的代表性。概率抽样方法包括许多具体的抽样方法，简单的有简单随机抽样法、等距抽样法、整群抽样法等，复杂的有分层抽样法、分阶段抽样法及 PPS 抽样法等。这里介绍一些基本的抽样方法。

一、随机抽样方法

所谓随机抽样又叫概率抽样，是指根据一个已知的概率来抽取样本单位，也就是说，哪个单位被抽中与否不取决于研究人员的主观意愿，而是取决于客观的机会——概率。

随机抽样的具体方法如图 3-2 所示，主要有下列几种。

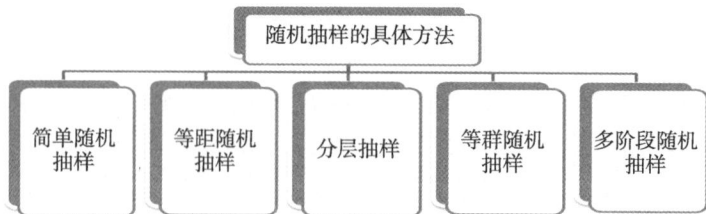

图 3-2　随机抽样的具体方法示意图

（一）简单随机抽样

简单随机抽样又称纯随机抽样，即对总体单位不进行任何分组、排列，仅按随机原则直接抽取样本。

（1）直接抽样法。即直接从调查对象中随机抽取样本。例如，从仓库存放的所有同类产品中随机指定若干产品进行质量检查等。

（2）抽签法或抓阄法。即将研究总体中每个单位统一编号（一个单位一个号码）并填写在卡片或纸签上，然后将这些编有号码的卡片放入箱或袋内，拌匀后再随机抽取卡片，直到抽满为止。被抽到的卡片即为所抽样本。

使用这种方法的条件是：总体单位数不大、总体单位之间的同质性强。这种方法的优点是简单、迅速；缺点是不适于总体单位数目大，且单位间差异性大的研究对象。

（3）随机数字表法。是根据随机数表所列数字代号，随机抽取样本的方法。随机数表中的数字是根据随机原则排列而成的。

总之，简单随机抽样是基本的抽样方法，这种抽样方式从理论上讲最符合随机原则，而且从样本的抽取到对总体指标的推断，都有一套完备的规则，是其他抽样方法的基础。一般来讲，简单随机抽样主要用于以下几种情况：一是对调查对象的情况了解很少；二是总体单位的分布没有规律；三是抽取的单位较分散，但并不使调查工作难以进行，也不影响调查结果。

简单随机抽样的主要优点是：符合随机原则，简单易行，只要有总体单位的样本框即可。其缺点是只适用于总体单位数量不多且分布较均匀的调查总体，即单位间差异不大的研究对象，否则无法保证样本的代表性。

（二）等距随机抽样

等距随机抽样也叫机械随机抽样或系统随机抽样。它先将总体各单位按某一标志进行排列、编号，然后用总体单位数除以样本单位数，求得抽样间隔，并在第一个抽样间隔内随机抽取一个单位作为第一个样本单位，最后按抽样间隔做等距抽样，直到抽取最后一个样本单位为止。其步骤是：

（1）按照某种标志将总体单位进行排列。

（2）确定间隔距离。计算公式为：

$$R = N/n$$

式中，R 代表间隔距离，N 为总体单位数，n 为样本单位数。

（3）根据随机原则，决定选样起点。如果第一个选样号码为 K，第二个样本则为 $K + R$，依此类推，第 n 个样本则为 $K + (n-1)R$。

【例 3-3】 一个工厂有 10000 名工人，抽取 500 个人来进行调查。可以利用工厂现存的工人花名册进行排列。从 1 号排列到 10000 号，抽选距离是 20 人。先从第一组 20 人中随机抽取一个人，假定这个人的编号是 15，然后每隔 20 个人抽取一个，直到抽满为止。

等距抽样具有以下优点：第一，简便易行。当抽样样本量很大时，简单随机抽样要逐个使用随机数字表抽选是相当麻烦的，而系统抽样有了总体元素的排序，只要确定出抽样的起点和间隔后，样本元素也就随之确定，而且可以利用现有的排列顺序，如抽选居民时可利用居委会的户口登记簿等，便于操作。第二，系统抽样的样本在总体中的分布一般也较均匀，因此抽样误差要小于简单随机抽样。如果掌握了总体的有关信息，将总体各元素按有关标志排列，就可以提高估计的精度。

（三）分层抽样

分层抽样又称分类抽样。具体做法首先是按照总体已有的基本特征，将总体分成几个不同的部分（每一部分为一层）；其次，根据各类型（或层）所包含的抽样单位数与总体单位数的比例，确定从各类型中抽取样本单位的数量；最后，再分别在每一部分中随机抽样。

【例 3-4】 要了解某市 1000 家私营企业的生产经营情况，决定分类抽取 100 家作为样本进行调查。首先对企业进行分类，第一产业 100 家，占 10%；第二产业 400 家，占 40%；第三产业 500 家，占 50%。然后需要在第一产业中抽取 $100 \times 10\% = 10$ 家，第二产业中抽取 40 家，第三产业中抽取 50 家。

需要注意的是，在分层或分类时，应使层内各元素间的差异尽可能小，而使层与层之间的差异尽可能大。各层的划分可根据研究者的判断或需要进行。例如，研究的对象为人时，可按性别、年龄等分层；研究收入的差异时，可按城乡分层等。

分层抽样是一种常用的抽样方式。它具有以下优点：第一，分层抽样除了可以对总体进行估计外，还可以对各层的子总体进行估计；第二，分层抽样可以按自然区域或行政区域进行分层，使抽样的组织和实施都比较方便；第三，分层抽样的样本分布在各个层内，从而使样本在总体中的分布较均匀；第四，分层抽样可以提高估计的精度。

其缺点是：必须对总体各单位的情况有较多的了解，否则无法科学分类，抽样难度加大，分层的收益与组内相关成正比，选择正确的分层标准很重要。

（四）整群随机抽样

整群随机抽样又叫聚类随机抽样或集体随机抽样，首先将总体各单位按一定标准分成若干群体，并将每一个群体看作一个抽样单位；其次按照随机原则从这些群体中抽出若干群体作为样本；最后对样本群体中的每个单位逐个进行调查。

整群抽样时，群的划分可以按自然的或行政的区域进行，也可以人为地组成群。

这种方法的步骤是：

（1）按某种标准将总体分成若干群（一般以地理区域、片或时间作为划分标准）。

（2）将各群编号。

（3）按随机原则，抽取这些群中的某些群体作为样本。这种分群抽样可以进行多次。例如，先把全国按省、自治区、直辖市分群，假设抽取其中两个省份作为样本省份，然后在两个省内按地级市、县分群，再随机地抽取地级市、县作为样本，这样继续下去，群的范围可以下降到自然村或劳动小组。

（4）对选中群内的所有单位进行全面调查。

【例 3-5】 某高中有 1200 名学生，分为 6 个年级 24 个班。采取整群随机抽样方法调查该校学生健康状况。随机抽 6 个班调查。

按年级划分群，共分为 6 个群。每个群里按随机原则抽取一个班，共抽取 6 个班，然后对这 6 个班中的每个学生进行健康检查。

整群抽样的优点是：不需要有总体元素的具体名单，而只要有群的名单即可，而群的名单比较容易得到。此外，整群抽样时群内各元素比较集中，对样本进行调查比较方便，节约费用。当群内的各元素存在差异时，整群抽样可以提供较好的结果。其局限是，整群抽样的样本一般在总体中分布不均匀，其代表性与精确性都低于其他抽样方法。

综合来看，上述四种抽样方法，各有所长和使用条件。一般说来，在其他条件相同的情况下，分层抽样所需样本量最少，整群抽样所需样本量最多。但整群抽样省钱、省时间、省资源，符合经济原则。而且在抽样面广、涉及层次较多、对总体情况不太了解的情况下，使用整群抽样较方便。但在被抽总体不大，情况不明时，不宜使用整群抽样，而更适合用简单随机抽样。

（五）多段随机抽样

多段随机抽样又称多级随机抽样或分段随机抽样，是把从总体中抽取样本的过程分成两个或两个以上阶段进行的抽样方法。

这种方法的步骤是：

（1）先按一定标准将总体各单位分成若干群体，作为抽样的第一级单位。然后将第一级单位又分成若干小群体，作为抽样的第二级单位。以此类推，还可以分为第三级、第四级单位。

（2）依随机原则，先在第一级单位中抽出若干群体作为第一级样本，然后再在第一级样本中抽出第二级样本，以此类推，还可以抽出第三级样本、第四级样本。

（3）对最后抽出的样本单位逐个进行调查。

【例 3-6】　假定某县有 20 个乡镇，平均每个乡镇有 10 个行政村，每个行政村有 10 个自然村，每个自然村有 50 户。这样全县共有 200 个行政村、2000 个自然村、10 万户。现在决定采用随机抽样方法对该县计划生育状况按户做 5% 的抽样调查，共抽取样本 500 户。

首先，确定抽样单位，根据该县社会组织的 4 个层次，即乡镇、行政村、自然村和户，应采取 4 段随机抽样方法抽取样本，并确定乡镇为第一级单位，行政村为第二级单位，自然村为第三级单位，户为第四级单位。然后采取不同的抽样方法，分四阶段逐步抽取样本。

（1）一段抽样，从县抽乡镇。20 个乡镇中包括经济发展较好的 4 个，一般的 12 个，较差的 4 个。确定样本数量。第一级单位抽其中 25% 的单位，即 5 个乡镇：较好的 1 个；一般的 3 个；较差的 1 个。

（2）二段抽样，从乡镇抽行政村。采用等距抽样。从 5 个乡镇的 50 个行政村中，抽 20%，即 10 个行政村。

（3）三段抽样，从行政村抽自然村。采用整群随机抽样。10 个行政村下的 100 个自然村，两个临近自然村为一个群体，共 50 个群体，抽 10 个群体。

（4）四段抽样，从自然村抽户。简单随机抽样，编制出 10 个群体，即 20 个自然村中，1000 户的名单、编号，每个群体抽 50 户，10 个群体共抽出 500 户。

分段抽样具有整群抽样的优点，还能弥补由于整群抽样样本过分集中的不足。其主要局限是，由于每段抽样都会产生误差，经过多阶段抽样得到的样本误差也相应增大。

二、非随机抽样方法

非随机抽样又称非概率抽样，是调查者根据自己的愿望或主观判断抽取样本的方法。

随机抽样建立在机会均等原则基础之上，克服了由于人们的主观因素而产生的影响，有助于减少抽样中的误差。但是由于客观条件的限制，不可能在一切抽样中都按随机原则进行，而往往采取非随机抽样，或非随机抽样与随机抽样相结合的办法。

如图 3-3 所示，常见的非随机抽样有以下几种方法。

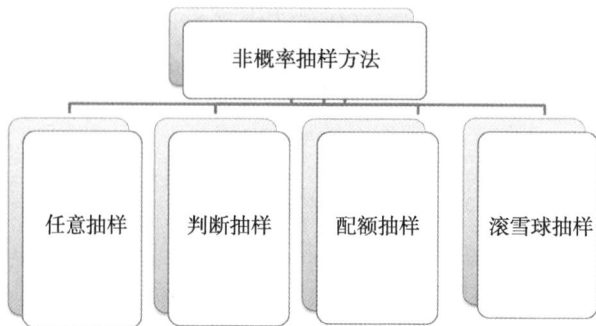

图 3-3　常见的非概率抽样方法示意图

（一）任意抽样

任意抽样也称方便抽样、便利抽样、偶遇抽样，是从便利的角度出发，依靠现成的研究对象获取样本。如在街头、路口、商场等，选择某些行人、顾客等作为抽样对象进行访问调查。

这种方法简便易行，省事省钱，适用于探索研究。但用这种方法调查的结果，样本的代表性很差，有很大的偶然性。

（二）判断抽样

判断抽样又称立意抽样，就是依据调查者的主观判断来选择最适当的研究对象组成样本。样本个体的选择不是根据某一概率，而是依据研究者或调查人员的经验或直觉判断。

判断抽样样本单位的选取通常可分为两种情况：第一种是选择最能代表普遍情况的研究对象；第二种是选择那些异乎寻常的个案，目的是研究造成异常的原因。

判断抽样的优点是能以较少的人力、经费与时间，有针对性地研究某些问题。

（三）配额抽样

配额抽样也称定额抽样，将总体中的所有单位按其属性或特征，以一定的分类标准划分成若干层次或类型，然后在各层中抽样。与分层抽样不同的是，在抽样时不遵循随机原则，而是由调查者主观确定各层中抽取的样本，只需在各层中抽取样本时保持适当比例。抽样时按照一定标准和比例分配样本数额，然后由调查者在各个组成部分内根据配额的多少采用任意抽样或判断抽样方法抽取样本。这种抽样方法简单易行，快速灵活。

具体做法是：

（1）选择某些控制特性作为划分总体的标准，把总体分成若干子体。

（2）按照子体在总体中的比例，决定各子体中的样本大小。

（3）按这些比例数字在各子体中随意抽取。

（四）滚雪球抽样

滚雪球抽样是指由于对调查总体情况不甚了解，无法采取上述各种抽样方法抽取样本，因而只能先找少量的，甚至个别的调查对象进行访问，然后通过他们再寻找新的调查对象，这样就像滚雪球一样寻找到越来越多的调查对象，直至达到调查目的为止。

以上介绍的是最常用的随机抽样方法和非随机抽样方法。随机抽样是在知道研究总体大小的条件下根据随机原则进行的。因此，采用这种方法时，总体中每个单位都有同等被抽取的机会，并且能在可控的抽样误差范围内推论总体；非随机抽样是根据研究者的主观判断和愿望进行的。这类抽样被选对象不具有同等机会，也无法确定被选机会有多大，而且不能具备一定把握地推论总体。

三、对抽样调查的评价

（一）抽样调查的优点

（1）费用较低。这是抽样调查的一个最显著的特点。由于调查的样本量通常是总体中的很小一部分，调查的工作量小，因而可以节约大量的资源，调查费用较低。

（2）速度较快。抽样调查可以迅速、及时地获得所需要的信息。与普查等全面调查相比，抽样调查可以较频繁地进行，并随事物的发展变化及时取得有关信息，以弥补普查等全面调查的不足。

（3）样本具有较强的代表性和客观性。抽样调查一般按随机原则抽取样本，可以排除调查者主观因素的干扰，使样本单位的结构充分地接近调查总体的结构，从而保证样本对总体的代表性和客观性。

（4）准确性高。由于工作量大大减少，可以选拔到较高素质的工作人员，对他们进行严格的训练，因此获取的资料质量更高一些。

（5）科学性较高。由于抽样误差可以计算和控制，抽样调查可以应用现代统计方法与技术，借助计算机软件，因而在一定的可信度基础上，根据样本数据对总体特征进行推断就比较准确，调查结果具有科学性。

（二）抽样调查的局限性

（1）由于抽样调查的样本单位数一般较大，所以调查的深度不如典型调查、个案调查。

（2）由于抽样和推断都需要掌握一定的统计知识与技术，因此，抽样调查方式在实际使用中受到一定程度的限制。

总之，在调查抽样中，只有遵循一定的科学原则，并随情势而变，充分调动自身的实践智慧，才能得到高质量的、符合要求的调查样本。

▎知识总结▎

抽样调查是应用最广泛的一种调查方式，具有经济性、及时性、可靠性等特点。

抽样调查的目的不仅是了解样本的情况，还是通过对样本的了解来推断总体的特征。抽样调查虽然是一种非全面调查，但其目的是得到总体的有关资料。

确定样本容量涉及置信区间、置信水平、总体或样本的标准差以及设定的允许误差等因素。

抽样设计工作包括明确调查目的、界定调查总体、熟悉调查总体、编制抽样样本框、分析调查条件、抓住主要因素、确定样本大小、选择抽样方法、评估样本情况等基本程序。

抽样设计还有两点值得注意：一是决定样本数，要根据所用调查方法的不同，确定一个折扣率，一般在5%～25%为宜；二是要分析对样本进行调查的可行性。

随机抽样是在知道研究总体大小的条件下根据随机原则进行的。因此，采用这种方法时，总体中每个单位都有同等被抽取的机会，并且能在可控的抽样误差范围内推论总体；非随机抽样是根据研究者的主观判断和愿望进行的。这类抽样被选对象不具有同等机会，也不知道被选机会有多大，而且不能在具备一定把握的前提下推论总体。

抽样方法分为概率抽样方法与非概率抽样方法。

概率抽样方法包括简单随机抽样、分层抽样、整群抽样、等距抽样等；非概率抽样包括任意抽样、判断抽样、配额抽样、滚雪球抽样等。

抽样调查的优点主要是费用较低、速度较快、样本具有较强的代表性和客观性、准确性高、科学性较高等；抽样调查的局限性表现在调查的深度较浅、需要掌握一定的统计知识与技术。

▌知识巩固 ▌

一、填空题

1. 抽样调查的目的不仅仅是了解（ ）的情况，而是通过对（ ）的了解来推断（ ）的特征。

2. 抽样设计工作包括（ ）、界定调查总体，熟悉调查总体、（ ），分析调查条件、抓住主要因素，确定样本大小，选择（ ），评估（ ）等基本程序。

3. 非概率抽样方法包括：（ ）、（ ）、（ ）、（ ）等。

二、单项选择题

1. 从便利的角度出发，依靠现成的研究对象获取样本，按调查者的方便任意抽样被称为（ ）。

    A. 任意抽样　　　B. 判断抽样　　　C. 配额抽样　　　D. 滚雪球抽样

2. 费用较低、速度较快、样本具有较强的代表性和客观性、准确性高、科学性较高等是（ ）的优点。

    A. 抽样调查　　　B. 分层抽样　　　C. 整群抽样　　　D. 等距抽样

3. 调查过程中由于调查者或被调查者的人为因素造成的误差属于（ ）。

    A. 抽样误差　　　　　　　　　　B. 非抽样误差

    C. 抽样设计误差　　　　　　　　D. 概率抽样误差

三、简答题

1. 简述市场调查中应用抽样调查的必要性。

2. 简述非随机抽样的优缺点。

3. 简述常用的概率抽样方法，并指出各自的优缺点。

参考答案

案例分析

第四章 市场调查资料的收集

知识要点

1. 了解市场调查资料的分类
2. 掌握文案调查法的内容及具体方法
3. 掌握访问调查法的内容及具体方法
4. 掌握观察调查法的内容及具体方法
5. 掌握实验调查法的内容、具体方法及步骤

思维导图

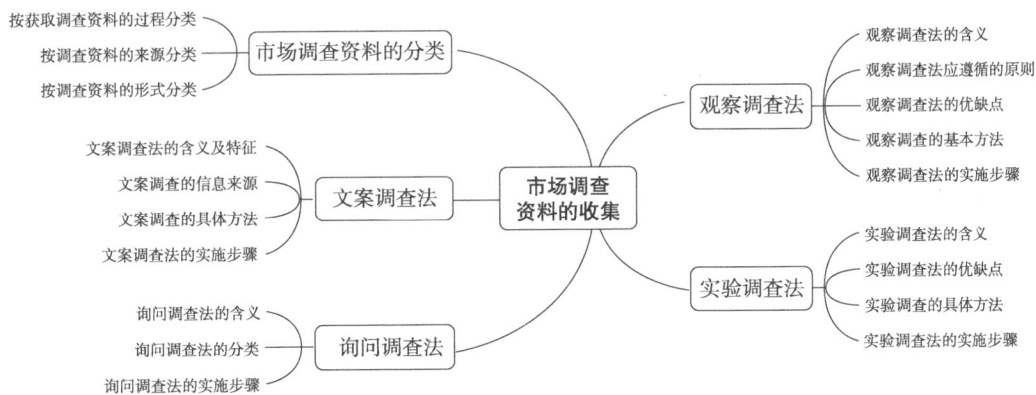

按获取调查资料的过程分类
按调查资料的来源分类
按调查资料的形式分类
── 市场调查资料的分类

文案调查法的含义及特征
文案调查的信息来源
文案调查的具体方法
文案调查法的实施步骤
── 文案调查法

询问调查法的含义
询问调查法的分类
询问调查法的实施步骤
── 询问调查法

市场调查资料的收集

观察调查法的含义
观察调查法应遵循的原则
观察调查法的优缺点
观察调查的基本方法
观察调查法的实施步骤
── 观察调查法

实验调查法的含义
实验调查法的优缺点
实验调查的具体方法
实验调查法的实施步骤
── 实验调查法

案例导入

运用数字技术推进深度调研

2023 年 5 月，中共中央办公厅印发《关于在全党大兴调查研究的工作方案》(以下简称《方案》)。《方案》强调，"要坚持因地制宜，综合运用座谈访谈、随机走访、问卷调查、专家调查、抽样调查、统计分析等方式，充分运用互联网、大数据等现代信息技术开展调查研究，提高科学性和实效性"。

近日，"大兴调查研究之风"成为社会热门话题，要想解决实际问题，必须进行全面且深入的调查研究。如今我们正处于大数据时代，展开调查研究的方法和手段都比传统时代更加的丰富和强大，因此，如何更加充分地利用大数据等技术手段展开调查研究，对全面挖掘信息、发现问题、提出有效解决措施等有着重要的意义。

传统研究调查行业正处在从传统调研向线上调研的转型期。随着科技的发展，未来调研行业的变革发展还将更多地借助大数据、人工智能。但这并不意味着，调研转型是简单的用线上替代线下。在实际过程中，线上调研也暴露出了许多痛点，同时面临着诸多挑战，例如：网络人群的抽样代表性是否可以与传统抽样相比拟？依靠网络调查的数据质量是否可靠？

通过利用数据融合的方法逐步搭建传统线下调研、线上调研方式相混合的新型调研模式，将来自两种调研方式的样本有效融合，替代原有以线下方式为主的传统调研，提高执行效率，提升调研质量。线下、线上不同访问方式融合调研的探索和尝试，在保证传统抽样代表性的基础上，着力解决传统方式面临的困境，并进一步拓展线上调研在实际调研中的深度应用，促使调研模式更具专业化和科学性，在政府及公众中获得更为广泛的认同。这种尝试对调查行业调查体系的良性发展具有学术意义和应用价值，可以作为一种科学的调研方式在实际调查项目中进行尝试及推广。

在调研的过程中需要确定数字技术的适用范围，找准对象与对策的结合点。从以往调查研究的情况来看，仅靠座谈交流、问卷调查是不够的，应积极运用大数据监测、智能决策等新方法。调研之前要有详细的任务清单，区分调研内容并进行精准匹配，在调研的不同阶段使用不同的技术手段。例如可以借助大数据平台、在线智能问答系统提前收集数据，后期用可信区块链等管理数据，提高数据的真实性和准确性。

新一代人工智能等技术可以实现"问题导向"的任务精准匹配，有条件的地方可以预先开发调研任务分配系统，或用大数据分析方法确定调研项目清单等，把调查研究计划做实做细。针对调研取得的数据，应积极利用数字技术优化调研数据处理方式，如运用技术手段筛选、评价调研数据；同时建立相应数据库，并致力于让整个调查数据库建设成为"厚数据"，建立起高质量样本数据。

资料来源：王鹏. 运用数字技术推进深度调研[EB/OL]. (2023-05-04). https://column.chinadaily.com.cn/a/202305/04/WS64531c5aa310537989372a46.html.

从以上案例可以看出，数字技术如何推进传统调查方式的转型，大数据、人工智能等新兴技术对市场调查质量的提升，与收集到的各类信息资料价值大小有关，与市场调查方法的使用密切相关。而市场上的信息成千上万，不同调查方法收集到的信息资料种类不同，价值也不同。因此，做好市场调查资料的分类、市场调查方法的选择至关重要。市场调查资料包括哪些类型？文案调查法、询问调查法、观察调查法、实验调查法如何应用？这是本章所要解决的问题。

第一节　市场调查资料的分类

市场调查的过程就是收集、整理、分析各种信息资料的过程。只有做好市场调查资料的分类与收集，才能保证市场调查达到认识市场发展变化规律，为市场预测和经营决策提供可靠依据的目的。

依据以下不同的分类指标，可以把市场调查资料进行以下不同的分类。

一、按获取调查资料的过程分类

（一）第一手资料

第一手资料，也称"原始资料"或"初级资料"，是指市场调查人员采用各种方法通过实地调查所获取的具有直观、具体、零碎等特点的一手资料。它包括实地调查资料、观察资料和实验数据等，这是市场信息的基础。

第一手资料的优点是资料收集时效性强，具有较高的相关性、针对性和可靠性，能提供事实、意见、动机等信息；缺点是费时、费工、费用高。

第一手资料来源于实际的市场调查活动，可以通过访问调查、观察调查、实验调查、网络调查等方法获得。具体采用什么方法，需结合市场调查的目的与主题而定。

（二）第二手资料

第二手资料又称"已有资料""次级资料"，是指其他人或机构为其他目的而组织收集、整理的各种现成的相关历史资料，如年鉴、报告、期刊、文集、数据库、报表等。

二手资料的优点是收集迅速便捷、没有时空限制、成本低。市场调查者需要这方面的内容，只要查阅这份现成的资料就可以了，不需要再进行原始资料的收集。

二手资料的缺点是资料的相关性、准确性和适用性较差，加工审核工作难度大；资料的时效性差，具有滞后性，容易过时；收集到的资料容易残缺或有错误，直接影响调查结果的正确性。

二手资料可以通过文案调查法获得。二手资料的调查工作对调查者的专业知识、实践经验和调查技巧要求较高。

二、按调查资料的来源分类

（一）按调查资料来自企业内外分类

▶ 1. 企业内部资料

企业内部资料，即来自于企业内部的各种相关信息资料，如原始凭证、各类报表、账册、总结、用户来函、订货单及进货统计、库存记录、合同签订执行情况、生产经营计划、客户名单、商品介绍、分析总结报告、宣传材料、决策层的各种规划方案、以往的市场调查报告等。其特点是收集方便、成本低、可靠性强。

▶ 2. 企业外部资料

企业外部资料，即来自于企业外部的各种相关信息资料，如公告、统计年鉴、报纸、杂志、图书、会议资料、报告、学术论文、广告等。获取外部资料的途径有四种，即经销商、消费者、竞争对手和其他外部环境（包括政府机构、行业协会、各种信息咨询机构、各种类型的图书馆、大众传播媒介等），其特点是收集时间长、费用大、资料时间跨度大、资料来源难控制。

（二）按调查资料来源的范围分类

▶ 1. 全部对象资料

全部对象资料即对理论上的调查对象全部开展实际开展调查收集的资料。其特点是时效性差，费用大，实施难度高，易产生误差。

▶ 2. 重点对象资料

重点对象资料即把理论上的调查对象中的重点单位作为实际的调查对象而获取的重点资料。其特点是实施容易，调查深入详细，节省人力、财力和时间。

▶ 3. 典型对象资料

典型对象资料是指把理论上的具有代表性的单位作为实际调查对象而获得的典型资

料。其特点是省时省力，以点代面。

（三）按调查资料来源的稳定性分类

▶ 1. 非固定对象资料

非固定对象即调查一结束，调查对象与调查者的联系就结束。

▶ 2. 固定对象资料

固定对象即经过挑选作为较长时期的资料提供者的单位或个人。其特点是有利于保证信息资料的连贯性、系统性、稳定性。

三、按调查资料的形式分类

（1）文献性资料。指从各种文献中收集到的信息资料。

（2）物质性资料。指以各种物质形式乘载的信息资料，如新产品、新技术的样品资料、商品展览宣传资料等。

（3）思维性资料。指人们头脑中的相关市场信息资料，如人们对市场进行分析得出的资料及对未来市场发展走势的预测资料等。

根据不同的划分标准，将市场调查的信息资料分成上述多种类型，不同类型的市场调查信息资料各具特征。研究不同类型市场信息资料的作用和特点，针对不同类型的信息资料选择最适宜的调查方法，有利于调查者获得准确、翔实、可靠、系统的市场信息资料，为进一步进行信息资料的分析奠定基础。

市场调查资料的收集方法多种多样，每种调查方法各有优缺点，在实际的调查活动中可以根据具体的调查内容、要求和特点，选择最适宜的调查方法，也可以选择多种方法的组合应用。以下各节将对文案调查法、询问调查法、观察调查法、实验调查法的基本方法进行介绍。

第二节　文案调查法

一、文案调查法的含义及特征

（一）文案调查法的含义

文案调查法又称"间接调查法""案头调查法""资料分析法""二手资料调查法"或"室内研究法"，是指通过各种手段收集、筛选各种历史和当前的已经过加工的动态资料，获取相关信息并加以分析整理的一种调查方法。

文案调查法主要用于收集与市场调查课题有关的二手资料，对象是各种历史和现实的统计资料，包括各种文献、档案中的信息资料，如图书、期刊、报纸、杂志、政府文件、统计数据、会议记录、专刊文献、学术论文、档案材料等，也包括网络信息资料，如政府信息网、各种网络公司建立的信息数据库。

文案调查是市场调查的第一步，为实地调查先行收集已经存在的市场数据提供背景资料，是实地调查的基础；文案调查可取得实地调查无法获取的某些资料，如竞争对手的原始资料等；文案调查可鉴定、证明实地调查资料的可信度，并可以进行趋势分析和对总体进行推测。

（二）文案调查法的特征

▶ **1. 文案调查法的间接性**

文案调查法是指收集、筛选已经经过加工的以文字、图像、符号、视频等形式所负载的二手资料或次级资料，不包含实地调查。

▶ **2. 文案调查法的文献性**

文案调查法以收集文献性信息为主，具体表现为对各种文献资料的收集、整理与汇总。

▶ **3. 文案调查法的无接触性**

文案调查法不直接接触被调查者，在调查过程中不存在与被调查者之间关系协调的问题。

▶ **4. 文案调查法的机动灵活性**

文案调查法能够快速、以较低成本获取所需的二手资料，以满足市场研究的需要，作为评价原始资料的标准，或作为原始资料的补充说明。

（三）文案调查法的优缺点

（1）文案调查法的优点：资料收集过程简单、经济、便利；资料来源广泛；调查方法机动灵活，不受时空限制；调查人员可以快速便捷获得所需资料，满足市场调查需要；受调查者的主观情感判断的影响小；初步了解调查对象的性质、范围、内容和重点等，为进一步实地调查创造条件。

（2）文案调查法的缺点：数据的收集整理工作比较烦琐；二手资料多为历史性的数据和资料，缺乏最新的信息，存在滞后性和残缺性；二手资料一般是针对某些目的而收集整理的，缺乏针对性，适用性差，需进一步加工处理；有些二手资料的精确度不高、可靠性不强，需要对资料进行审查与评价，以确定其是否可靠、精确；对调查者的专业知识、实践经验和技巧要求较高。

二、文案调查的信息来源

文案调查成功的关键是发现并确定资料的来源。文案调查的信息资料来源很多，从市场调查主体的角度来说，大致分为企业内部渠道和企业外部渠道。

（一）企业内部渠道信息资料

企业内部渠道信息资料主要是指企业内部各个部门所提供的数据、资料和记录，如业务部门、财务部门、统计部门、行政部门及其他有关个人或部门提供的资料。

（1）业务部门：可以提供不同产品和顾客档案、分销渠道及市场占有率、订货单、进货单、发货单、销售人员的报告、销售记录、服务记录、退货记录、代理商和经销商的信函、消费者的意见及信访等；

（2）财务部门：可以提供财务报表、会计核算、财务审计报告、产品价格、成本等；

（3）统计部门：可以提供各种统计报表、企业销售、库存等；

（4）行政部门：可以提供人才需求报告、各项规章制度、绩效考核资料、会议资料、总结性文件等。

（二）企业外部渠道信息资料

企业外部渠道信息资料指企业外部与企业相关的政府机关单位、个人直接或间接提供的数据资料，如各类情报单位、互联网、在线数据库、图书馆等提供的数据资料。

► 1. 政府及有关部门提供的资料

政府部门定期、不定期公布的有关法律、法令、经济方针、产业政策等；国务院及有关部委发布的有关信息资料；国家统计局及地方统计局，定期发布统计的公报、数据和统计信息，定期出版的各类统计年鉴，内容包括全国人口总量、国民收入、居民购买力水平、国际贸易信息等。

► 2. 行业协会、商会提供的资料

行业协会、商会定期发布的有关本行业的信息；会员名单、会员基本情况等资料；各专业性商会发布的贸易信息；各种展览会、博览会、交易会和订货会等会议提供的新产品、新技术的有关信息资料。

► 3. 各类情报机构提供的资料

各种专业信息咨询机构、经济信息中心、研究院所等提供的市场信息资料和行情发展报告；专业市场调查组织提供的调查报告；各类研究机构、科研院校提供的论文集、研究报告、统计报告及其他相关资料。

► 4. 在线数据库、辛迪加数据提供的资料

在线数据库，指按照一定要求收集且具有内部相关性的在线数据集合体。它可以收集到世界各国、各地区和各类企业甚至是个人的相关信息资料，并通过计算机系统进行编辑、分类和分析。资料形式包括文献目录、文章、报告、统计资料、数字、名录等，其内容既包括各国家或地区宏观层面的信息资料，也包含企业、个人微观层面的资料和数据等。

辛迪加数据又称"联合调研"数据，是指一种高度专业化、从一般数据库中所获得的外部次级资料，如美国全国家庭购买面板数据、尼尔森电视监听数据、阿比创市场研究公司的广播听众关系研究结果、广视索福瑞媒介研究有限公司的电视收视市场研究数据等。这些市场调研公司会选择一些特定的产品作为调查对象，并不断向各有关企业推销调查报告。它们一般不专门为某个客户服务，凡是有兴趣的厂商，都可以出钱购买这些信息。这些市场调研公司把相关信息卖给多个信息需要者，信息需要者较快地获得所需信息，也大大降低了获得信息的成本。

► 5. 各类出版物、电视广播提供的资料

出版物包括国内外有关的书籍、报纸、杂志所提供的文献资料，包括各种统计资料、广告资料、学术动态、经贸述评、中外经贸动态、工商企业动态、市场行情和世界市场趋势研究等预测资料；全国各地的电视台广播开设的市场信息、经济博览等栏目，以传播经济、市场信息为主题的专题节目等，都是获得相关二手资料的渠道。

三、文案调查的具体方法

文案调查的具体方法很多，归纳起来分以下几种，如图4-1所示。

► 1. 参考文献查找法

参考文献查找法是根据有关著作、论文的末尾列出的参考文献目录，或者文中所提到的某些文献资料，查找有关文献资料的方法。采用这种方法，一是可以提高查找效率，快速获得与该类研究有关的同类主要文献；二是可以通过分析文献被引用的情况，了解该类研究的发展状况和受重视程度。

► 2. 检索工具查找法

检索工具查找法是利用已有的检索工具查找文献资料的方法。检索工具查找法可分为

手工检索和计算机检索两种类型。

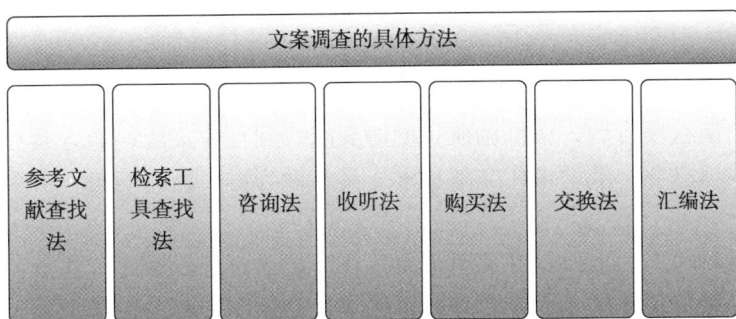

图 4-1 文案调查的具体方法示意图

利用手工检索查找资料要借助检索工具，如目录、索引、文摘等，按照一定的检索途径，如资料名、著者、资料顺序号、资料分类、主题词等，利用顺查、倒查、分段、追溯等方法，迅速、准确地收集到更多的信息。

计算机检索不仅具有速度快、效率高、内容全、范围广、数量大等优点，还可以打破获取信息资料的时空约束，提供完整可靠的信息。

▶ 3. 咨询法

咨询法是指通过电话询问、当面咨询或实地查询，向企业内部相关部门查询某些业务数据或通过声讯服务咨询获得信息资料的方法。

▶ 4. 收听法

收听法是指用人工收听、录音等方法收听广播及新兴的多媒体传播系统播发的各种政策法规和经济信息的方法。

▶ 5. 购买法

购买法是指通过经济手段获得定期或不定期出版的市场行情资料和市场分析报告。

随着信息的不断商品化，许多专业信息公司贮存的信息资料是有价转让的，大多数出版物也是有价的，调查者可以向信息资料所有者直接购买，也可以从掌握信息资料的商业性机构，如咨询公司、行业协会购买。还可以委托专业市场研究公司，如市场调查公司、广告公司、咨询公司等，有针对性地收集和提供调查者所需要的信息资料。

▶ 6. 交换法

交换法是指调查者与一些信息机构或单位之间进行对等的信息交流。交换可以是企业间、企业与学术机构之间、企业与信息咨询机构之间的交换。这是一种信息共享的协作关系，交换的双方都有向对方无偿提供资料的义务和获得对方无偿提供资料的权利。

▶ 7. 汇编法

汇编法一是指企业定期整理和积累企业内部统计资料数据、财务数据和相关资料；二是指接收外界主动免费提供的信息资料，包括广告产品说明书、宣传材料等。坚持长期收集汇编，往往能够发现其中有价值的内容。

四、文案调查法的实施步骤

文案调查法获取资料渠道多，内容杂，针对性差。面对众多包含大量信息的二手资料，要经过分析、筛选、整理和分类，才能获得调查者所需要的信息和数据。为了提高效率，节省调查的时间和费用，文案调查必须按照科学的步骤进行调查。文案调查一般包括以下三个步骤。

▶ 1. 收集二手资料

确定具体的调查项目后，根据调研目的的要求，制订收集资料的方案和计划，辨别所需的信息，寻找信息源，借助现代文献检索工具，做到由广泛到精确、由粗略到细致地收集二手资料。

收集二手资料时，一定要做好资料记录工作。记录时可以做好三件事：一是做好资料卡片，记录下这些资料的核心内容，并在每张卡片上注明资料的详细来源（作者、文献名称、刊号、出版时间、页码等），以便在以后检查资料的正确性时，调查者或其他人员也能准确地查到其来源；二是做好资料剪贴，将报纸、杂志上自己所需要的文章剪裁下来，分门别类地贴在自己的本子上，剪贴时要写明出自的报纸杂志的名称、刊发时间及期数等，以便日后查找；三是做活页笔记，将需要的文献资料内容摘录在活页笔记本上，记录的要求与资料卡片相同。

▶ 2. 评价、筛选二手资料

二手资料的评价、筛选是为了鉴定二手资料的真实性、可用性、时效性和完整性。必要时可制成图表来分析比较、检验资料的真伪。同一数据资料存在两个以上的出处时，更要进行比较和筛选。

▶ 3. 整理二手资料

由于二手资料种类多、格式复杂，对其的整理分析是一项核心工作。整理二手资料时要按照一定的标志，将选择出来的文献资料进行分门别类的整理。基本要求是紧密围绕调查目的，依据事先制订的分析计划，选择正确的统计方法和指标。

资料整理后，调查人员要根据市场调查的需要，剔除与市场调查无关的资料。

第三节　询问调查法

一、询问调查法的含义

询问调查法又称"采访调查法""访问调查法"，是指调查者通过口头、电讯或书面等方式向被调查者询问了解情况、收集资料的调查方法。

询问调查法是一种可以直接或间接获得一手资料的方法，尤其是随着电话与计算机的普及、互联网的快速发展，询问调查法以其经济、便利和信息获得量大的特点，被调查者广泛使用。

二、询问调查法的分类

询问调查法按询问的方式，可分为面谈法、邮寄法、电话法和留置法，如图 4-2 所示。

（一）面谈法

面谈法又称"直接询问法"，是调查人员同被调查者面对面接触，根据调查提纲直接询问被调查者，通过有目的的谈话取得所需情况、数据、资料的一种调查方法。

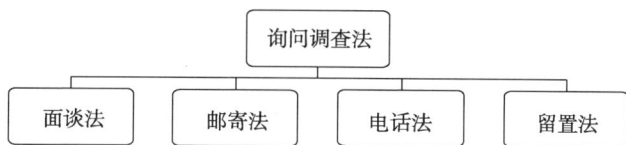

图4-2　询问调查法示意图

面谈法的优点是由于调查者与被调查者面对面，回答率高；具有较强的灵活性，便于沟通思想；被调查者能充分发表意见，调查者获得的信息量最大，收集的资料比较深入全面。缺点是面谈调查花费人力、费用支出（差旅费、调查人员培训费等）较大，对调查人员的素质要求较高，调查结果的质量容易受调查人员的询问态度或语气、技术熟练程度和心理情绪等因素的影响。

拓展知识

市场调查中的面谈询问调查技巧

市场调查的方法很多，其中面谈询问调查使用范围最广，如入户询问、街头询问等。在询问调查中，调查人员是一个颇为重要的角色，他们的服饰穿着、言谈举止、询问方式都会影响到调查能否成功进行。要想获得成功的询问调查，就必须掌握一定的技巧。

1. 获得配合

调查人员的首要任务是获得被调查者的配合。调查人员面对的是不同阶层、不同年龄的被调查者，他们一般并不认识调查人员，往往根据调查人员的服饰、发型、性格、年龄、声调、口音等来确定是否采取合作态度。因此，调查人员必须保持自身端正的仪容、得体的用语、谦和礼貌的态度，给人以亲切感，使被调查人员较易放心地接受询问。

自我介绍是询问调查的重要步骤之一，应使被调查者感到调查人员是可信的，以下是一个自我介绍的例子：

"您好!我叫×××，是××公司的业务员。我们正在进行一项有关消费品的研究，而贵住户被抽为代表之一，我需要占用您一些时间，向您了解对有关问题的看法，希望予以合作。"随之出示介绍信或有关证件。如果备有礼品，调查人员可以委婉地暗示："我们将耽误您一点时间，届时备有小礼品或纪念品以示谢意，希望得到您的配合。"

调查人员应当避免使用诸如"我可以进来吗？"或"我可以问您几个问题吗？"之类请求允许询问的问题，因为在这些情况下，人们更易拒绝或不情愿接受调查。

调查人员应当具备应付拒绝或不情愿接受询问调查情况的技巧，调查人员可以这么说："晚上七点您在吗？我很愿意晚上七点再来。"调查人员也可进一步解释调查目的和意义，说明接受询问所提供的资料可供改善目前的产品及促进社会发展等；有时，向被访者作出保密承诺也是很重要的。如果被访者实在不情愿参与访问，调查人员仍应礼貌地说："谢谢，打扰了。"这对那些对自己的公众形象很敏感的委托企业而言是很重要的。

2. 提问

询问调查中，调查人员掌握表达问题的艺术是非常重要的，因为这可能是询问调查误差的一个重要来源。

提问的主要规则包括：

（1）用问卷中的用词来询问；

（2）慢慢地读出每个问题；

（3）按照问卷中问题的次序发问；

（4）详细地询问问卷中的每个问题；

（5）重复被误解的问题。

尽管调查人员会通过培训来了解这些规则，但许多调查人员在实地调查时并不严格遵循这些规则。当询问变得枯燥时，他们可能仅靠自己对问题的记忆而不是读出问卷上问题的用词，无意识地缩减了提问的用词。甚至对一些概念根据自己的理解随便作番解释而出现调查结果的偏差。

在许多场合，被调查者会自愿提供一些与下面要问的问题相关的信息，在这种情况下，调查人员不应不按顺序跳到回答的那个问题，而是要调整应答者的思路，使其不要离题太远，但又不能影响应答者的情绪。调查人员可以这样说："关于这个问题，我们等一下再讨论，让我们先讨论……"按序询问每个问题，就不会有漏问问题的情况发生。

3. 适当追问

追问是进行开放性问题调查的一种常用技术，开放性问题对调查者来说具有更大的难度，但开放性问题可以让被调查者充分发表意见，使调查获取更多的信息。

追问可以分为两类：一类是勘探性追问，它是在被调查者已经回答的基础上，进一步挖掘、询问问题的方法，目的在于引出被调查者对有关问题的进一步阐述。例如，问：您喜欢这种电动工具什么地方呢？回答：外观漂亮。追问：您还喜欢什么地方呢？回答：手感好。追问：您还有没有喜欢的地方呢？回答：没有了。通过追问，扩展了被调查者的回答，完整地记录下被调查者的喜好。

另一类是明确性追问，即澄清，它是让被调查者对已回答的内容作进一步详细的解释，目的在于进一步明确被调查者给出的答案。例如，问：您喜欢这种电动工具什么地方呢？回答：很好，不错。追问：您所说的"很好，不错"是指什么呢？回答：舒适。追问：怎么个舒适法呢？回答：手握着操作时手感很舒适。这是明确性追问的例子，从"很好，不错"这一般化的回答中，调查人员提取出了更确切、更得体的答案。

调查人员可根据情况选择以下几种追问技巧。

1）重复问题

当被调查者保持完全沉默时，他（她）或许没有理解问题，或还没有决定怎样来回答，重复问题有助于被调查者理解问题，并会鼓励其应答。

2）观望性停顿

调查人员认为被调查者有更多的内容要说，沉默性追问，伴随着观望性注视，也许会鼓励被调查者整理其思想并做出完整的回答。

3）重复被调查者的回答

随着调查人员记录回答，他（她）可以逐字重复被调查者的回答，这也许会刺激被调查者扩展他（她）的回答。

4）中性的问题

一个中性的问题也许会向被调查者指明要寻找的信息类型。例如，如果调查人员认为被调查者应当说明动机，则可以问："为什么您这样认为呢？"如果调查人员感到需要澄清一个词或短语，则可以问："您的意思是……"

4. 记录回答

调查人员应当掌握一定的记录技巧。

封闭式问题一般是在反映被调查者回答的代码前打钩或画圈。

开放式问题要求调查人员：

（1）在调查期间记录回答；

（2）使用被调查者的语言；

（3）不要截取或解释被调查者的回答；

（4）记录与问题的目标有关的一切事物；

（5）记录你的所有追问。

5. 结束访问

询问调查技巧的最后一个步骤是如何结束访问。

调查人员在所有相关信息收集齐全前不应结束调查。如果调查人员匆忙离开，既是对被调查者一种不礼貌的表现，也可能不能够记录调查后被调查者提供的自发性评论或补充性意见。而这些评论或意见可能会促生新的产品创意或其他创意性营销活动。

对于被调查者感兴趣的问题，给予耐心解释，同时记住，如果承诺有小礼品赠送，离开时一定留下礼品，为下一次可能的回访打下良好的基础。

资料来源：杨勇. 市场营销学实务教程（第2版）[M]. 北京：中国财富出版社，2024.

（二）邮寄法

邮寄法是调查人员将设计好的调查问卷或表格，附上回邮信封寄给被调查者，或者通过报纸等媒体发布调查问卷，要求被调查者填妥后寄回的一种调查方法。

邮寄法的优点是：调查区域较广，只要通邮的地区都可以采用此法；增加调查对象，且人力、费用开支较省，是原始资料收集中最为方便、便宜、代价最小的方法；避免调查人员在实地调查时可能介入的主观干扰和偏见影响，被调查者有较充裕的时间回忆、思考、答题，一般比较真实、准确。其缺点是调查时间长，时效性差；问卷回收率低（5%左右），影响样本的代表性，且无法了解被调查者不愿意寄回问卷或表格的原因；缺乏对调查对象的控制，回答的问题可能不全或不真实，或者由他人代填等。

邮寄法的关键是如何提高调查问卷的回收率。

（三）电话法

电话法是调查人员通过电话向被调查者询问调查内容和征求意见的一种调查方法，包括传统的电话调查方法和计算机辅助电话调查方法（computer-assisted telephone interviewing system，CATI）。

传统的电话调查方法使用普通电话，调查者在电话室内，按照调查设计所规定的随机拨号确定拨打的电话号码，如拨通则纳入被调查者，并逐项提问，同时做好记录。

计算机辅助电话调查方法在一个装备有 CATI 设备的场所进行，整套系统软件包括：自动随机拨号系统、自动访问管理系统（实时监听系统、双向录音系统）和简单统计系统等。调查人员只需戴上耳机，等待电脑自动拨号，根据筛选条件甄别被调查者，然后按照问卷上的问题进行提问。整个过程最大的优点是质量的监控保证及操作的系统规范化。

电话法的优点是信息反馈快，节省时间，回答率高，比较经济。但由于是通过电话调查，提问不能太复杂，不易深入探讨；无法使用视觉辅助手段，无法展示产品、图片或卡片及广告形象、包装等；调查时间也不能太长。

电话调查的要求包括：调查项目要少；事先准备好问话内容；问话简明扼要，随即记录。

（四）留置法

留置法是调查人员把调查表当面交给被调查者，并说明调查的意图、填写的方法和要求，由其自行填写，再由调查人员定期收回调查表的调查方法。一些宾馆、商店等多采用留置调查法。

留置调查方法的优点是：形式灵活，回收率高，费用较低；可以当面向被调查者说明调查的目的和要求，消除被调查者的疑虑；答卷时间长从而给被调查者充分思考问题的时间，信息可靠性高。缺点是：调查地域范围受到限制；周期相对较长，需要访问两次以上；无法获得被调查者的个人特征和偏好，可能因为他们的受教育水平、理解能力，道德标准、宗教信仰、生活习惯、职业和家庭背景等差异性而影响调查结果；真实性、可靠性不足。

三、询问调查法的实施步骤

▶ 1. 询问调查前准备

一要掌握与调研课题有关的以往调研情况，避免重复调查，进一步明确本次调查的主要问题；二要掌握被调查者的基本情况，做到询问调查的主动性；三要掌握有关调研政策和文件精神，争取被调查者的支持以及在调查过程中正确地回答被调查者提出的一些政策问题。

▶ 2. 制定询问调查方案

询问调查方案的内容包括询问调查的目的、意义、活动步骤、询问方式方法、调查人员及要求、时间安排以及调查内容和调查问卷的设计。

▶ 3. 询问调查收集资料

按询问调查方案的要求，选择调查方法，开展询问调查，及时收集整理信息资料及其他有关资料。

第四节　观察调查法

一、观察调查法的含义

观察调查法是指调查人员到现场有目的、有针对性地观察被调查者的行为，或者安装仪器进行收录和拍摄（如用录音机、照相机、摄影机或某些特定的仪器）来收集情报资料的方法。

要成功采用观察调查法，必须具备如下条件。

（1）所需要的信息必须是能观察到并能够从观察的行为中推断出来的；

（2）所观察的行为必须是重复的、频繁的或者是可预测的；

（3）观察的行为是短期的。

二、观察调查法应遵循的原则

由于被调查者并不感到自己正在被调查，因而可以客观地搜集、记录被调查者或事物的现场情况，调查的结果比较真实可靠。其缺点是观察的是表面现象，难以发现事物的内在联系与矛盾，同时费用较高、时间较长，还受到时间和空间等条件的限制，只能观察到正在发生的现象。因此，在运用观察法进行调查时要遵循以下原则。

第一，客观性原则。一是观察者必须持客观的态度对市场现象进行记录，切不可受主观倾向或个人好恶影响，歪曲事实或编造情报信息；二是进行观察时，不能让被调查者知道，否则可能干扰调查结果。

第二，全面性原则。调查者必须从不同层次、不同角度进行全面观察，避免出现对市场片面或错误的认识。

第三，持久性原则。市场现象极为复杂，且随着时间、地点、条件的变化而不断地变化，市场现象的规律性必须在较长时间的观察中才能被发现。

第四，法理性原则。即在观察调查过程中注意遵守社会公德，不得侵害公民的各种权利，不得强迫被调查者做不愿意做的事情，不得违背被调查者的意愿观察其某些市场活动，并且应为被调查者保密。

三、观察调查法的优缺点

（一）观察调查法的优点

（1）观察法简便易行，灵活性强；

（2）实地记录，获得直接具体的一手资料，对市场现象的实际过程和当时的环境气氛都可以产生了解，资料具有及时性、客观性、可靠性；

（3）观察法不要求被调查者具有配合调查的语言表达能力或文字表达能力，适用性较强；

（4）可以对被调查者作较长时间的反复观察和跟踪观察，可以对被调查者的行为动态演变进行分析。

（二）观察调查法的缺点

（1）观察法只能观察到被调查者的外表行为，不能说明其内在动机；

（2）观察活动时空限制较多，被调查者有时易受到干扰而不完全处于自然状态；

（3）观察法难免受观察者的主观性的影响；

（4）通常需要大量观察人员，调查时间长、费用高。

四、观察调查的基本方法

观察调查的基本方法包括现场观察法、仪器监测法、实际痕迹测量法和行为记录法等，如图4-3所示。

▶ 1. 现场观察法

现场观察法就是调查人员直接到零售商店、展示地点、服务中心、家庭、工厂等调查场所，在不惊扰被调查者的前提下，与被调查者近距离接触，只看不问，对其行为进行实地观察、收集有关信息资料的方法。

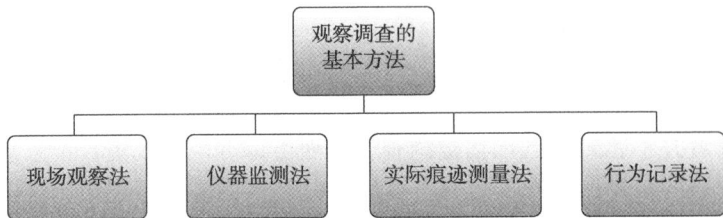

图 4-3   观察调查的基本方法示意图

▶ 2. 仪器监测法

仪器监测法就是使用各种仪器，包括录音机、录像机、照相机、监视器、扫描仪等对被调查者的行为进行观察，调查人员对仪器观察记录的信息资料进行后期整理与分析的方法。在一些特定的环境中，仪器可能比人员更精确、更经济、更便利和更容易完成调查工作。

【案例】

仪器监测调查法

调查人员为某汽车销售公司进行销售策划。为了了解销售人员的工作情况，了解汽车销售过程中存在的各种问题，与汽车销售公司协商，在不为销售人员知晓的情况下，在销售场合安装了监控系统，记录下大部分销售人员在销售过程中的表情、举止，记录下销售人员与顾客对话的各种情景。策划公司根据所记录和收集的各种素材、资料，策划设计了一套符合该公司要求的销售人员培训课程，培训效果非常显著。

资料来源：杨勇. 市场营销策划（第 2 版）[M]. 北京：北京大学出版社，2024.

▶ 3. 实际痕迹测量法

实际痕迹测量法又称"事后观察法"。是调查人员不直接观察被调查者的行为，而是通过观察调查对象留下的行为痕迹来了解、研究与推断过去和当前情况的一种调查方法。

实际痕迹测量法在公安部门的刑侦调查工作中应用较为广泛，在市场调查中同样有适用性，如图书经销商通过在图书馆观察各种图书的磨损程度，了解哪些图书较受欢迎，哪些图书不太受欢迎；厂商在其产品的报纸广告附上回执条并承诺凭其可以赠送商品，那么可以根据回执条情况判断这则广告的注意率和关注度。

【案例】

某汽车经销商的实际痕迹测量法

实际痕迹测量法不是直接观察被调研者的行为，而是观察被调研者留下的实际痕迹。某汽车经销商在 4S 店进行汽车修理时，对开来维修的汽车，修理人员要做的第一件事是进驾驶室看看收音机的指针指在什么波段，其目的就是了解司机们喜欢听哪一个电台的节目。这一调查为他们销售汽车时选择电台做广告提供了很好的依据。

案例来源：杨勇. 市场营销策划（第 2 版）[M]. 北京：北京大学出版社，2024.

▶ 4. 行为记录法

行为记录法是指根据调查目的和任务用各种仪器把被调查者在一定时间内的行为记录下来，再从记录中找出所需的信息。

行为记录方法一般是选择合适的观察地点、时间和观察对象，通过录音机、录像机、照相机等一些监听、监视设备，有针对性地收集记录下被调查者的活动或行为。

五、观察调查法的实施步骤

观察调查应遵循以下实施步骤：

第一步，制订观察调查计划。计划确定后，围绕计划制定观察提纲。观察调查提纲一般包括选择那些符合调查目的并便于观察的单位作为观察对象，根据观察对象的具体情况确定最佳观察范围、时间和地点，灵活有序地安排观察顺序，确定观察表、卡片等的设计制作等。

第二步，进入观察环境，认真做好观察记录。采用各种工具设备如摄像机、录音机等进行观察，保持被调查者的自然状态，避免干扰，接触观察对象，与其建立适当关系，以不改变观察对象的正常活动为原则。记录方法有利用音像设备，填写观察表、观察卡片以及做笔记等。

第三步，分类整理观察记录。观察所得的资料一般是零乱、分散的。在观察结束后，及时对观察资料进行整理，按预定目标对资料进行分类、归档，对缺漏、错误记录进行及时修正与补充观察，为撰写调查报告奠定基础。

第五节　实验调查法

一、实验调查法的含义

实验调查法又称"试验调查法""因果关系调查"，它是指在可控制的条件下，从影响调查问题的许多因素中选出一个或两个因素，通过对比试验，对市场现象中某些变量之间的结果关系及其发展变化过程，加以观察分析获取所需资料的方法。

实验调查法的最大特点，是把调查对象置于非自然状态下开展市场调查。

实验调查法的关键是做好实验设计。实验设计是调查者进行实验调查活动、控制实验环境和实验对象的规划方案，包括自变量的界定、实验材料的准备、无关变量的控制、实验单元的抽取和分配、因变量的测量、实验的实施等内容。它是实验调查各个步骤的中心环节，决定着研究假设能否被确认，也决定着实验对象的选择和实验活动能否正常开展，最终影响实验调查结论。

二、实验调查法的优缺点

（一）实验调查法的优点

（1）实验调查法获得的结果较为客观、实用。通过实地实验取得的数据比较客观，具有一定的可信度。

（2）实验调查法具有一定的可控性和主动性。在实验调查过程中，调查人员可以主动地引导市场要素的变化，并通过控制其变化来分析观察某些市场现象之间的因果关系及相互影响程度，是研究事物因果关系的最好方法。

（3）实验调查法可提高调查的精确度。在实验调查中，可以根据调查目的的要求，进行合适的实验设计，有效地控制实验环境，并反复进行研究，以提高调查的精确度。

（二）实验调查法的缺点

（1）市场中的可变因素难以控制，使得实验结果不易相互比较。

（2）实验调查法仅限于对现实市场经济变量之间关系的分析，无法研究过去和未来的情况，故有一定的局限性。

（3）实验调查法获取调查资料需较长时间。

（4）实验调查法要冒一定的风险，在操作时要由专业人员来运用，难度较大，费用也比较高。

三、实验调查的具体方法

根据实验设计的不同，可以衍生出许多实验调查的方法，常用的方法有以下几种，如图 4-4 所示。

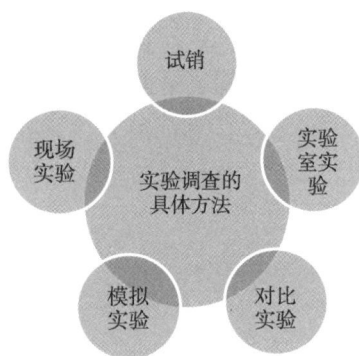

图 4-4　实验调查的具体方法示意图

（一）试销

在新产品大量投向市场之前，以少量新产品向部分消费者进行销售宣传，了解消费者对新产品质量、价格、式样等方面的反应，改进新产品，为新产品大批量上市做好准备。

（二）实验室实验

即在实验室内，利用专门的仪器、设备进行调研。如，调研人员想了解几种不同的广告媒介进行促销宣传的优劣，便可通过测试实验对象的差异，评选出效果较好的一种广告媒体。

【案例】

老字号"福同惠"的广告宣传策划案

调查人员为运城市的老字号——福同惠食品有限公司销售月饼策划设计电视广告宣传片。为了调研如何抓住消费者的眼球，策划人员设计了五种不同内容的广告宣传片，请了30位消费者，在福同惠公司的会议室，将五个广告宣传片播放后，请大家回忆其中内容。最后选出大多数人记忆较准确的广告宣传片，于中秋节前在运城电视台播出，其效果令福同惠的领导非常满意。

（三）现场实验

即在完全真实的环境中，通过对实验变量的严格控制，观察实验变量对实验对象的影响，如在市场上进行小范围的实验。例如，调查人员可以在一个商店选择几次不同的时间，为同一产品设置不同的价格，通过分析顾客人数或购买数量的增减变化，即可知道某种产品的需求价格弹性。

（四）对比实验

根据是否设置控制组或控制组的多少，可以设计出多种对比实验方案。

▶ 1. 单一实验组前后对比实验

单一实验组前后对比实验是选择若干实验对象作为实验组，将实验对象在实验活动前后的情况进行对比，得出实验结论。这是一种简便易行的实验调查方法。

其计算公式为：

$$实验结果 = 实验后检测结果 - 实验前检测结果$$

▶ 2. 实验组与控制组对比实验

实验组与控制组对比实验就是选择若干实验对象为实验组，同时选择若干与实验对象相同或相似的调查对象为控制组（又称对照组），并使实验组与控制组处于相同的实验环境中。

其计算公式为：

$$实验结果 = 实验组实验后检测结果 - 控制组检测结果$$

【案例】

生物菌有机肥的对比实验

下木角乡是山西省朔州市平鲁区重要的小杂粮生产基地之一。近年来，当地紧紧围绕"稳粮增收调结构、提质增效转方式、加快发展上台阶"的发展思路，与山西龙昌微生物科技有限公司进行合作，引进了生物菌新技术，不断加大试验、示范工作力度，通过引进新技术、发展深加工等保障粮食生产，助力老百姓增收致富。

种植户朱满德今年试种了5亩施了生物菌有机肥的谷子，为了方便比对，他在紧挨的旁边地里又种了5亩没施生物菌的谷子，如今已经成熟，特地过来查看长势、收成。看着丰收在望的稻谷，朱满德掩饰不住地高兴。刚开始乡里引进生物菌新技术，推广功效主要是可以提高谷子品质、产量，增强抗旱、抗寒、抗病的能力，朱满德还将信将疑，现在完全放心了，他说自己还要做生物菌技术的"代言人"，带动更多老百姓使用。

资料来源：刘磊、李妍. 下木角乡："生物菌"新技术尝甜头 农产品深加工有奔头[EB/OL]. (2020-10-10). https://mp.weixin.qq.com/s/1ENcQaxaSurmz2lX8z-KUA.

▶ 3. 实验组与控制组前后对比实验

实验组与控制组前后对比实验是上述两种实验法的结合，即在实验中对实验组与控制组都进行前后对比，再将实验组与控制组进行对比，然后根据其检测结果得出实验结论的一种双重对比的实验法。

其计算公式为：

实验结果 = 实验组结果（后检测 - 前检测）- 控制组结果（后检测 - 前检测）

（五）模拟实验

模拟实验的前提是掌握计算机模拟技术。模拟实验必须建立在对市场情况充分了解的基础上，它所建立的假设和模型，必须以市场的客观实际为前提，否则就失去了实验的意义。

采用实验法的好处是方法科学，能够获得比较真实的信息资料。但是，这种方法也有局限性，大规模的现场实验，难以控制市场变量，影响实验结果的有效性；实验周期较长，调研费用较高。

四、实验调查法的实施步骤

▶ 1. 实验准备

（1）界定问题，形成假设；

（2）选择实验组和控制组；

（3）选择测量工具和统计方法；

（4）确定控制无关变量措施。

▶ 2. 实验实施

按照实验设计实施实验，按实验计划要求进行实验，做好实验过程中获得的数据资料的记录工作。

▶ 3. 实验总结

对实验中取得的数据进行处理分析，从而对研究假设进行检验，最后得出科学结论。

知识总结

市场调查的过程就是收集、整理、分析各种信息资料的过程。市场调查资料可分为第一手资料、第二手资料、企业内部资料、企业外部资料、全部对象资料、重点对象资料、典型对象资料、非固定对象资料、固定对象资料、文献性资料、物质性资料、思维性资料等多种类型。

文案调查法是指通过各种手段收集、筛选各种历史和现实的动态资料，获取相关信息并加以分析整理的一种调查方法；文案调查法有间接性、文献性、无接触性等特点；文案调查的具体方法包括参考文献查找法、检索工具查找法、咨询法、收听法、购买法、交换法、汇编法等；一般包括收集二手资料，评价、筛选二手资料，整理二手资料三个步骤。

询问调查法是指调查者通过口头、电讯或书面等方式向被调查者询问了解情况、收集资料的调查方法。询问调查法可分为面谈法、邮寄法、电话法和留置法。

观察调查法是指调查人员到现场有目的针对性地观察被调查者的行为及现象或者安装仪器进行收录和拍摄（如用录音机、照相机、摄影机或某些特定的仪器）来收集情报资料的方法。观察调查法应遵循客观性、全面性、持久性、法理性等原则。观察调查的基本方法包括现场观察法、仪器监测法、实际痕迹测量法和行为记录法等。观察调查的实施应遵循制定观察调查计划、做好观察记录、分类整理观察记录等步骤。

实验调查法是指在可控制的条件下，通过对比试验，对市场现象中某些变量之间的结果关系及其发展变化过程，加以观察分析获取所需资料的方法。实验调查法的关键是做好实验设计。实验设计是调查者进行实验调查活动、控制实验环境和实验对象的规划方案。实验调查的具体方法有试销、实验室实验、现场实验、对比实验、模拟实验等。实验调查法的实施步骤包括实验准备、实验实施、实验总结等。

知识巩固

一、填空题

1. 询问调查法可分为（　　　　）、邮寄法、（　　　　）和留置法。

2. 文案调查法有（　　　　）、文献性、（　　　　）等特点。

3. 实验调查法的实施步骤包括（　　　　）、实验实施、（　　　　）等。

二、单项选择题

1. （　　　　）是指通过各种手段收集、筛选各种历史和现实的动态资料，获取相关信息并加以分析整理的一种调查方法。

　　A. 文案调查法　　　B. 询问调查法　　　C. 观察调查法　　　D. 实验调查法

2.（　　　　）是调查人员把调查表当面交给被调查者，并说明调查的意图、填写的方法和要求，由其自行填写，再由调查人员定期收回调查表的调查方法。

　　A. 面谈法　　　　　B. 邮寄法　　　　　C. 电话法　　　　　D. 留置法

3. 在完全真实的环境中，通过对实验变量的严格控制，观察实验变量对实验对象的影响的方法称为（　　　　）。

　　A. 实验室实验　　　B. 现场实验　　　C. 对比实验　　　D. 模拟实验

三、简答题

1. 市场调查资料分哪些类型？

2. 什么是文案调查法？其内容包括哪些方面？其具体方法有哪些？

3. 什么是观察调查法？简述其具体方法。

参考答案

案例分析

第五章 大数据与网络市场调查

知识要点

1. 了解大数据的概念
2. 熟悉网络市场调查的特点
3. 熟悉网络直接调查方法和间接调查方法
4. 掌握网络市场调查的内容和步骤
5. 掌握网络直接调查方法的步骤

思维导图

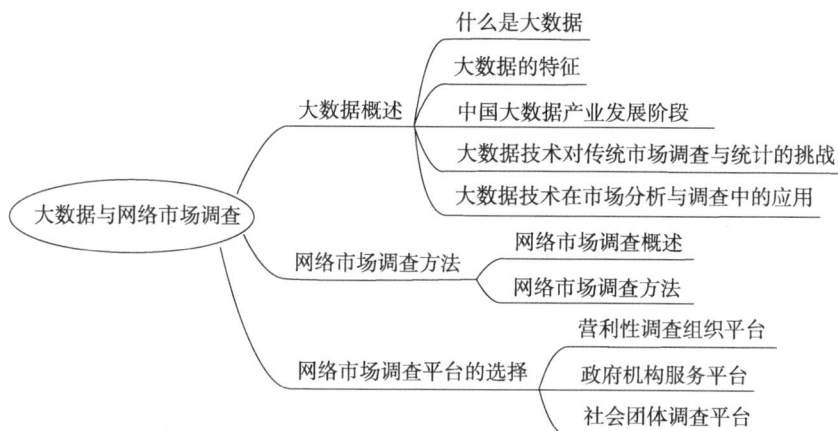

案例导入

无人机为农业调查插上科技翅膀

无人机号称田野上的"机械鸟"。它通过卫星定位引导自动拍摄粮食检测地块的高清航拍影像，采用无人机航拍技术遥感测量，使调查面积计算精确化，农作物识别精准化；同时减轻工作人员的工作负担，提高工作效率和测量效率。无人机遥感测量是农业调查构建"空天地"一体化最重要的一环，是确保调查数据准确真实的重要依据。

无人机在农业调查中有哪些作用？

（1）提升粮食面积调查底图的清晰度。 采用无人机影像替换后，底图清晰度明显提高，地块填报质量显著提升。

（2）协助核验空分数据。 通过专业软件，可以在空分数据基层上叠加无人机高清影像，协助核验空分数据，提升空分数据的准确度。

（3）检测农作物长势。运用无人机的多光谱相机，可以定期拍摄观测点的农作物的多光谱影像，跟踪农作物长势情况，用以分析评估农作物单产水平年度变化情况。

农业无人机智慧调查优势有哪些？

自主飞行。改变传统的调查模式，无人机替代调查员采集数据，彻底解放现场调查人员。

自动处理。云计算与边缘计算协同发力，实时地将现场调查影像上传云端；实现调查数据电子化取数、智能化填报和自动化汇总。

联网直报。实现即填、即审、即报；简化了数据报送流程；提升了数据质量管控能力。

提升效率。传统对地调查完成一个样方的调查约需1.5～2小时，无人机智能调查则需要约半小时，效率较传统对地调查提升了2～3倍。

数据可溯。无人机智能调查拍摄的作物种植情况影像资料，可电子保存、长久溯源，而传统对地调查在当季作物收获后，无法进行填报数据的检查。

降低天气影响。传统对地调查时间处于3月、8月、12月这三个极冷极热的月份，调查过程也存在蛇虫鼠蚁等安全隐患，无人机智能调查克服恶劣天气的影响，排除大雨、台风等极端天气，调查员均可以在安全处进行无人机智能调查。

资料来源：运城市统计局。

从上述案例可以看出，网络调查以其普遍性、方便性、整体性、安全性、协调性和集成性的特点，迅速改变着传统市场调查方式。越来越多的企业将发展战略延伸向了互联网。大数据作为一种战略性的生产要素，其作用越来越大。那么，什么是大数据，大数据有哪些特点？大数据会对传统的市场调查造成哪些改变？什么是网络市场调查？网络市场调查包括哪些内容？网络市场调查分哪些步骤？具体有哪些调查方法？应选择哪种网络市场调查平台？这些是本章要研究和解决的问题。

第一节　　大数据概述

一、什么是大数据

对于大数据的概念，目前有以下几种理解。

麦肯锡在研究报告《大数据的下一个前言：创新、竞争和生产力》中提出，大数据是指其大小超出了典型数据库软件的采集、储存、管理和分析等能力的数据集，侧重于从数据的体量方面来定义大数据。

美国国家标准技术研究所（National Institute of Standards and Technology，NIST）的大数据工作组在《大数据：定义和分类》中提出，大数据是指那些传统数据架构无法有效地处理的新数据集。该定义主要从数据的类型来界定大数据。

高德纳（Gartner）列示的定义是：大数据是体量大、快速和多样化的信息资产，需用高效率和创新型的信息技术加以处理，以提高发现洞察、作出决策和优化流程的能力。该定义强调数据作为一种新型资产，需要高效创新型的信息技术加以处理。

中国政府在2015年的《促进大数据发展行动纲要》等文件中，将大数据定义为："以容量大、类型多、存取速度快、应用价值高为主要特征的数据集合，正快速发展为对数量巨大、来源分散、格式多样的数据进行采集、存储和关联分析，从中发现新知识、创造新价值、提升新能力的新一代信息技术和服务业态。"这一定义强调了大数据的"4V"特征，并强调其作为新一代信息技术和产业变革的核心驱动力，以及广泛的应用价值。

综上所述，大数据是规模庞大、类型多样、处理速度快且价值密度低的数据集合，传统数据处理工具难以有效处理；是一种重要的生产要素与战略资源；其发展有赖于云计算、人工智能、物联网技术等新一代信息技术。

二、大数据的特征

目前普遍认为，大数据具备 volume（规模）、velocity（速度）、variety（多样）、value（价值）等四个特征，简称"4V"，即数据体量大、数据速度快、数据类型繁多和数据价值密度低。下面对每个特征进行简要描述。

▶ 1. volume：表示数据的体量巨大

数据集合的规模不断扩大，已经从 GB 级增加到 TB 再增加到 PB 级，近年来，数据量甚至开始以 EB 和 ZB 来计量。

例如，一个中型城市的视频监控信息一天就能达到几十 TB 的数据量。如果将这些数据打印出来，会超过 5000 亿张 A4 纸。

▶ 2. velocity：表示大数据的产生、处理和分析的速度在持续加快

加速的原因是数据创建的实时性特点，以及将流数据结合到业务流程和决策过程中的需求。数据处理速度快，处理模式已经开始从批处理转向流处理。

▶ 3. variety：表示大数据的数据类型繁多

传统 IT 产业产生和处理的数据类型较为单一，大部分是结构化数据。随着传感器、智能设备、社交网络、物联网、移动计算、在线广告等新的渠道和技术不断涌现，产生的数据类型不可计数。

现在的数据更多的是半结构化数据或者非结构化数据，如视频、照片、点击流、日志文件、微博等。企业需要整合、存储和分析来自复杂的传统和非传统信息源的数据，包括企业内部和外部的数据。

▶ 4. value：表示大数据的数据价值密度低

大数据由于体量不断加大，单位数据的价值密度在不断降低，然而数据的整体价值在提高。以视频监控为例，在一小时的时长中，有用的数据可能仅仅一两秒，但是却非常重要。

通过对大数据进行处理，找出其中潜在的商业价值，将会产生巨大的商业利润。

三、中国大数据产业发展阶段

我国的大数据产业目前已经历了三个时期：

▶ 1. 探索期

大约从 2004 年开始，随着数据库等技术的进步，数据挖掘概念开始普及，越来越多的企业将信息管理作为单独的业务部门。但由于当时企业数据采集能力的限制，以及企业信息化时间较短，本身管理软件中积累的历史数据有限，一些厂商推出的领先数据管理方案并不容易获得企业认可，业务尚不足以推动技术的快速进步。

▶ 2. 市场启动期

2008 年美国金融危机后，国内企业为了尽快从业务低迷的状态中恢复，获得市场竞争优势，对商业智能（business intellgence，BI）以及商业分析（business analysis，BA）的需求出现快速提升，主要应用在决策支持、业务优化、销售机会挖掘预测等领域。但在随后的 2010—2011 年，领先企业拥有优势后并不甘愿放弃，而落后企业更急于寻求方案快速赶上，使得共同作用下，企业级市场对商业智能及商业分析的需求并未减退，反而成为一种常态。

▶ 3. 高速发展期

到了 2012 年以后，由于企业信息化及互联网应用的日益完善，消费者及企业内外部所积累的数据日益丰富，大数据的概念迅速为各类人群所接受。而在企业领域，包括营销、风险管控、预测、客户挖掘、海量数据实时处理、可视化展现、数据仓库建设等方面的多样化需求迅速扩张，业务推动技术进入高速创新期。而进入 2015 年后，企业深度利用数据价值的意识迅速提高，数据资产管理成为热门概念，企业开始愿意通过数据交易进行变现，各种与大数据有关的政策及法律法规不断完善。

例如：

《促进大数据发展行动纲要》（2015 年）提出推动大数据发展和应用，建设数据强国。

《"十三五"国家信息化规划》（2016 年）将大数据作为信息化发展的核心内容。

《"十四五"大数据产业发展规划》（2021 年）提出到 2025 年，大数据产业规模突破 3 万亿元，推动大数据与各行业深度融合。

《中华人民共和国数据安全法》（2021 年）和《中华人民共和国个人信息保护法》（2021 年）为大数据发展提供法律保障，规范数据使用和安全保护。

据专家判断，中国大数据市场在不远的将来进入成熟期。一方面，业务需求的变化将推动细分领域出现丰富的商业模式，并使得新产品和服务具有稳定的刚性需求；另一方面，随着产业链的完善，专注于细分行业及细分应用领域厂商竞争逐渐稳固，而不善于充分利用数据的企业将被快速淘汰出局。

四、大数据技术对传统市场调查与统计的挑战

按照舍恩·伯格在《大数据时代》中的观点，大数据所带来的变革主要体现在如下三方面：

（1）样本等于总体。随着海量的数据产生，将不再需要传统的抽样设计，海量的数据将带来近乎总体的数据量。

（2）不再追求精确性。由于海量的数据中存在大量的"噪声"，即垃圾数据，不再像传统的调查设计那样追求精确性。

（3）相关分析比因果分析更重要。通过海量数据分析，不再追问"为什么"，而是更关心"是什么"。

也有中国的学者指出，传统的统计思想与方法仍有其应用的价值；但更多的数据专家与统计学者则强调，需要直面大数据所带来的挑战与机遇。

五、大数据技术在市场分析与调查中的应用

（1）消费者精准洞察。例如，通过分析消费者的购买历史、浏览记录等，揭示其偏好

和习惯；基于人口统计、地理位置、消费者偏好与习惯等数据，将消费者划分为不同群体，提供个性化服务。

（2）趋势预测。利用历史数据和市场动态，预测未来需求变化；通过社交媒体和新闻等数据分析，捕捉新兴产业趋势，帮助企业提前布局。

（3）竞争分析。分析竞争对手的价格、促销等策略，帮助企业调整自身策略；通过销售数据和市场反馈，评估企业在市场中的位置。

（4）产品优化。通过消费者评论和调查，发现产品优缺点，指导改进，进行产品优化；利用大数据模拟市场反应，降低新品上市风险。

（5）营销策略优化。根据消费者行为数据，提供个性化推荐，提升转化率；实时监测广告效果，优化投放策略。

（6）风险管理。通过大数据分析，识别潜在市场风险，提前应对；确保市场活动符合法规，避免法律风险。

第二节　网络市场调查方法

一、网络市场调查概述

（一）网络市场调查的含义

网络市场调查是指企业在互联网上利用信息技术开展网络市场调查，收集网络商务信息，并将收集的网络商务信息进行整理和研究，完成网络市场调查报告的活动。简单地说，就是基于互联网系统地进行营销信息的收集、整理、分析和研究的活动。

（二）网络市场调查特点

与传统调查方式相比，网络市场调查在组织实施、信息采集、信息处理、调查效果等方面具有明显的优势。

▶ 1．及时性和共享性

（1）网络的传输速度非常快，网络信息能迅速传递给连接上网的任何用户。

（2）网上调研具有开放性，网络用户可以任意参加投票和查看结果，这保证了网络信息的及时性和共享性。

（3）网上投票信息经过统计分析软件初步处理后，可以看到阶段性结果，而传统的市场调研得出结论需经过很长时间。如人口抽样调查统计分析需三个月左右，而 CNNIC（China Internet Network Information Center，中国互联网络信息中心）在对互联网定期进行中国互联网发展状况的调查时，从设计问卷到实施网上调查和发布统计结果，总共只需要一个月时间。

▶ 2．便捷性和低费用

网上市场调研可节省传统的市场调研中所耗费的大量人力和物力。在网络上进行调研，只需要一台能上网的计算机即可。调查者在企业站点上发出电子调查问卷，网民自愿填写，然后通过统计分析软件对访问者反馈回来的信息进行整理和分析。

网上市场调研在收集过程中不需要派出调查人员，不受天气和距离的限制，不需要印刷调查问卷,调查过程中最繁重、最关键的信息收集和录入工作将分布到众多网上用户的终端上完成。

网上调查可以无人值守和不间断地接受调查填表,信息检验和信息处理工作均由计算机自动完成。

▶ 3. 交互性和充分性

网络的最大优势是交互性。这种交互性在网上市场调研中体现在如下两点:

(1)在网上调查时,被访问者可以及时就问卷相关的问题提出自己的看法和建议,可减少因问卷设计不合理而导致的调查结论出现偏差等问题。

(2)被访问者可以自由充分地发表自己的看法,不会受到时间的限制。而传统的市场调研是不可能做到这些的,例如,面谈法中的路上拦截调查,要求调查时间要短,不能超过 10 分钟,否则被调查者很可能会不耐烦,因而对访问调查员的要求非常高。

▶ 4. 调研结果的可靠性和客观性

由于企业站点的访问者一般都对企业产品有一定的兴趣,所以这种基于顾客和潜在顾客的市场调研结果是较为客观和真实的,在很大程度上反映了消费者的消费心态和市场发展趋向。

(1)被调查者在完全自愿的原则下参与调查,调查的针对性更强。而传统的市场调查中的面谈法中的拦截询问法,实质上是带有一定强制性的。

(2)由于调查问卷的填写是自愿的,填写者一般对调查内容有一定的兴趣,回答问题相对认真,所以问卷填写可靠性高。

(3)网上市场调研可以避免传统市场调研中人为因素所导致的调查结论的偏差,被访问者是在完全独立思考的环境中接受调查的,能最大限度地保证调研结果的客观性。

▶ 5. 跨时空性

网上市场调研可以 24 小时全天候进行,不受区域和时间制约。

▶ 6. 可检验性和可控制性

利用互联网进行网上调研收集信息,可以有效地对采集信息的质量实施系统的检验和控制。

(1)网上市场调查问卷可以附加全面规范的指标解释,有利于消除因对指标理解不清或调查员解释口径不一而造成的调查偏差。

(2)问卷的复核检验由计算机依据设定的检验条件和控制措施自动实施,可以有效地保证对调查问卷的全面复核检验,保证检验与控制的客观公正性。

(3)通过对被调查者的身份验证技术可以有效地防止信息采集过程中的舞弊行为。

(三)网络市场调查的内容

网络市场调查与线下市场调查一样,涉及市场营销的各方面内容。根据网络市场的特点,市场调查的内容主要涉及以下几个方面。

▶ 1. 市场需求调查

主要目的在于掌握市场需求量、市场规模、市场占有率,以及如何运用有效的经营策略和手段,其具体内容包括:

(1)现有市场对某种产品的需求量和销售量;

(2)市场潜在需求量有多大,也就是某种产品在市场上可能达到的最大需求量有多少;

（3）不同的市场对某种产品的需求情况，以及各个市场的饱和点及潜在的能力；

（4）本企业的产品在整个市场的占有率，以及不同市场的占有率；

（5）分析研究市场的进入策略和时间策略，从中选择和掌握最有利的市场机会；

（6）分析研究国内外市场的变化动态及未来的发展趋势，便于企业制订长期规划等。

▶ 2. 消费者购买行为的调查

1）消费者调查的内容

（1）了解消费者的家庭、地区、经济等基本情况；

（2）了解社会的政治、经济、文化教育等发展情况，对消费者的需要会产生什么影响和变化；

（3）了解不同地区和不同民族的消费者，生活习惯和生活方式有何不同，有哪些不同的需要；

（4）了解消费者的购买动机，包括理智动机、感情动机和偏爱动机；

（5）了解消费者喜欢在何时、何地购买，他们购买的习惯和方式；

（6）了解消费者对某种产品的使用次数、每次购买的单位数量及对该产品的态度；

（7）调查某新产品进入市场时，哪些消费者最先购买；

（8）对潜在的消费者的调查和发现等。

2）网络调查消费者的方法

通过互联网了解消费者的行为偏好，主要采用网络直接调查法来实现。了解消费者偏好也就是收集消费者的个性特征，为企业细分市场和寻求市场机会提供基础。

利用互联网了解消费者偏好，首先，要识别消费者的个人信息，如地址、年龄、电子邮箱、职业等，为避免重复统计，一种办法是对已经统计过的访问者在其计算机上放置一个 cookie（储存在用户本地中端上的数据），它记录下访问者的编号和个性特征，这样既可以让消费者下次接受调查时可以不用填写重复信息，也可以减少对同一访问者的重复调查；另外一种办法是，采用奖励或赠送办法，吸引访问者登记和填写个人情况表，以获取消费者个性特征。其次，在对消费者调查一些敏感信息时，应注意一些技巧。

有的公司还通过网页统计方法了解消费者对企业站点的感兴趣内容，现在的统计软件可以如实记录下每个访问网页的 IP 地址、如何找到该页等信息。根据这些信息，可以判定消费者感兴趣的内容是什么，注意的问题是什么。

▶ 3. 竞争对手调查

在激烈竞争的市场经济社会，每个企业都必须充分掌握并分析竞争者的各种情况，做到知彼知己，从而扬长避短，充分发挥自身优势。对竞争对手的调查内容一般包括主要竞争对手的市场占有率、经营特点、竞争优势、新产品研发、销售网络建设、服务方式及顾客评价等情况。

收集互联网竞争者信息的主要步骤如下。

1）识别竞争者

识别竞争者的主要方法包括：①市场调研与客户访谈，如询问客户在购买前还考虑过哪些品牌，一线销售人员在客户沟通中常能发现对手信息；②使用行业报告与公开数据等，如使用第三方平台获取市场份额排名，或者分析竞争对手的财务报告等；③使用搜索引擎与 SEO 分析；④电商平台与渠道分析，如电商平台榜单分析等；⑤社交媒体与广告监测，如在 Instagram、抖音等平台搜索行业标签发现热门品牌，使用广告监测平台查看竞品广告策略；⑥专利与技术追踪，如通过 WIPO、Google Patents 查找同行提交的专利，发现潜在竞争者的研发动态等。

2）选择收集信息的途径

（1）监控竞争对手的网站与产品。定期访问对手官网，关注产品发布、新闻动态、博客文章、招聘信息等，使用工具监控网站变更，设置关键词提醒。

（2）SEO 与流量分析。使用 SEO 工具分析对手的关键词策略：SEMrush（关键词、广告、流量来源）、Ahrefs（外链分析、关键词排名）、SpyFu（历史广告数据）等。

（3）社交媒体与内容策略。关注对手的官方账号，分析发帖频率、互动数据、活动策划；监测对手的社交媒体评论区、论坛、应用商店评价获取用户痛点。

（4）客户与合作伙伴情报。通过问卷调查或访谈（如用户社群的匿名交流）了解客户对竞品的看法，参与行业展会或线上研讨会，直接接触对手客户。

（5）招聘平台分析。通过 LinkedIn、BOSS 直聘、猎聘等平台查看对手的招聘需求，推测其业务方向（如新部门、技术投入）。

3）建立有效的信息分析处理体系

信息收集与处理最好是由专人完成，分类管理，并用数据库将信息组织管理起来，以备将来查询使用。

▶ 4. 营销因素调查

1）产品调查

调查企业现有产品处在产品生命周期的哪个阶段，应采取的产品策略；调查产品的设计和包装；调查产品应采用的原料和制造技巧，以及产品的保养和售后服务；等等。

2）价格调查

价格对产品的销售量和企业盈利的大小都有重要影响。价格调查的内容包括：有哪些因素会影响产品价格；企业产品的价格策略是否合理；产品的价格是否为广大消费者所接受，价格弹性系数如何；等等。

3）分销渠道调查

其内容包括：企业现有的销售力量是否适应需要，如何进一步培训和增强销售力量；现有的销售渠道是否合理，如何正确地选择和扩大销售渠道，减少中间环节，以利于扩大销售，提高经济效益；等等。

4）促销策略调查

其内容包括：如何正确地运用促销手段，以达到刺激消费，创造需求，吸引用户竞相购买；对企业促销的目标市场进行选择研究；企业促销策略是否合理，效果如何，是否被广大用户接受等。了解广告的接收率及广告推销效果，以评估广告效果；确定今后的广告策略；等等。

（四）网络市场调查的应用

网络市场调查作为需求量最大的调查业务，可以充分发挥便捷、经济的特性，更好、更快地为企业的市场调查提供全面支持。

对于从事专业调查的调查组织来说，可以开展营利性的网络调查业务。

营利性调查组织的网络调查服务，一般由面向全体用户免费开放的公众调查信息浏览服务、面向收费会员客户的调查信息数据库查询服务和面向特需客户的收费委托调查业务服务三个应用服务层次构成。现阶段，从事网络市场调查的公司或机构主要有以下几类：

（1）互联网研究与管理机构；

（2）专业咨询与调查公司；

（3）各类大中型 ICP（internet content provider，网络内容服务商）；

（4）专业网络营销服务商。

对于政府机构和社会团体来说，可以开展非营利性的调查研究项目。政府机构和社会团体开展的网络调查工作，包括统计调查、市场调查、民意调查和研究项目调查等。

（五）网络市场调查的步骤

为了保证网络市场调查的质量，网络市场调查应遵循一定的方法和步骤。

▶ 1. 明确网络市场调查的目标

在设计网络市场调查之前，首先要明确调查的目标是什么，即在此次市场调查中，你希望通过这次调查达成什么样的目标？比如希望知道顾客如何评价企业所提供的产品与服务？知悉访问者如何评价企业网站？企业网站的邮件订阅者是否对企业邮件服务满意？企业产品的潜在顾客群是否对本企业的新产品感兴趣？所以网络商业调查重要的是在开始就制定调查的目标。调查目标明确，才能够做到有的放矢，提高网络调查的工作效率。

▶ 2. 确定网络市场调查的对象

网络市场调查的对象，主要分为企业产品的消费者、企业的竞争者、企业合作者和行业内的中立者三大类。

▶ 3. 制订调查计划

网络市场调查的第三步是制订有效的调查计划，包括资料来源、调查方法、调查手段、抽样方案和联系方法五部分内容。

（1）资料来源

市场调查首先须确定是收集一手资料（原始资料）还是二手资料，或是两者都有。利用搜索引擎、网络营销和网络市场调查网站，我们可以方便地收集到各种一手和二手资料。

（2）调查方法

网络市场调查可以使用的方法有专题讨论法、问卷调查法和实验法。

（3）调查手段

网络市场调查手段指调查方法实际操作的具体工具与技术，包括在线问卷调查、实验设计、实地观察、统计分析等。在线问卷制作简单，分发迅速，回收也方便，但须遵循一定的原则。

（4）抽样方案

即要确定抽样单位、样本规模和抽样程序。抽样单位是确定抽样的目标总体；样本规模的大小涉及调查结果的可靠性，样本须足够多，必须包括目标总体范围内所发现的各种类型样本；在抽样程序选择上，为了得到有代表性样本，应采用概率抽样的方法，这样可以计算出抽样误差的置信度，当概率抽样的成本过高或时间过长时，可以用非概率抽样方法替代。

（5）联系方法

指以何种方式接触调查的主体，网络市场调查采取网络交流的形式，如电子邮箱传输问卷、BBS 等。

▶ 4. 收集、整理信息

利用互联网做市场调查，不管是一手资料还是二手资料，都可同时在全国或全球进行，收集的方法也很简单，这与受区域制约的传统调研方式有很大的不同。如某公司要了解各国对某一国际品牌的看法，只需在一些全球性广告站点发布广告，把链接指向公司的调查表，无需像传统调查那样，在各国找不同的代理分别实施。此类调查如果利用传统方式是无法想象的。

▶ 5. 分析信息

信息收集结束后，接下来的工作是信息分析。信息分析的能力相当重要，因为很多竞争者都可从一些知名的商业站点看到同样的信息。调查人员如何从收集的数据中提炼出与调查目标相关的信息，并在此基础上迅速对有价值的信息做出反应，是把握商机战胜竞争对手，取得经营成果的一个制胜法宝。

▶ 6. 提交报告

调研报告的撰写是整个调研活动的最后一个阶段。报告不是数据和资料的简单堆砌，调查人员不能把大量的数字和复杂的统计技术递到管理人员面前，而应把与市场营销关键决策有关的主要调查结果按调查报告正规格式书写呈上。

二、网络市场调查方法

网络市场调查方法可以分为网络直接调查法和网络间接调查法。

（一）网络直接调查法

网络直接调查法是指在网络上直接发布调研信息，并在互联网上收集、记录、整理、分析和公布网民反馈信息的调查方法。它是传统调查方法在网络上的应用和发展。

▶ 1. 网络直接调查的具体方法分类

（1）按照原始资料收集过程分类，网络直接调查法可以分为网络问卷调查法、网络实验法和网络观察法，常用的是网络问卷调查法。

（2）按照调查者组织调查样本的行为，网络调查可以分为主动调查法和被动调查法。主动调查法，即调查者主动组织调查样本，完成统计调查的方法。被动调查法，即调查者被动地等待调查样本造访，完成统计调查的方法，被动调查法的出现是网络统计调查的一种新情况。

（3）按网络调查采用的技术可以分为站点法、电子邮件法、随机 IP 法和视讯会议法等。

站点法，是将调查问卷的 HTML 文件附加在一个或几个网络网站的 Web 上，由浏览这些站点的网络用户在此互联网上回答调查问题的方法。站点法属于被动调查法，这是目前出现的网络调查的基础方法。

电子邮件法，是通过给被调查者发送电子邮件的形式将调查问卷发给一些特定的网络用户，由用户填写后以电子邮件的形式再反馈给调查者的调查方法。电子邮件法属于主动调查法，与传统邮件法相似，优点是邮件传送的时效性大大提高了。

随机 IP 法，是以产生一批随机 IP 地址作为抽样样本的调查方法。随机 IP 法属于主动调查法，其理论基础是随机抽样。利用该方法可以进行纯随机抽样，也可以依据一定的标志排序进行分层抽样和分段抽样。

视讯会议法，是基于 Web 的计算机辅助访问（computer assisted web interviewing，CAWI）。是将分散在不同地域的被调查者通过互联网视讯会议功能虚拟地组织起来，在主持人的引导下讨论调查问题的调查方法。

▶ **2. 网络直接调查法须注意的问题**

（1）注意信息采集的质量检控。对采集信息实施质量检控，可以采用"IP＋若干特征标志"的办法作为判断被调查者填表次数唯一性的检验条件。同时，在指标体系中所有可以肯定的逻辑关系和数量关系都应充分利用，列入质量检控程序。

（2）答谢被调查者。给予被调查者适当的奖励和答谢对于网络调查来说是十分必要的，这既有利于调动网络用户参与网络调查的积极性，又可以弥补因接受调查而附加到被调查者身上的费用（如网络使用费、市内电话费等）。答谢的有效办法是以身份证编号为依据进行计算机自动抽奖，获奖面可以适当大一点，但奖品价值可以尽量小一些。

（3）了解市场需求。设想你就是顾客，从顾客的角度来了解客户需求。你的调查对象可能是产品直接的购买者、提议者、使用者，对他们进行具体的角色分析。

（4）注意网络直接调查的局限性。如果是有关具体产品时，往往针对小的客户群体，采用详细调查的方式，调查时需要面对面进行访谈，得到的信息更准确，调查内容包含的多是"为什么"的问题，因此目前还不适合用网络直接调查方法。

（5）掌握网络直接调查技术。网络调查的实施涉及超文本、电子邮件、网络视讯会议、模糊归类、网络用户身份检验、随机 IP 自动拨叫、数据接口、Java、ActiveX 或 Java script 等计算机和网络技术。

▶ **3. 网络问卷调查法**

网络直接调查法中最常用的方法为网络问卷调查法。

1）网络问卷调查法的途径及特点

网络问卷调查法是将问卷在网络发布，被调查对象通过互联网完成问卷调查。网络问卷调查一般有两种途径：一种是将问卷放置在互联网站点上，等待访问者访问时填写问卷，如 CNNIC 每半年进行一次的"中国互联网络发展状况调查"就是采用这种方式。这种方式的好处是填写者一般是自愿的，缺点是无法核对问卷填写者真实情况。为达到一定问卷数量，站点还必须进行适当宣传，以吸引大量访问者。

另一种是通过电子邮件方式将问卷发送给被调查者，被调查者完成后将结果通过电子邮件返回。这种方式的好处是，可以有选择性控制被调查者，缺点是容易引起被访问者的反感，有侵犯个人隐私之嫌。因此，用该方式时首先应争取被访问者的同意，或者估计被访问者不会反感，并向被访问者提供一定补偿，如有奖回答或赠送小礼物，以降低被访问者的敌意。

问卷调查方法比较客观、直接，缺点是不能对某些问题进行深入调查和分析原因。

2）网络问卷调查注意事项

设计网络调查问卷是网络直接调查的关键。由于互联网交互机制的特点，网络调查可以采用调查问卷分层设计。这种方式适合过滤性的调查活动，因为有些特定问题只限于一部分调查者，所以可以借助层次的过滤寻找适合的回答者。

采用网络问卷调查时，问卷设计的质量直接影响到调查效果。设计不合理的网络调查问卷可能导致用户拒绝参与调查。因此，在设计问卷时除了遵循一般问卷设计中的一些要求外，还应该注意下面几点：

（1）在网络调查问卷中附加多媒体背景资料。

（2）注意特征标志的重要作用。

（3）进行选择性调查。

（4）注意问卷的合理性。在问卷中设置合理数量的问题和控制填写问卷时间，有助于提高问卷的完整性和有效性。

（5）注意保护调查对象的个人隐私。

（三）网络间接调查法

▶ 1. 网络间接信息来源

间接信息的来源包括企业内部信息源和企业外部信息源两个方面。与市场有关的企业内部信息源，主要是企业自己搜集、整理的市场信息，企业产品在市场销售的各种记录、档案材料和历史资料，如客户名称表、购货销货记录、推销员报告、客户和中间商的通讯、信件等。企业外部的市场信息源包括的范围极广，主要是国内外有关的公共机构等，例如以下几种。

（1）本国政府机构网站。政府有关部门、国际贸易研究机构以及设在各国的办事机构，通常较全面地搜集世界或所在国的市场信息资料。本国的对外贸易公司、外贸咨询公司等，也可以提供较为详细、系统、专门化的国际市场信息资料。

（2）外国政府网站。世界各国政府都有相应的部门搜集国际市场资料，很多发达国家专设贸易资料服务机构，向发展中国家的出口企业提供部分或全部的市场营销信息资料。此外，每个国家的统计机关，都定期发布各种系统的统计数字，一些国家的海关甚至可以提供比公布的数字更为详尽的市场贸易和营销方面的资料。

（3）图书馆。公共图书馆和大学图书馆，可以提供市场背景资料的文件和研究报告。最有价值的信息，往往来自附属于对外贸易部门的图书馆，这种图书馆能提供各种贸易统计数字、有关市场的产品、价格情况，以及国际市场分销渠道和中间商的基本的市场信息资料。

（4）国际组织。与国际市场信息有关的信息来源主要有：

① 联合国（United Nations）。出版有关国际的和国别的贸易、工业和其他经济方面的统计资料，以及与市场发展问题有关的资料。

② 国际贸易中心（International Trade Center）。提供特种产品的研究、各国市场介绍资料，还设有答复咨询的服务机构，专门提供由电子计算机处理的国际市场贸易方面的全面、完整、系统的资料。

③ 国际货币基金组织（International Monetary Fund）。出版有关各国和国际市场的外汇管理、贸易关系、贸易壁垒、各国对外贸易和财政经济发展情况等资料。

④ 世界银行（World Bank）。

⑤ 世界贸易组织（World Trade Organization）。

此外，一些国际性和地方性组织提供的信息资料，对了解特定地区或国际经济集团和经济贸易、市场发展、国际市场营销环境也是非常有用的。

（5）银行。许多国际性大银行都发行期刊，而且通常可以免费索取。这些期刊上一般有全国性的经济调查、商品评论等有关资料。这些资料有利于把握市场和各细分市场的营销环境。

（6）商情调研机构。这些机构除为委托人完成研究和咨询工作外，还定期发表市场报告和专题研究论文。

（7）相关企业。参与市场经营的各类企业是市场信息的重要来源之一。市场信息人员通过写信给这些企业的外联部门索取商品目录、产品资料、价目表、经销商、代理商、批发商和经纪人一览表、年度报告等，就可以得到有关竞争者的大量资料，了解竞争的全貌和竞争环境。

通过互联网访问相关企业或者组织机构的网站，企业可以很容易获取市场中许多信息和资料。因此，在网络信息时代，信息的获取不再是难事，困难的是如何在信息繁多的信息海洋中找出企业需要的有用的信息。

▶ 2. 网络间接调查方法

网络间接调查主要是利用互联网技术与工具收集、分析与企业营销相关的市场、竞争者、消费者以及宏观环境等方面信息的方法。具有高效、低成本、覆盖广等特点。企业用得最多的还是网络间接调查方法，因为它的信息来源广泛，能满足企业管理决策需要，而网络直接调查一般只适合于针对特定问题进行专项调查。

随着新一代信息技术的高速发展，市场调查的互联网技术与工具越来越丰富多样，常见的网络间接调查方法如下所示：

1）在线焦点小组

通过视频会议工具组织目标用户进行深度讨论。常用工具有：Zoom、腾讯会议、专用市场调研平台等。适用于新产品概念测试、广告效果评估、用户痛点挖掘等应用场景。其优点是互动性强，可获取深度见解；缺点是组织成本较高，样本量有限。

2）A/B 测试

通过对比不同版本的网页、广告或产品，分析用户行为差异。其应用场景有：优化网页设计、广告文案测试、产品功能迭代等。其优点是数据驱动决策，结果直观；缺点是需足够流量支持，测试周期较长。

3）社交媒体监听

分析社交媒体平台上的用户讨论、评论和话题趋势。适用于品牌口碑监测、竞品分析、热点事件追踪等场景。其优点是实时性强，反映真实用户情绪。缺点是需处理大量非结构化数据（如文本、图片）。

4）网络爬虫与数据挖掘

通过爬虫技术抓取公开数据（如电商平台、论坛、新闻网站）。适用于竞品价格监控、用户评论分析、行业趋势预测等场景。其优点是数据量大，覆盖范围广；缺点是需遵守法律与平台规则，数据清洗成本高。

5）搜索引擎数据分析

分析用户在搜索引擎中的关键词搜索行为。适用于市场需求洞察、关键词优化、内容营销策略等场景。优点是反映用户主动需求，数据客观；缺点是需结合其他数据验证用户意图。

6）AI 驱动的自动化调研

利用 AI 工具自动分析用户评论、语音或视频内容。常用分析工具有：自然语言处理工具（如 IBM Watson）、情感分析 API。适用场景有：大规模用户情感分析、自动化报告生成。其优点是高效处理海量数据；缺点是依赖算法准确性，需人工复核。

第三节 网络市场调查平台的选择

互联网具有便捷、经济、结果客观真实、回馈信息翔实等特性，能更好、更及时地为企业的市场调查提供全方位的支持。企业除了自己策划、实施、管理网络市场调查项目，还可以借助多种途径和渠道去获得相关的网络调查信息。常见的网络市场调查平台有以下几大类。

一、营利性调查组织平台

营利性调查组织的网上调查服务，由面向全体用户免费开放的公众调查信息浏览服务、面向收费会员的调查信息数据库查询服务、面向特需客户的收费委托调查服务三个应用服务层次构成。目前，从事网络调查的公司或机构主要有以下三类。

▶ 1. 专业咨询与调查公司

网上市场调查是专业咨询与调查公司开展市场调查业务的重要途径之一。调查公司往往根据业务需要，通过网上市场调查获取信息，同时配以入户调查、街头拦访、电话调查、固定样本跟踪调查、座谈会调查等调研方法得出综合结论。

▶ 2. 各类大中型网络内容服务商

许多网站为了解用户心理和消费习惯等内容，以便于改进工作策略与方法，经常开展网上调查活动。此外，配合网络广告的发布，广告主也会要求广告商通过专项网上调查的形式，配合产品宣传，以有奖调查的形式开展网上促销活动。

▶ 3. 专业网络营销服务商

网上市场调查虽然是网络营销的基本职能，但大多数网络营销商的网络营销服务还集中在网站推广这一领域。有部分网络营销服务商开始致力于为企业客户提供网络营销整体解决方案，其中包括网上市场调查服务。专业网络营销服务商的介入，将快速拓展网上调查的市场，使得网上市场调查应用更为普及。

二、政府机构服务平台

政府利用互联网技术和工具，整合线上线下数据来源，以政府机构的门户网站、服务网站、政务微博、微信、政务 App 等平台建设为载体，为群众提供的"一站式、全天候、零距离"政府网上服务，实现公共服务领域大数据统筹、运用。通过各级各部门数据整合、上下级之间的数据交换协同、政务服务过程中的数据积累、社区网格员动态采集更新等渠道，整合包括公安、民政、工商等部门数据来源；分类设置各地人口、企业、房屋、地理信息、行政权力和电子证照等数据库，建成全国性的政府大数据库；各地统计局网上会经常公布一些专项调查数据等，为网络调查提供有效数据。

三、社会团体调查平台

社会团体是由公民或企事业单位自愿组成、按章程开展活动的社会组织，包括行业性社团、学术性社团、专业性社团和联合性社团等。社会团体开展的网上调查工作，可能包括统计调查、市场调查、民意调查和研究项目调查等。

CNNIC 是中国科学院下属的国内进行互联网规范管理的机构，每年都会进行"中国互联网络发展状况统计""中国互联网络信息资源数量调查"等网上市场调查活动。CNNIC 的网上市场调查属于公益性质，具有较高的权威性和普遍性，其调查数据是包括网络行业在内的各行各业的企业、个人和机构从事互联网活动的重要决策参考依据。

▍知识总结 ▍

大数据是规模庞大、类型多样、处理速度快且价值密度低的数据集合，传统数据处理工具难以有效处理，是一种重要的生产要素与战略资源；其发展有赖于云计算、人工智能、物联网技术等新一代信息技术。

大数据具备 volume、velocity、variety、value 四个特征，简称"4V"，即数据体量大、数据速度快、数据类型繁多和数据价值密度低。

我国的大数据产业目前已经历了三个时期：探索期、市场启动期、高速发展期。

大数据技术在市场分析与调查中的应用有：消费者精准洞察、趋势分析、竞争分析、产品优化、营销策略优化、风险管理等。

网络市场调查是指企业在互联网上利用信息技术开展网络市场调查，收集网络商务信息，并将收集的网络商务信息进行整理和研究，提出网络市场调查报告的活动。与传统调查方式相比，网络市场调查在组织实施、信息采集、信息处理、调查效果等方面具有明显的优势。

网络市场调查有及时性和共享性、便捷性和低费用、交互性和充分性、调研结果的可靠性和客观性、无时空和地域的限制、可检验性和可控制性等特点。

网络市场调查内容主要有：市场需求调查、消费者购买行为调查、竞争对手调查、营销因素调查等。

网络市场调查分为网络直接调查和网络间接调查。网络直接调查法可以分为网络问卷调查法、网络实验法和网络观察法，常用的是网络问卷调查法。网络间接调查方法主要有：在线问卷调查、在线焦点小组、A/B 测试、社交媒体监听、网络爬虫与数据挖掘、搜索引擎数据分析、AI 驱动的自动化调研等。

网络市场调查的步骤包括：明确网络市场调查的目标、确定网络市场调查对象、制订网络市场调查计划、收集与整理调查信息、分析调查资料、提交调研报告。

网络市场调查平台有：盈利性调查组织平台、政府机构服务平台、社会团体调查平台等，其中盈利性调查组织平台包括：专业咨询与调查公司、各类大中型网络内容服务商、专业网络营销服务商等。

▍知识巩固 ▍

一、填空题

1. 与传统调查方式比较，（   ）在组织实施、（   ）、信息处理、（   ）等方面具有明显的优势。

2. 网络市场调查有（   ）、便捷性和费用低、（   ）、调研结果的可靠性和客观性、（   ）、可检验性和可控制性等特点。

3. 网络市场调查平台有（   ）、政府机构服务平台、（   ）等。

二、单项选择题

1. 调查问卷的填写是自愿的，不是传统调查中的"强迫式"，填写者一般对调查内容有一定的兴趣，回答问题相对认真，所以问卷填写可靠性高，从而保障网络调查（　　）的特点。

  A. 及时性和共享性   B. 便捷性和低费用

  C. 交互性和充分性   D. 可靠性和客观性

2. 站点法、电子邮件法、随机 IP 法和视讯会议法等是依据（　　）来进行网络调查方法分类的。

  A. 调查者组织调查样本的行为   B. 网络调查采用的技术

  C. 间接信息的来源   D. 选择调查方式

3. 专业咨询与调查公司、各类大中型网络内容服务商、专业网络营销服务商等属于（　　）。

  A. 营利性网络调查平台   B. 网络调查对象

  C. 网络调查主体   D. 政府机构服务平台

三、简答题

1. 什么是网络市场调查？网络市场调查有哪些特点？

2. 网络直接调查法与网络间接调查法有何区别？如何统一应用？

3. 网络市场调查包括哪几个步骤？

参考答案

案例分析

第六章　市场调查问卷的设计

知识要点

1. 了解市场调查问卷的含义与作用
2. 熟悉市场调查问卷的类型与结构
3. 掌握市场调查问卷设计的程序、技巧及注意事项
4. 通过实训学生能够独立设计完成一份高质量的市场调查问卷

思维导图

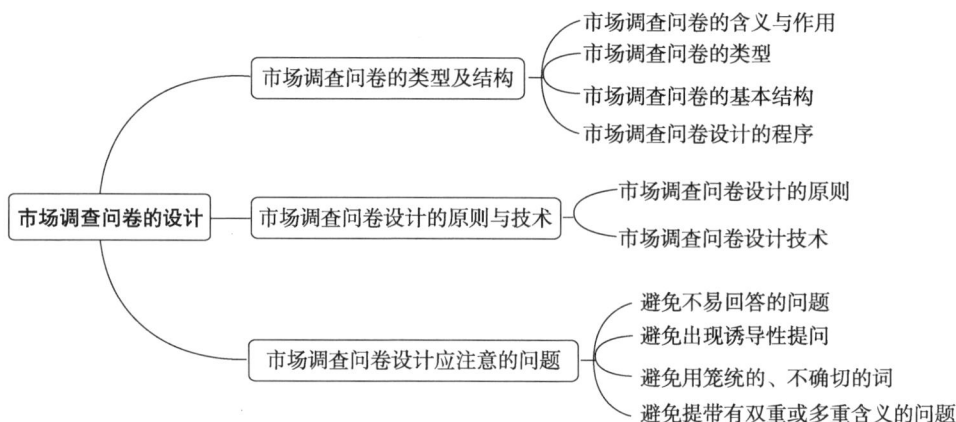

案例导入

央视《开讲啦》节目调查问卷

1. 我是：
□ 40 后　　□ 50 后　　□ 60 后　　□ 70 后　　□ 80 后　　□ 90 后　　其他＿＿＿＿＿＿
2. 我是节目的：
□ 忠实粉　　□ 嘉宾粉　　□ 话题粉　　□ 游离粉　　□ 路转粉　　□ 黑转粉　　□ 粉转黑
3. 通过何种渠道获知节目信息：
□ 开讲啦节目专区　　□ 微信　　□ 微博　　□ 电视预告　　□ 朋友推荐
其他＿＿＿＿＿＿＿＿
4. 通过何种渠道观看节目：

☐ 电视　　☐ PC　☐ 移动客户端（CBox）　　☐ 微博　☐ 微信　其他_____

5. 兴趣爱好：

☐ 时事政治　　☐ 财经　☐ 历史　☐ 文化　☐ 教育　☐ 哲学　☐ 科普

☐ IT互联网　☐ 明星　☐ 影视　☐ 音乐　☐ 汽车　☐ 体育　☐ 军事

☐ 健康养生　☐ 情感　☐ 旅游　☐ 育儿　☐ 房产　☐ 美食　☐ 家居

☐ 读书　☐ 三农　☐ 艺术　☐ 设计　☐ 动漫　　　其他——

6. 我建议（我吐槽）：

_____

7. 我目前的愿望是：

☐ 理想　　☐ 信念　☐ 求职　☐ 创业　☐ 买房　☐ 考公务员　☐ 继续教育

☐ 升职加薪　　☐ 结束单身　其他_____

8. 我想要得到的帮助：

_____

我想要：

☐ 录制门票　　☐ 嘉宾签名照

您的姓名：

您的电话：

您的住址：

您的电子邮箱：

资料来源：CCTV 节目官网. 调查问卷[EB/OL]. http://tv.cctv.com/lm/kjl/dcwj/index.shtml.

从央视《开讲啦》节目调查问卷案例可以看出，要做好市场调查工作，及时、准确收集到有效的信息资料，必须进行调查问卷的设计。那么，什么是调查问卷？调查问卷包括哪些类型？问卷设计包括哪几个步骤？应遵循什么原则？调查问卷的问题如何设计？设计问卷时应注意哪些问题？这些是本章要研究和解决的问题。

第一节　市场调查问卷的类型及结构

在问卷调查中，问卷质量的高低直接影响着获取数据的质量水准。因此，如何设计出一份好的问卷就成为市场调查的重中之重。在设计问卷之前，必须熟悉市场调查问卷的类型与结构。

一、市场调查问卷的含义与作用

调查问卷是国际通用的市场调查工具，它被广泛地应用于市场调查、社会调查和经济调查等各个领域。

（一）市场调查问卷的含义

问卷，又称为调查表，是调查人员根据调查目的和要求，以一定的理论假设为基础，通过精心设计一系列问题征求被调查者的意见以获取所需要收集数据资料的信息载体。问卷提供标准化和统一化的数据收集程序，它使问题的用语和提问程序标准化，每一个调查人员必须询问相同的问题，使每一个应答者看到或听到相同的文字或声音。

（二）市场调查问卷的作用

调查问卷的主要作用就是通过征求被调查者的意见以获取调查者所需要收集的数据资料，同时为管理者提供管理决策所需要的信息、方便管理者快捷地编辑、处理数据。

一份好的调查问卷一般具备以下几个功能：首先，问卷必须正确反映调查目的，完成所有的调查目标。其次，问卷必须使用被访对象可以理解的语言，最好运用简单的日常用语，使问卷概念清楚、重点突出，内容全面，能将所要调查的问题明确地传达给被调查者，满足调查者对信息的需要；能使被调查者乐意合作，并顺利地获得被调查者真实、准确的回答；消除对方的顾虑。最后，问卷要便于资料的统计，易于整理、记录，方便评价分析。问卷设计是一种需要经验和智慧的技术，在问卷设计中虽然也有一些规则可以遵循以避免错误，但好的问卷设计主要来自熟练的调查人员的创造性，尤其是要有丰富的调查经验。

二、市场调查问卷的类型

问卷的设计和调查项目密切相关，也要与调查的对象、调查的方式等相适应。一般来说，按照不同的分类标准，可将调查问卷分成以下不同的类型，如图 6-1 所示。

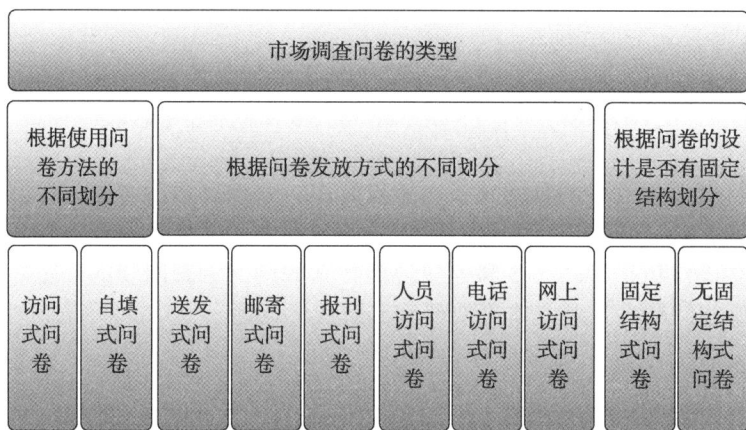

图 6-1　市场调查问卷的类型示意图

（一）根据使用问卷方法的不同划分

根据市场调查中使用问卷方法的不同，可将调查问卷分成访问式问卷和自填式问卷两大类。

访问式问卷是由调查者按照事先设计好的问卷或问卷提纲向被调查者提问，然后根据被调查者的回答填写的问卷。自填式问卷是指由调查者发给（或邮寄给）被调查者，由被调查者自己填写的问卷。一般而言，访问式问卷要求简便，最好采用两项选择题进行设计；而自填式问卷由于可以借助于视觉功能，在问题的制作上相对可以更加详尽、全面。

（二）根据问卷发放方式的不同划分

根据市场调查问卷发放方式的不同，可将调查问卷分为送发式问卷、邮寄式问卷、报刊式问卷、人员访问式问卷、电话访问式问卷和网上访问式问卷六种。其中前三类大致可以划归自填式问卷范畴，后三类则属于访问式问卷。

送发式问卷就是由调查者将调查问卷送发给选定的被调查者，待被调查者填答完毕之后再统一收回。

邮寄式问卷是通过邮局将事先设计好的问卷邮寄给事先选定的被调查者，并要求被调查者按规定的要求填写后回寄给调查者。邮寄式问卷的匿名性较好，缺点是问卷回收率低。

报刊式问卷是随报刊的传递发送问卷，并要求报刊读者对问题如实作答并回寄给报刊编辑部。报刊式问卷有稳定的传递渠道、匿名性好，费用省，因此有很广泛的适用性，缺点同样是回收率不高。

人员访问式问卷是由调查者按照事先设计好的调查提纲或调查问卷对被调查者当面提问，然后再同调查者根据被调查者的口头回答填写问卷。人员访问式问卷的回收率高，也便于设计一些便于深入讨论的问题，但不便于涉及敏感性问题。

电话访问式问卷就是通过电话中介来对被调查者进行访问调查的问卷类型。此种问卷要求简单明了，在问卷设计上要充分考虑几个因素：通话时间限制、听觉功能的局限性、记忆的规律，以及记录的便利。电话访问式问卷一般应用于问题相对简单明确，但需及时得到调查结果的调查项目。

网上访问式问卷是在互联网上制作，并通过互联网来进行调查的问卷类型。此种问卷不受时间，空间限制，便于获得大量信息，特别是对于敏感性问题，相对而言更容易获得满意的答案。

（三）根据问卷的设计是否有固定结构划分

根据市场调查问卷的设计是否有固定结构划分，可将调查问卷分成固定结构式问卷和无固定结构式问卷两大类。

固定结构式问卷是指进行问卷调查时问卷的问题是按事先安排好的固定内容和顺序来进行的，问卷当中的问题和顺序在实际调查中不允许改动。由于固定结构式问卷的这种特性，更多在进行规模比较大的市场调查时使用，这样有利于收集数据进行编码、统计和分析。在固定结构式问卷中，根据答案形式的不同又可以将问卷分为封闭式、开放式、半封闭式和量表式问卷。

无固定结构式问卷是指问卷中的问题不需要按事先安排好的固定顺序、内容来进行，只是由市场调查人员围绕调查目的进行提问。这样，调查人员在调查时可以根据具体情况对问题和顺序进行灵活调整，从而使调查更具有针对性。

三、市场调查问卷的基本结构

一份完整的调查问卷通常包括标题、说明信、调查内容、结束语等内容，其中调查内容是问卷的核心部分，调查内容主要包括问题以及问题的回答方式，这是调查问卷的主体，是每一份问卷都必不可少的内容，而其他部分则可以根据设计者需要取舍。

（一）市场调查问卷的标题

问卷的标题一般要求用言简意赅的中性词语陈述调查的内容，概括说明调查研究主题，使被调查者对所要回答什么方面的问题有一个大致的了解。例如"家庭主妇消费情况的调查""大学生创业情况的调查"等，而不要简单采用"问卷调查"这样的标题，过于简单的不明确方向的词汇，容易引起回答者不必要的怀疑而拒答。尽量避免使用敏感词语，以免影响被调查者的态度。

（二）说明信

说明信是写在问卷开头的一段话，是调查者向被调查者用来介绍并说明调查目的、意义以及有关填答问卷的要求等内容。说明信一般包括以下几方面的内容：①问候语。包括称呼和问候。如"××先生、女士：您好"。问候语需要用尊敬的称呼，口吻要亲切，态度要诚恳，从而增加被调查者回答问题的热情，并能激发他们的兴趣以得到被调查者积极配合。②调查人员自我介绍，表明调查者的个人身份或组织名称。③调查的目的与意义。简单的内容介绍，对调查目的的说明，以及合作请求，这是问卷设计中一个十分重要的方面。④关于匿名的保证，如涉及需为被调查者保密的内容，必须指明予以保密，不对外提供等，以消除被调查者的顾虑，以期获得准确的数据。⑤填表说明。是对被调查者回答问题的要求，主要目的在于规范和帮助被调查者对问卷的回答，是用来指导被调查者填答问题的解释和说明，如关于标记答案的记号的说明、选择答案数目的说明，例如，"凡在回答中需选择'其他'一项作为答案的，请在后面的括号中用简短的文字注明实际情况"，或"只需在选中的答案前打'√'即可"。⑥最后要对回答者的配合予表示真诚的感谢，或说明将赠送小礼品。实践表明，几乎所有拒绝合作的人都是在开始接触的前几秒钟内就表示不愿参与的。因此说明信是不可或缺的，特别前三项是必须具备的内容，其他内容视则视具体情况而定。说明信的示例如下：

亲爱的同学：你好!

我是明亮眼镜公司的销售代表，为了了解大学生对佩戴眼镜的具体需求，以进一步为大家提供更好的服务，我们特制作这份问卷，希望大家予以积极的支持配合，谢谢!

（三）调查内容

问卷主体是市场调查所要收集的主要信息，也就是调查的内容，它由一个个问题及相应的选择答案项目组成。这部分内容是问卷设计的重点，也是问卷的核心内容，问题应覆盖课题研究的全部范围，主要以提问的形式呈现给被调查者，这部分内容设计的好坏直接影响整个调查的价值，至于如何设计将在下面两节中详细介绍。

（四）结束语

结束语置于问卷的最后，有的问卷也可以省略。结束语要简短明了，用来简短地对被调查者的合作表示感谢，也可以设置开放题，征询被调查者的意见、感受以及其他补充说明等。

在调查实践中，问卷设计既要有科学性，又要有艺术性。不同目的的调查，问卷设计的差别很大，不存在普遍适用的问卷模式。

四、市场调查问卷设计的程序

要设计一份高质量的问卷，应事先做好访问，拟定初稿，经过事前探测性调查，再修改成正式问卷。问卷设计虽然没有统一固定的格式和程序，但为了使问卷具有科学性、规范性和可行性，问卷设计的过程可以参照以下六大步骤进行，如图6-2所示。

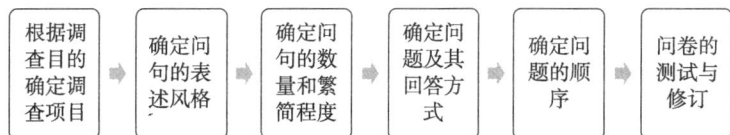

图 6-2　市场调查问卷设计的程序示意图

（一）根据调查目的确定调查项目

问卷设计的好坏与前期准备工作密切相关，调查者在问卷设计之前就要掌握达到调查目的需要收集哪些信息，研究需要收集的资料及资料来源、调查范围等，酝酿问卷的整体构思。根据调查目的将所需要调查的资料一一列出，分析哪些是主要资料，哪些是次要资料，淘汰那些不需要的资料，再分析哪些资料需要通过问卷获得。确定了需要收集的信息资料之后，就要确定在问卷中提出哪些问题或包含哪些调查项目。确定问题的内容似乎是一个比较简单的问题，然而事实上不然，必须将问题具体化、条理化和可操作化，即变成一系列可以测量的度量或指标。在保证能够获取所需信息的前提下，要尽量减少问题的数量，降低回答问题的难度。

（二）确定问题的表述风格

问卷中问题的内容要与被调查对象联系起来，问卷设计之前就需要确定向谁调查，并对被调查者群体进行认真、仔细的分析。确定调查对象的范围后，要分析调查对象的各种特征，如调查对象的文化程度、知识水平、理解能力等文化特征和社会阶层、行为规范、社会环境等社会特征。调查对象的群体差异越大，就越难设计一个适合整个群体的问卷。问卷中的问题是给调查对象看的，所以问卷设计必须符合被调查者的习惯及社会文化特征，应该根据不同的调查对象群体，设计被调查者能接受的问卷格式、内容以及问题表述的风格特点。

（三）确定问题的数量和繁简程度

在问卷调查的过程中，不同的资料收集方法对问卷的设计也会产生影响。如街头拦截访问比入户访问有更多时间上的限制，问题的数量不能太多；面谈访问中访问人员可以给被调查者出示图片、实物以解释或证明概念，被调查者可以看到问题并可以与调查人员面对面交谈，因此可以询问较长的、复杂的和各种类型的问题；在电话访问中，被调查者可以与调查人员交谈，但是看不到问卷，这就决定了只能问一些短的和比较简单的问题，同时，电话调查中问卷不宜过长，一般控制在 10 分钟以内较为妥当。邮寄问卷是被调查者自己独自填写的，与调查者没有直接的交流，因此问题也应简单些，并要给出详细的指导语，邮寄问卷的问卷设计需要非常清楚，而且相对较短，不应该要求填写问卷人书写过多，以免被调查者因占用较多时间而失去填写问卷的兴趣。因此，问卷设计必须根据资料的收集方法不同而有所差异。

（四）确定问题及其回答方式

应当确保在被调查者回答完问卷中设计出的全部问题时，就能达到调查者的调查目的。对提出的每个问题，都要充分考虑是否有必要；同时，提问的问题应当尽可能准确、清楚。问题用词必须十分审慎，措辞的好坏将直接或间接地影响到调查的结果。问卷设计中还应该考虑到被调查者理解问题和回答问题的能力，以及问卷中敏感问题的处理。问卷必须使用简单、直接、无偏见的用词，设计者要站在调查者的立场上试行提问，看看问题是否清楚明白，是否便于资料的记录、整理；站在应答者的立场上试行回答，看看是否能答和愿答所有的问题。

（五）确定问题的顺序

问卷中的问题应遵循一定的排列次序，问题的排列次序会影响被调查者的兴趣、情绪，进而影响其合作积极性。所以一份好的问卷应对问题的排列作出精心的设计，以顺利地引导被调查者一步一步完成答卷。如果有过滤性的问题用于筛选被调查者，应该放在问卷的最前面；一般简单的、容易回答的、有趣味性的问题放在前面，逐渐移向难度较大的，把一些敏感或较难回答的问题稍往后排。这样可以给被调查者一种轻松、愉快的感觉，便于他们继续答下去。还需要注意问题的逻辑顺序，有逻辑顺序的问题即使打破上述规则，也一定要按逻辑顺序排列。

（六）问卷的测试与修订

问卷的初稿设计工作完毕之后，不要急于投入使用，应该在小范围内进行试验性调查。在问卷用于实地调查以前，先初选一些调查对象进行测试，根据发现的问题进行修改、补充、完善，其目的是发现问卷的缺点，提高问卷的质量。特别是对于一些规模较大的问卷调查，最好的办法是先组织问卷的测试，因为无论怎样周密的初期设计，都可能存在错误，而这种错误依靠自我纠正是很难发现的。同时要注意受测者样本要有代表性，测试的对象与调查的对象同质，才有可能提供与实际调查相似度较高的情境，具备一定的仿真性。要求回答者对问卷各方面提出意见，以便于修改，在调查问卷的结束语部分安排几个反馈性题目，比如，"您觉得这份调查表存在什么问题？"如果发现问题，应做必要的修改，使问卷更加完善。如果第一次测试后有很大的改动，可以考虑是否有必要组织第二次测试。根据试答情况，进行修改，再试答，再修改，直到完全合格以后才制成正式问卷。

第二节　市场调查问卷设计的原则与技术

一、市场调查问卷设计的原则

问卷设计是一项科学细致的工作，一份好的问卷应做到：内容简明扼要，信息包含要全；问题安排合理，合乎逻辑，通俗易懂；便于对资料分析处理。问卷设计的总体原则是：立足于调查目的，使问卷易于回答。具体在设计问卷时，应注意以下六个原则，如图6-3所示。

图 6-3　市场调查问卷设计的原则示意图

（一）目的性原则

在问卷设计中，最重要的一点，就是必须明确调查目的。这不仅是问卷设计的前提，也是问卷设计的根本。为什么要作调查，调查需要收集哪些信息资料？在进行问卷设计的时候必须对调查目的有一个清楚的认知。有时调查发起者提出调查目的后，并不能清晰完整地提出具体的调查内容要求，问卷设计人员应与数据使用者积极沟通，相互协调，设法挖掘出调查发起者的潜在需求。问卷内容应能涵盖调查目的所需了解的所有内容，问题必须与调查主题有密切关联。

（二）逻辑性原则

问卷中的问题应遵循一定的逻辑排放次序，问题的排放次序会影响被调查者的兴趣、情绪，进而影响其合作积极性。问题与问题之间要具有逻辑性，独立的问题本身也不能出现逻辑上的谬误。具体安排时，可按时间顺序、类别顺序等合理排列，从而使问卷成为一个相对完善的小系统。原则上把简单易懂的问题放在前面，由简单到复杂，由表面到深层思考，把复杂的问题放在后面，这样容易得到被调查者的配合，使被调查者感到问题好回答；把能引起被调查者兴趣的问题放在前面，把枯燥的问题放在后面；一般性问题放在前面，特殊性问题放在后面；先问行为方面的问题，再问态度、观念性问题；涉及应答者个人信息的问题则应最后提出；封闭性问题放在前面，开放性问题放在后面。问题排列的顺序必须按普通人的思考顺序，使问卷条理清楚，以提高回答问题的效果。

（三）相关性原则

问卷的设计要比较容易让被调查者接受，使被调查者愿意回答。由于市场调查没有法律约束力，调查对被调查者来说是一种额外负担，被调查者没有必须回答问题的义务，因而只有被调查者愿意回答，才能达到调查的目的。否则，市场调查将流于形式。因此，问卷设计所用语言和所提问题要尽量有礼貌和有趣味，尽可能得到消费者的合作，以提高调查质量。

问卷的设计应使用适合被调查者身份、水平的用语，尽量避免列入一些会令被调查者难堪或反感的问题，如"你离过几次婚？"这种问题很容易引起调查对象的反感而拒绝合作。问卷设计必须有针对受访人群，对于不同层次的人群，应该在问题的选择上有所不同，必须充分考虑受访人群的文化水平、年龄层次和协调合作的可能性。比如面对受教育程度较低的人群作的调查，在语言上就必须尽量通俗；而对于文化水平较高的都市白领，在问题和语言的选择上就可以提高一定的层次。只有在这样的细节上综合考虑，所提的问题才能清楚明了。同时，尽量少用专业名词，避免使被调查者产生困惑。

如下面两种问题：

1. 您至今未买笔记本电脑的原因是什么？

A. 买不起　　　　B. 没有用　　　　C. 不懂　　　　　　D. 软件少

2. 您至今未购买笔记本电脑的主要原因是什么？

A. 价格高　　　　B. 用途较少　　　C. 性能不了解　　　D. 其他

显然，第二组问题的设计更有艺术性，能使被调查者愉快地合作。而第一组问题较易引起被调查者反感、不愿合作或导致调查结果不准确。

（四）简明性原则

调查内容要简明、易懂、易读，便于被调查对象能够快速、正确理解问卷的内容和目的。没有价值或无关紧要的问题不要列入，同时要避免出现重复，力求以最少的项目取得必要的、完整的信息资料。调查时间要简短，问题和整个问卷都不宜过长，一般问卷回答时间应控制在 30 分钟左右。调查内容过多，或调查时间过长，都会招致被调查者的反感。调查的场合一般都在路上、店内或居民家中，应答者可能行色匆匆，或不愿让调查者在家中久留等，而有些问卷多达几十页，让被调查者望而生畏，即使勉强作答也只能草率应付。从被调查者填写问卷的心理变化来看，被调查者刚开始填写问卷时比较好奇和仔细，随着填写时间的延长，好奇心逐步衰减，而烦躁的情绪却逐渐滋生，所以为了保持问卷填写的高质量，问卷的内容应精简。

（五）非诱导性原则

避免有诱导性作用的问题，以免使答案和事实产生误差。如设计问卷时，问"××品牌的电视质优价廉，您是否准备选购？"这样的问题将容易使被调查者由引导得出肯定性的结论，具有相当的诱导性，而且限制了回答内容，导致回答失真，难以反映被试的真实情况。诱导被调查对象进行某一方向的回答不能反映消费者对商品的真实态度和真正的购买意愿，所以产生的结论也缺乏客观性，结果可信度低。

（六）方便性原则

成功的问卷设计除了要考虑到结合调查主题、方便信息收集之外，还需要考虑到调查后的整理与分析工作。为了提高数据整理的方便性和准确性，问题的排列及回答的符号、位置等都应科学合理设计。在问卷设计的时候就充分考虑后续的数据统计和分析工作，调查指标应当能够累加、便于累加，并且可以进行具体的数据分析，即使是主观性的题目也需要进行问题规范，这样才能更好地进行调查工作。

二、市场调查问卷设计技术

问卷设计的科学性在市场调查中具有关键性意义，问卷中的问题设计、提问方式、问卷形式以及遣词造句等，都直接关系到问卷设计的质量。

（一）问题的设计

问题是问卷的核心，一个好的问卷，必须合理、科学和艺术地提出每一个问题。在进行问卷设计时，必须仔细考虑问题的类别和提问方法，否则会使整个问卷产生很大的偏差，导致市场调查的失败。问题有如下几种常见的分类方式。

▶ 1. 分为直接性问题、间接性问题和假设性问题

直接性问题将所要询问的问题直截了当地向被调查者提出，请被调查者直接给予回答。这种直接提问的方式明确表明要了解的信息，通常所问的是个人基本情况或意见，比如，"您的年龄""您的职业""您现在用的牙膏是什么品牌的"等，采用这种提问方式可获得明确的信息，这种提问对调查结果统计分析比较方便，但遇到一些较难回答的问题时，采用这种提问方式，可能遭到拒绝而无法得到所需要的答案。

间接性问题是指那些较难让调查对象直接回答，而采用间接提问方式能得到所需答案的问题，通常用于那些被调查者容易产生顾虑的问题。一般要求被调查者对他人或某种现

象做出判别和评述，让被调查者扮演评判者的角色，适用于被调查者不乐意回答或很难做出正面回答的问题。

假设性问题是通过假设某一情景或现象存在而向被调查者提出的问题。一般先假定一种情况，然后询问应答者在该种情况下，他会采取什么行动。如以下这一问题属于假设性提问："如果××牌牙膏涨价2元，你是否还愿意用它？"

▶ 2. 分为开放性问题和封闭性问题

开放式问题是一种应答者可以自由地用自己的语言来回答和解释有关问题的问题类型，可以让被调查者充分地表达自己的看法和理由，并且比较深入，有时还可获得研究者预料之外的答案。其优点是设计问题容易，并可以得到被调查者建设性的意见，能为调查研究人员提供大量的、丰富的信息，而且在分析数据的过程中开放式的问题可以成为解释封闭式问题的工具。缺点首先是在编码方面费时费力；其次是开放式的问题受被调查者性格、态度等影响，有时可能得不到准确的信息，并且由于回答耗费时间精力，可能遭到拒答；最后是收集到的资料中无用信息较多，难以统计分析。

封闭式问题的答案中包括所有可能的回答，让被调查者从中选择一个答案。这种提问方式的优点是被调查者回答问题容易，所得资料较准确。由于答案标准化，易于进行各种统计处理和分析，大大简化了编码和录入的过程，因而成为目前进行市场调查的主要提问方式。缺点是问卷设计花费的时间较多，不能得到更多的信息，回答者只能在规定的范围内被迫选择，无法反映其他真实的想法。如果几个选择项提示顺序相同，位于前面的项占优势，使回答者容易先入为主，因此需要准备几种项不同的提示表以便交互向被调查者提示，保证回答尽量客观、真实。但注意此种问题选择项尽量给出全部可能的答案。

混合型问题又称半封闭型问题，是在采用封闭型问答题的同时，最后再附上一项或几项开放式问题。同一个问题中，将开放性问题与封闭性问题结合起来，例如："您家里目前有空调吗？有（　　　），无（　　　）；若有，是什么牌子的？"在实际调查问卷设计中常常既有开放性问题，也有封闭性问题，并且以封闭式为主、开放式为辅。

理想的问题设计应能使调查人员能获得所需要的信息，同时被调查者又能轻松、方便地回答问题。设计问题各类题型及问法，要求调查人员能依据具体调查内容要求，选用适当类型的问题进行调查，常常是几种类型结合应用。

（二）问题回答项目的设计

问题回答项目分为两类：一类是封闭式问题的回答项目，另一类是开放式问题的回答项目。封闭式问题的回答项目包括多种类型，如二项选择法、多项选择法、态度量表法、顺位法、评分法、比较法等。不管哪种类型都需要事先对回答项目进行精心设计。开放式问题的回答大多采用自由问答式，但在市场调查中，为挖掘被调查者潜意识的动机和态度，还可以采用词语联想法、句子完成法、故事完成法、漫画联想法等更生动灵活的方式。

▶ 1. 封闭式回答项目的设计

封闭式问题易于理解并可迅速得到明确的答案，便于统计整理分析。但回答者没有进一步阐明理由的机会，难以反映被调查者意见与程度的差别，了解的情况也不够深入。在封闭式回答项目设计时，可以根据具体情况采用不同的设计形式。

1）二项选择法

封闭式回答项目，最简单的就是二项选择法，二项选择法也称真伪法或二分法，是多项选择的一个特例，是指仅有两种答案可以选择，即"是"或"否"，"有"或"无"等。两种答案是对立的、排斥的，被调查者的回答非此即彼，不能有更多的选择。两项选择题的特点是问题回答简单明了，调查结果易于统计归类；但所获信息量太小，两种极端的回答类型有时往往难以了解和分析被调查者群体意见程度差别，这种方法，适用于互相排斥的两项择一式问题，及较为简单的事实性问题或态度性问题。

（1）有关事实性内容的题型：

例：您家里现在有电脑吗？

    A. 有   B. 无

（2）对态度或者意见测量（答案是穷尽的）的题型：

例：请问您对三九胃泰广告的态度？

    A. 喜欢   B. 不喜欢

2）多项选择法

多项选择法是指对所提出的问题事先预备好两个以上的答案，让被调查者根据实际情况，从中选出一个或几个最符合被调查者情况的作为答案。多项选择法是问卷设计中最常用的一种题型，它保留了是否式询问的回答简单、便于编码和统计、结果易整理的优点，也避免了二项式询问的不足，能有效地表达意见的差异程度，是一种应用较为广泛、灵活的询问形式。但其缺点主要是问题提供答案的排列次序可能引起偏见。

使用这种问题时有一点值得注意，即在设计选择答案时，问题答案的设计应考虑所有可能出现的答案，不能出现重复和遗漏，否则，会使得到的信息不够全面、客观。可设"其他"项目，以便使被调查者表达自己的看法。

例：请问您是在哪一种情况之下嚼泡泡糖的？

    A. 口渴时   B. 无聊时   C. 看电影时

    D. 预防蛀牙时   E. 约会时   F. 看书时

    G. 有口臭时   H. 其他（请列明）

3）态度量表法

态度量表法简称量表法，是通过一套事先拟定的用语、记号和数目，来测定人们心理活动的度量方法。常常用来对被调查者的态度、意见、感觉等心理活动方面的问题进行判别和测定，并且在数据分析中，可以使用较复杂的统计分析方法。量表法主要优点是能对应答者回答强度进行测量，许多量表式应答可以转换成数字，并且这些数字可直接用于统计分析。

依据测试内容，量表一般分为四种，即类别量表、等级量表、等距量表和等比量表。类别量表是以调查对象的类别方式记分，如男女分类记分（男性1，女性0），以身份分类等；等级量表，即要求评定人在若干个备择项目中按照一定标准排出等级次序，该种量表既没有相等单位，又没有绝对零点；等距量表是以间距相等的分数点对心理特征、了解程度等内容做出测量，等距量表有相等的单位，但没有绝对零点，因而其测量水平比顺序量表提高了一步；等比量表比等距量表更进了一步，既有绝对零点，又有相等单位，因而属于最高测量水平。

其中等级量表最为常用，这种量表利用不同的等级来划分一个人对于事情所抱的态度，可显示对方同意与否的程度。在问题后提供不同等级的答案，以量表的方式让调查对象自己做出选择。量表的两端是极端性的答案，在两个极端之间可以划分为若干阶段。

根据量表的层级的多少划分，使用频率比较高的是三级量表、五级量表、七级量表和百分量表。其中五级量表是市场调查中使用最为普遍的一种量表。常用五级量表有：优、良、中、及格、不及格；很好、好、一般、差、很差；强、较强、一般、较弱、很弱；十分重要、重要、有点重要、不重要、很不重要；非常同意、同意、中立、不同意、坚决不同意；很真实、真实、部分真实、很少真实、不真实等。

（1）五级量表：

例：你在学校有机会参加环保活动吗？

A. 从来没有　　B. 难得参加　　C. 有时参加　　D. 常常参加　　E. 一直参加

（2）百分量表：

例：你在多大程度上对你目前的学习状况满意？

0　　10　　20　　30　　40　　50　　60　　70　　80　　90　　100

等级量表也可以依据答案对称性分为对称性量表和不对称性量表两种形式。对称性量表是奇数等级项，中间位置必须是中性、中立的词语。但非对称性量表应慎重使用，以免对被调查者产生诱导。

例：你认为教室的学习条件如何？

对称性量表：　A. 好　　B. 较好　　C. 一般　　D. 较差　　E. 差

非对称性量表：A. 很好　　B. 好　　C. 较好　　D. 一般　　E. 差

等级量表依据其表现方式还可分为图解式量表和数字式量表。一般来说，图解式量表比单纯数字式量表更有利于转达等级意义和评级的心理距离。

例：你的电脑程序在操作过程中：

图解式量表：

差错很多　　　一般有些差错　　　偶有差错　　　几乎从无差错

数字式量表：

差错很多　　　　　　　　　　　　　　　　几乎从无差错

1　　　2　　　　　3　　　　　4　　　　　5　　　　　6

4）顺位法

顺位法又称序列式，是在多项选择式问题的基础上，列出若干项目，由回答者根据自己的偏好和认识等进行排序。顺位法便于被调查者对其意见、动机、感觉等作衡量和比较性的表达，这种方法较为简单，也便于对调查结果加以统计。但调查项目不宜过多，过多则容易分散，很难排出顺位，同时项目的排列顺序也可能对被调查者产生某种暗示影响。

例：请您对下列各项，按照您选购电视机时认为的重要程度，以1、2、3、4为序进行排序，1为最重要，4为最不重要：

图像清晰（　　）　音质好（　　）　外形漂亮（　　）　使用寿命长（　　）

5）评分法

评分法又称数值分配法，是指调查人员对所询问问题列出程度不同的几个答案，并对答案事先按顺序评分，请被调查者选择一个答案。将全部调查表汇总后，通过总分统计，可以了解被调查者的大致态度。可采用 5 分制、10 分制，也可采用 100 分制。或者采用正负分值对比等形式，用来对不同品牌的同类产品进行性能的评比。

例：根据评分标准，给下列品牌的电视机质量评定分数，请将分数填入括号内。

评分标准：很好 10 分　较好 8 分　一般 6 分　较差 4 分　差 2 分

海尔（　　）康佳（　　）三星（　　）东芝（　　）索尼（　　）TCL（　　）

6）比较法

比较法，通常是把调查对象中同一类型不同品种的商品，每两个配成一对，由被调查者进行对比，把认为好的在调查表的有关栏内填上规定的符号，由此来了解被调查者的态度。为便于了解消费者对所调查商品态度上的差别，也可以在不同商品品种之间，划分若干评价尺度。也可用于测定调查商品间的评价距离。该方式主要用于调查消费者对商品的评价，根据被调查者的喜欢程度的不同进行比较选择产品的品牌、商标、广告等，可用于比较商品质量和效用等方面。应用比较法要考虑被调查者对所要回答问题中的项目是否熟悉，否则将会导致空项发生或答案缺乏真实性。

例：表 6-1 中使用比较法比较牙膏品牌偏好。

表 6-1　各类牙膏的品牌偏好比较

	中华	佳洁士	康齿灵	高露洁	云南白药
中华					
佳洁士					
康齿灵					
高露洁					
云南白药					
合计					

说明：在表格中填写"1"或"0"，"1"表示被调查者更喜欢这一列的品牌，"0"表示更喜欢这一行的品牌。

还有一种比较方法，问卷一旁列出同样产品不同品牌名称，另一旁则列出形容词汇，然后要求被调查人将两组文字作适当配对。

例：将下列两组文字作连线配对

汽车厂牌　　　形容词
吉利　　　　　舒适
别克　　　　　经济
大众　　　　　豪华
本田　　　　　安全
丰田　　　　　快速

▶ 2. 开放式回答项目的设计

开放式问答项目只提问题不给出具体答案，要求被调查者根据自身实际情况自由作答。

开放式问题允许被调查人用自己的话来回答问题。一般说来，因为被调查的回答不受限制，所以开放式问题常常能揭露出更多的信息。

1）自由回答法

自由回答法是指提问后，调查者事先不拟定任何具体答案，回答者可以自由发表意见。自由式回答比较适用于调查消费者心理因素影响较大的问题，如消费习惯、购买动机、服务质量、服务态度等，因为这些问题一般很难预期或限定答案范围。这种询问在探测性调查中常常被采用。例如，"您觉得这种电器有哪些优缺点？""您认为应该如何改进电视广告？""您对本商场有何意见或建议？"等。

自由问答题的主要优点是被调查者的观点不受限制，便于深入了解被调查者的建设性意见、态度、需求问题等。涉及面广，灵活性大，能使被调查者思维不受束缚，充分发表意见，畅所欲言，可为调查者收集到意料之外的资料。缺点是由于被调查者提供答案的想法和角度不同，因此在答案分类时往往会出现困难，使调查结果难以归类统计和分析。同时，由于时间关系或缺乏心理准备，被调查者往往放弃回答或答非所问，因此，此种问题的数量尽量不要太多。

2）词语联想法

词语联想法是给被调查者一连串的词语，每给一个词语，都让被调查者回答其最初联想到的词语（反应语）。在给出的一连串词语中，也有一些与调查目的无关的词语，用于掩盖研究的目的。被调查者对每一个词的反应逐字记录并且计时，这样可以识别出反应犹豫者（要花三秒钟以上来回答）。这种技法的潜在假定是，联想可让反应者或被调查者暴露出他们对有关问题的潜在态度或情感。这种方法可以在被调查者对某个问题不愿回答的情况下，掩藏调查目的，挖掘被调查者潜意识的动机和态度。对回答或反应进行分析时可计算如下几个量：每个反应词语出现的频数；在给出反应词语之前耽搁的时间长度；在合理的时间段内，对某一试验词语完全无反应的被调查者的数目。

而词语联想法又可以分成自由联想法及限制联想法两种。自由联想法提供相应的字词让对方随意发挥。例如："提到面包时你会想到什么？"即属自由联想法，不作任何限制，受测对象可以任意回答；而"提到面包，您最先想到的品牌是（　　　）"，调查对象显然被局限在品牌范围之内做出选择，这就是限制联想法。

不过，无论自由联想法或限制联想选用提问句时，都要考虑下列几个原则：符合调查研究的目的；使用简洁的语句；避免使用具有多重意义和可能有多种反应的提问句。

3）句子完成法

句子完成法与词语联想法类似，给一些不完全的句子，要求被调查者完成。句子完成法按固定语句提问，该类问题可以用于敏感性问题、回答率较低的问题等，但答案的审核、编码、分析比较烦琐，不同研究者对同一答案可能得出不同的结论，因而可靠性较差。主要适用于探索性调查。与词语联想法相比，对被调查者提供的刺激是更直接的。可能得到的有关被调查者感情方面的信息也更多。不过，句子完成法不如词语联想法那么隐蔽，许多被调查者可能会猜到研究的目的。

例：我喜欢（　　　）洗发露，因为（　　　）。

4）故事完成法

给出故事的一个部分，请被调查者发挥想象续成完整故事。在故事完成法中，将被调查者的注意力引到某一特定的话题，但是不要提示故事的结尾，被调查者要用自己的话来做出结论。

例：星期天我来到一家大型超市，刚进到一楼就发现……（请您完成下面的故事）

5）漫画完成法

漫画完成法类似于看图说话，提供一幅漫画请被调查者观看，让被调查者假定是漫画中的某个角色来描述一个故事或一段对话，从而体现被调查者对事物的态度和意见。如一幅背景是某商场销售电视机柜台前的漫画，漫画中有两个人物，一位是售货员，另一位是顾客。售货员问："要买彩电吗？喜欢哪一款我给您介绍一下？"顾客回答处留有空白，要求被调查者填写。这时被调查者将假定自己是顾客，向售货员询问他（她）最关注的问题，从而获得调查资料。但使用过程中注意漫画中人物不要带有任何表情，以防诱导被调查者，产生调查误差。

第三节　市场调查问卷设计应注意的问题

在问卷设计中，问题科学合理可以提高问卷回收率和信息的质量。问题设计不当往往会使被调查者误解题意或拒绝回答，从而直接影响数据质量，事后弥补非常困难，而且成本太高。这里主要针对问卷设计中的常见问题提出预防和控制措施，建议设计者要反复推敲，尽量避免问题设计不当引起不必要的误差。

一、避免不易回答的问题

问题设计中应特别重视问题的措辞，如果把主要精力集中在问卷设计的其他方面，设计的问题很有可能使被调查者难以回答而降低了问卷的质量，因此应该注意以下几个方面。

（一）避免提出被调查者能力之外的问题

"你认为未来10年汽车在科技方面会取得哪些进步？"再如，"国内手机品牌中，华为手机是不是最好的？"这样的问题，设计者看来非常简单，可是被调查者可能从来没有想过或遭遇过，因此，设计问题时，提问要在被调查者的知识、经验、能力的范围内，不要把问题理论化。

（二）所提问题必须简短，以免造成对方的混乱

"您认为电视机市场已经日趋饱和的今天，政府仍向电视机生产企业征收高额税收，从而阻碍了生产厂家发展的做法，是不是应该受到批评？"这样的长句式提问，让人很难作出回答，也很难得到满意的回答。

（三）避免因时间久远而依靠被调查者的记忆回答的问题

在信息爆炸的时代，遗忘和记忆的差错会导致被调查者无法提供全面和准确的资料。经常有些市场调查要求被调查者回忆半年以前甚至一年前的购买情况，这显然取决于被调查者的回忆和合作程度。因时间久，回忆不起来或回忆不准确是常有的事。如"您去年家庭的生活费支出是多少？用于食品、衣服的分别为多少？"除非被调查者连续记账，否则

很难回答出来。如"昨天你在电视上看了哪几则手机广告?"这种问题的时间范围可使问题回忆起来较容易,答案也比较准确。

(四)避免直接提问窘迫性问题

在设计调查问卷时,若非有必要,绝不涉及被调查者的个人隐私。隐私问题往往会引起回答者的焦虑、窘迫,使被调查者不愿意回答或不愿意真实回答。遇有这类问题,如果实在回避不了,可列出档次区间或用间接的方法提问。例如,不应问:"你今年几岁?"而不妨问"你是哪一年出生的?"也可列出年龄段,如 20 岁以下,20~30 岁,30~40 岁,40 岁以上,由被调查者挑选。

(五)避免用词生僻或过于专业

一般调查中,调查对象文化程度分布广泛,生僻、专业的词语会阻碍被调查者对问题的理解。如,某保险公司调查顾客对本公司业务的印象,询问"请问您对本公司的理赔时效是否满意?""请问您对本公司的展业方式是否满意?"许多被调查者不明白什么是"理赔时效"和"展业方式",即便给出答案也没有意义。再如"促销效果""分销渠道"等术语,对于某些消费者不易理解。必须使用时,应进行定义和说明。

二、避免出现诱导性提问

提问尽量客观,问卷中的问题必须保持中立,不能提问带有倾向性的问题。如问"××品牌的手机质优价廉,您是否准备选购?"这样不能反映消费者对商品的真实态度和真正的购买意愿,所以产生的结论也缺乏客观性,结果可信度低。再如:"环境保护很重要,你认为有进行环境保护的必要吗?"这种提问向被调查者提示答案的方向,或暗示出调查者自己的观点,在有外界压力存在的情况下,被调查者提供的是符合压力施加方偏好的答案,而不是自己真正的想法。这是提问的大忌,常常会引出和事实相反的结论。问题要中性化,避免诱导性提问,褒义词、贬义词、否定问题都应尽量避免。

带有倾向性的问题有两种:一种是权威倾向性问题,如"大多数教师认为中学生不能抽烟,你是否同意这一观点?"另一种是叙述倾向性问题,如"现在的小学生作业负担太重,你认为是吗?"对于这样的问题可进行中性化的处理,即修改去除问题的倾向性。

三、避免用笼统的、不确切的词

问题设计应避免使用含糊不清的句子和语意不清的措辞,以免使受测者费解。文字要表达准,有些问题含有偶尔、许多、大致、普通、经常、一些、很多、相当多、几乎这样的程度词,以及一些形容词,如"美丽"等。不同被调查者的理解显然也是不同的。使用"您通常喜欢选购什么样的帽子?"就是用词不准确,因为"通常""什么样"的含义,不同的人有不同的理解,回答各异,不能取得准确的信息。如"你认为目前教师的待遇够好吗?""待遇"和"够好"都属语意不清。下例的问题也属于模糊的语句:您经常穿 T恤衫吗?您爱穿羽绒服吗?您经常喝汽水吗?这样模糊的问法,被调查者也不好回答。

还有些定义不清的问题会产生歧义,使被调查者无所适从。如年龄、家庭人口、经济收入等调查项目,通常会产生理解的歧义。年龄有虚岁、实岁,家庭人口有常住人口和生活费开支在一起的人口,收入可能仅指工资,也可能包括奖金、补贴、福利、其他收入。

如果调查者对此没有很明确的界定，调查结果也很难达到预期要求。因此这些词应用定量描述代替，以做到统一的标准。

四、避免提带有双重或多重含义的问题

要想得到较高的回答率，需要有良好的提问技巧。一个问题对于每个被调查者而言，应该针对同一主题，只有一种解释、一个含义。一个问题中如果包含过多访问内容，会使回答者无从答起，给统计处理也带来困难。例如，"雕牌洗衣粉是否清洁又不伤衣服？"问题的两部分可能会得到不同答案。如询问消费者"您对该商场产品的价格和服务质量满意还是不满意？"该问题实际上包括商品价格和服务质量两个方面的问题，结果"对价格不满意""对服务不满意"或"对价格和服务不满意"的被调查者可能都回答"不满意"，该问题显然得不到客户想了解的信息。因而，一个问题只能提问一个方面的情况，否则容易使回答者不知如何作答。

以上是问卷设计中应该注意的一些比较突出的问题，当然还有其他很多问题存在，有些是研究者难以预料的，这就要求设计者要反复斟酌，构想每项问题之后，要尽量清晰地列出问题，然后对问题进行检查、筛选，以便进行删、补、换。

▌知识总结▐

调查问卷是国际通用的市场调查工具，是调查人员根据调查目的和要求，通过精心设计一系列问题征求被调查者的意见以获取所需要收集数据资料的信息载体，根据市场调查中使用问卷方法的不同，可将调查问卷分成访问式问卷和自填式问卷两大类；根据问卷发放方式的不同，可将调查问卷分为送发式问卷、邮寄式问卷、报刊式问卷、人员访问式问卷、电话访问式问卷和网上访问式问卷六种；根据问卷的设计是否有固定结构划分，可将调查问卷分成固定结构式问卷和无固定结构式问卷两大类。一份完整的调查问卷通常包括标题、说明信、调查内容、结束语等内容。

调查问卷设计是市场调查过程中非常重要的环节，同时又是一项十分细致的工作。调查问卷设计的程序主要包括根据调查目的确定调查项目、根据调查对象的特点确定问题的表述风格、根据资料收集的方法确定问题的数量和繁简程度、确定问题及其回答的方式、确定问题的顺序和问卷的测试和修订。具体在设计问卷时，应注意目的性原则、逻辑性原则、相关性原则、简明性原则、非诱导性原则、方便性原则。

问卷设计的科学性在市场调查中具有关键性意义，常见的问题类型有直接性问题、间接性问题和假设性问题；开放性问题和封闭性问题。问题回答项目的设计主要包括封闭式回答项目的设计和开放式回答项目的设计。在设计封闭式回答项目时，可以根据具体情况采用二项选择法、多项选择法、态度量表法、顺位法、评分法和比较法。开放式回答项目的设计则可采用自由回答法、词语联想法、句子完成法、故事完成法和漫画完成法。

在市场调查问卷设计应注意避免不易回答的问题；避免出现诱导性提问；问题要准确具体，避免用笼统的、不确切的词；避免提带有双重或多重含义的问题。

知识巩固

一、填空题

1. （　　　）是调查人员根据（　　　）和要求，通过精心设计一系列问题征求（　　　）的意见以获取所需要收集（　　　）的信息载体。

2. 根据问卷发放方式的不同，可将调查问卷分为（　　　）问卷、邮寄式问卷、（　　　）、人员访问式问卷、（　　　）问卷和网上访问式问卷六种。

3. 在封闭式回答项目设计时，可以根据具体情况采用（　　　）、多项选择法、（　　　）、顺位法、（　　　）和比较法。

二、单项选择题

1. 调查问卷设计所用语言和所提问题要尽量有礼貌和有趣味，尽可能得到消费者的合作，以提高调查质量。这是问卷调查应遵循的（　　　）原则。
   A. 目的性　　　　　B. 逻辑性　　　　　C. 合作性　　　　　D. 简明性

2. 设计问题容易，并可以得到被调查者建设性的意见是（　　　）的优点。
   A. 直接性问题　　　B. 间接性问题　　　C. 开放性问题　　　D. 封闭性问题

3. （　　　）的设计可采用自由回答法、词语联想法、句子完成法、故事完成法和漫画完成法。
   A. 直接性问题　　　B. 间接性问题　　　C. 开放性问题　　　D. 封闭性问题

三、简答题

1. 市场调查问卷有哪些重要作用？
2. 简述市场调查问卷设计的程序。
3. 简述市场调查问卷设计原则。

参考答案

案例分析

第七章　市场调查资料的统计分析

思维导图

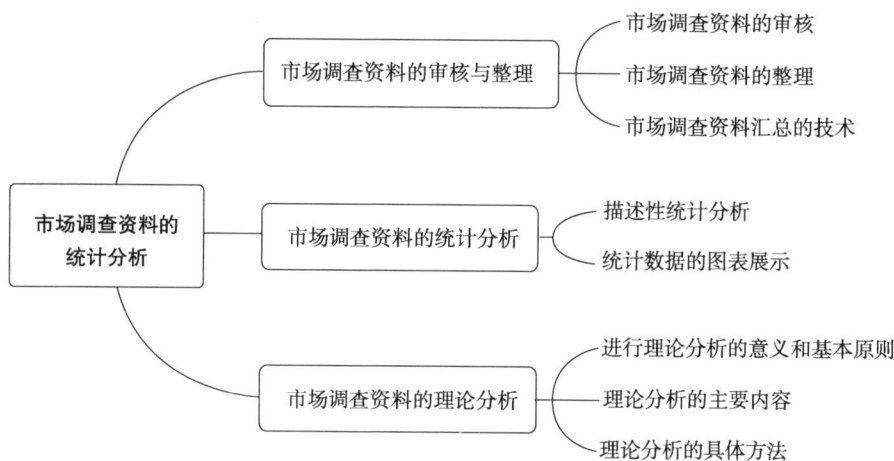

案例导入

传统产业如何锻造新质生产力？

　　形态可掬的冲咖啡机器人、大型的全伺服自动冲压生产线、盖高楼犹如"搭积木"的造楼机……在天津举行的 2024 世界智能产业博览会上，以"智"促"新"的场景扑面而来，数智技术正成为传统产业锻造新质生产力的引擎。

　　在中海油服展区，中国海油自主研发的高端完井系统——"海弘"完井工具模型吸引了不少观众。完井工具在井下长期工作可靠性要求高、应用场景多样，中国海油通过多年制造工艺技术积累，打造"海弘"完井工具智慧工厂，集成了重载高精定位、多维传感融合、视觉识别自动捕捉等多项尖端技术，能够满足多种完井工具产品的自动化、定制化生产。

来到天津城投集团的展厅，盖高楼犹如"搭积木"的造楼机技术正在模拟建设柳林"智汇中心大厦"。一栋16层的建筑，使用"造楼机"，从出地面到封顶，只需要6～8个月的时间，这比使用传统工艺，大约可以节省15%～20%的时间，施工安全度也提高了很多。

不仅有智慧建造，天津创业环保集团股份有限公司的污水厂智慧运行管控平台上，污水处理各环节的信息跃然屏上。通过全链路数据赋能，实时采集各环节生产数据，并通过智能算法，实现操作环节的自动决策，达到降本增效。

在百利装备的展区里，一座高低起伏的山地沙盘引人注目，镶嵌在山体内部的抽水蓄能电站生动地展示出了抽水蓄能的过程。该装备可以在用电低谷时，将水从下游水库抽至上游水库，待到用电高峰再放水发电，就像一个大型的充电宝。该装备需要大量高精尖的水轮机组、阀门、变频器、变压器等集成，该集团打造抽水蓄能电站装备技术创新联合体，通过集团研发优势，不断对各环节进行优化升级，串珠成链，形成成套化装备生产能力。

荣程集团白绿相间的氢能重卡，其氢能大数据平台上，氢能重卡运行情况、各加氢站运营数据、碳减排数据等信息一目了然。平台还可以作为氢能重卡版的打车软件，提高车、货匹配效率。

通过上下游协作，企业形成了货运领域完整的氢气制、储、运、加、用产业链闭环，已累计投运氢能重卡359辆，减少二氧化碳排放13627吨。2024年7月底，该集团将投运200辆搭载自有品牌大功率燃料电池系统的氢能重卡。

智能科技"加持"下，传统制造业也在催生新的动力。联想集团2023年11月全面落成的联想集团创新产业园（天津），利用数智化新IT技术，每9秒下线一台笔记本电脑，综合生产效率提升了200%，产品不良率下降了30%，综合能源消耗降低近10%。

中国科学院副院长吴朝晖表示，人工智能技术重建行业分工协作体系，多模态大模型、脑机融合、人形机器人等技术，将对制造、交通、教育、医养等行业，产生颠覆性的影响，将深刻改变现有的分工体系，创造出全新的生产和生活模式。

资料来源：李亭.传统产业如何锻造新质生产力？——智博会探"新"记[EB/OL].（2024-06-22）. https://www.news.cn/fortune/20240622/cf358cc7e31145ae8c56ddf4dee02c5c/c.html.

通过调查阶段搜集的大量资料是零散的、个别的，首先，必须对搜集来的资料进行审核和整理，确保资料准确、完整、可靠；其次，在此基础上，运用统计学原理，对数据进行加工分析，即从数量方面描述和掌握调查对象的状态与特征，运用统计图表将其展示出来；最后，还要对鉴别整理后的调查资料及统计分析后的数据，借助于概念、判断、推理等思维形式，对调查对象的本质和内在联系进行系统化的分析，从而揭示调查对象的本质和发展规律。

本章主要阐述如何审核与整理市场调查资料，对审核与整理过的调查资料进行统计分析，在此基础上进行理论分析，充分挖掘调查资料所蕴含的信息，以便为相关决策提供坚实的支持。

第一节　市场调查资料的审核与整理

一、市场调查资料的审核

（一）审核的概念和原则

▶ 1. 审核的概念

审核指在着手整理调查资料之前，对需要整理的原始资料进行认真审查与核实的工作过程。目的在于保证资料的客观性、准确性和完整性，为调查资料的整理与分析打下坚实的基础。

实际上资料的审核和资料的搜集，在大多数情况下是同步进行的。一边搜集，一边审核叫做实地审核或搜集审核；在搜集资料后集中进行审核，叫做系统审核。

▶ 2. 审核的原则

在进行整理审核时应坚持以下几个原则，如图 7-1 所示。

图 7-1　市场调查资料审核的原则示意图

1）真实性原则

资料的真实性要求调查资料的来源必须是客观可信的，也就是调查资料本身要真实。对搜集到的资料要根据实践经验和常识进行辨别，看其是否真实可靠地反映了调查对象的客观情况，一旦发现疑问，就要再次根据事实进行核实，排除其中的虚假成分，把那些违背常理、前后矛盾的资料舍去，保证资料的真实性。

2）标准性原则

要审查每项资料是不是按规定要求搜集的，并判断它能不能说明问题，对所研究的问题能不能起应有的作用。对于需要相互比较的资料要审核其所设计的事实是否有可比性；对于统计资料要注意指标的定义是否一致、计量单位是否相同等。

3）准确性原则

要对资料进行逻辑检查，检查资料中有无不合理和相互矛盾的地方。例如某人年龄栏内填写的是 12 岁，而其学历栏内填写的是大学毕业，这显然是矛盾的、不合逻辑的。

4）完整性原则

要检查调查资料是不是按照提纲和统计表格的要求搜集齐全，在调查中发现的新线索、新问题是否都进行了调查。

（二）资料审核方法

资料的审核是一项复杂且系统的工作，不仅需要一丝不苟的工作精神，更需要运用良好的方法，以保证市场调查资料的有效性。常用的审核方法有以下两种。

（1）逻辑审核。利用逻辑和经验判断的方法，检查问卷或调查表中的填答项目是否合理，项目之间有无相互矛盾的地方，有无不应有的空白，有没有不合理的填答，或随意填答、答非所问的情况。

（2）计算审核。计算审核主要是对数据进行计算性的检查，如分量相加是否等于小计，小计相加是否等于合计，数据之间该平衡的是否平衡，各项数据在计算方法、计算口径、计量单位、时间属性等方面是否有误等。

二、市场调查资料的整理

（一）资料整理的概念和原则

▶ 1. 资料整理的概念

资料整理是根据研究目的将经过审核的资料进行分类汇总，使资料更加条理化和系统化，为进一步深入分析提供条件的过程。资料整理是从调查阶段向研究阶段过渡的桥梁。

对通过各种方式收集来的资料，进行审核工作主要是为了解决真实性、准确性、标准性和完整性的问题，但是，这些资料还是杂乱无章的，只有进一步整理分析才能找出事物的规律和本质。

▶ 2. 资料整理的原则

在进行资料整理时应对资料完成以下的工作：

1）条理化

即对资料进行分类，从而为进一步的分析研究创造条件。

2）系统化

即从整体的角度考察这些资料：第一，需要考察现有的资料是否能满足研究的目的，是否能把研究的问题说清楚，需要不需要增加新的材料；第二，考察要以原来的提纲为依据，但又不受原有提纲的限制，要及时把新情况和有用的东西补充进来。

3）统计汇总

统计调查来的原始资料大都取自总体内的个体单位，它们都是一些分散、零碎的资料，但又反映了总体所具有的数量特征，包含着表现总体数量特征的有用信息。因此，对资料进行整理就是按照某一标准将资料划分为不同的类或组，使资料的各种特征和规律显示出来。

（二）资料的分组

▶ 1. 分组的概念

分组是指根据研究对象的某些特征将调查资料分门别类，编组排队，使复杂的资料条理化、系统化，为找出规律性的联系提供科学依据。

因此，需要按照一定的标志，把所研究的社会现象总体，区分为若干性质相同的部分或组。

▶ 2. 资料分组的方法和原则

分组的关键在于正确选择和确定分组标志。事物有很多标志，对于同一资料选用不同的标志分组，往往会得出不同的分析结果。这就需要从研究问题的具体目的出发，选择能够反映现象本质的标志。因此，分组标志选择的恰当与否，会直接影响资料整理和分析的科学性。

一般来讲，分组标志大体上可以分为两类，即按品质标志和按数量标志分组。

1）按品质标志分组

选择反映人或事物属性差异的标志为分组标志，如性别、企业所有制等。在使用品质标志时，注意标志的定义要明确、具体，防止产生对标志意义理解上的混乱。

2）按数量标志分组

选择反映人或事物数量差异的标志作为分组标志，通过数量上的差异反映出质的不同。如居民家庭按子女数量分组，可分为无子家庭（0人），单子女家庭（1人），双子女家庭（2人），多子女家庭（2人以上）。

很多调查对象既可以按品质标志分类，也可以按数量标志分类。如人可以按职业分类，也可以按收入分类。因此，研究者一定要根据研究目的和需要选择适当的标志。

要选择正确的分组标志，必须遵循以下原则：

（1）从研究目的出发选择标志。研究目的不同，选择的标志也不同。如研究人口的年龄结构，就以年龄为标志进行分类。总之，分类的目的必须服从于研究的目的。

（2）从反映现象本质的需要去选择标志。调查对象的众多特征中有本质特征和非本质特征，应选择反映本质特征的标志作为分类标志。

（3）根据具体的客观条件去选择标志。研究对象的特征是随着时间、地点和条件而发生变化的。要研究新问题，适应新情况。

三、市场调查资料汇总的技术

原始资料的统计汇总技术有以下两类。

（一）计算机汇总技术

计算机汇总技术的步骤如下。

（1）选用或开发合适的数据处理软件。

（2）编码。编码是指把原始的资料转化成为符号或数字的资料简化过程。依据编码过程发生在调查实施之前或之后分为事前编码和事后编码。

事前编码（预编码）指在编写问卷题目时就给予每一个变量和可能答案一个符号或数字编码。

事后编码指问卷作答之后，给予每一个变量或可能答案一个符号或数字代码。以下三种情况采用事后编码：①开放式问题的答案整理编码；②交叉分组处理编码；③平行分组处理编码。

（3）数据录入。一般是由数据录入员根据编码的规则（编码明细单）将数据从调查问卷上直接录入到计算机数据录入软件系统中，系统会自动进行记录和存储。

（4）逻辑检查。运用事先设计的计算机逻辑错误检查程序进行检查，以防止录入的逻辑错误的产生。

（5）汇总制表。利用计算机汇总与制表程序，自动生成各种分组表。

（二）手工汇总技术

▶ 1. 问卷分类法

将全部问卷按照问项设计的顺序和分组处理的要求，依次对问项答案进行问卷分类，分别清点有关问卷的份数，就可得到各个问题答案的选答次数。

▶ 2. 折叠法

将全部调查问卷中的同一问项及答案折叠起来，并一张一张地叠在一起，用别针或回形针别好，然后计点各个答案选择的次数，填入事先设计的分组表内。

▶ 3. 划记法

事先设计好空白的分组统计表，然后对所有问卷中的相同问项的不同答案一份一份地进行查看，并用划记法记录，全部问卷查看与划记完毕后，即可统计出相同问项下的不同答案的次数，最后过录到正式的分组统计表上。

▶ 4. 卡片法

利用摘录卡作为记录工具，对开放式问题的回答或深层访谈的回答进行过录或记录，然后再依据这些卡片进行"意见归纳处理"。

第二节 市场调查资料的统计分析

在市场调查中，运用统计的方法进行资料的定量分析和研究，是提高调查质量的必要手段。定量分析的方法是以数理法则的具体测量、计算及分析技术为基础的，它是市场调查测量化发展的产物。应用各种统计分析方法，可以为研究社会诸要素相互作用的复杂关系，提供精确度较高的数据，为更准确地认识市场现象、进行各种比较分析研究和预测提供条件。

统计分析通常可以分成两大类：一类是描述性统计分析，主要对资料进行图形描述和数字描述；另一类是推断性统计分析，它是在不完全的资料的基础上对总体作出比较精确的决定的科学。推断性统计是在随机抽样的基础上推论有关总体的情况，故亦称为统计推断。

根据统计分析所研究的变量数量的多寡，又可以分成单变量分析，双变量分析以及多变量分析。

一、描述性统计分析

（一）单变量统计分析方法

在统计分析中，有两种数据对市场调查有着重要的意义：第一是某种标志值或变量的集中趋势，用来表示一组数字资料的中心位置；第二是变量的离散趋势，用来表明数据的差异情况和扩散范围。这两种统计量是相互联系的。仅有集中趋势来反映数据的平均水平还不够，还应结合数据的差异，把两种趋势结合起来考虑，才能正确认识一组数据的全貌。集中趋势的代表性如何要由离散趋势来表明。同时，这两种趋势还可以作为其他统计分析的基础，用以计算其他的统计量，所以，这两种统计量是统计分析中最基本的统计量之一。

▶ 1. 集中趋势测量

当变量 A 具有众多不同的数值时（即变量 A 是一组数据），如果可以找到一个数值来代表这众多的数值，该数值就是变量 A 的集中趋势值。由于这一集中趋势值是可以概括大量数据的代表性数值，反映了这组数据的集中趋势，所以也称之为集中统计量。

反映集中趋势的统计量有：众数、中位数、算数平均数、几何平均数等。

1）众数

众数是研究总体中出现次数最多的标志值。它用来表示被研究对象中最常见、最普遍的标志值，因为众数的概念具体明确，实践中使用较多。如某地区职工职业最集中的是矿工，则矿工为众数。

众数不受个别值的影响，它直接反映了总体次数分布的集中情况。众数在总体单位中所占的比重越大，总体集中程度就越高，众数对总体的代表性就越强。总体单位的数值很少相同又无明显集中趋势时，众数对总体就缺乏代表性。对于这种资料，就无法利用确定众数的方法来描述。

2）中位数

中位数是把调查到的数据资料按照标志值大小顺序排列，处于中央位置的标志值。中位数把整个数列一分为二，它居中间，一半比它大，一半比它小。因此中位数不受极端值的影响，比较准确地反映现象发展的集中趋势。当标志变异度较大时，它往往被用来代表现象发展的一般水平，因此，中位数也是一种代表值。

例如，5 名学生的成绩分别是 60、73、85、89、90，则第三位学生的成绩 85 是中位数。若有 6 名学生的成绩分别是 68、70、76、80、86、90，则这六名学生成绩的中位数为（76+80）/2=78。

3）算术平均数

算术平均数是应用最为广泛的平均数。算术平均数就是对总体各单位的某一数量标志进行平均得到的值，即总体各单位某一标志值的算术和除以总体单位数。

算术平均数 = 标志总量 / 总体总量

例如：某生产小组 10 名工人的工资总额是 60000 元，则平均工资额 = 标志总量/总体总量 = 60000 / 10 = 6000（元）

算术平均数的特点：①计量单位的名数应当和标志总量的计量单位一致；②分子分母为同一总体，分母是分子的承担者；③是数量标志的平均，品质标志不能平均。

（1）简单算术平均数。在掌握了没有分组的总体各单位的标志值，或已经有了标志总量和总体总量的资料时，就可以采用这种方法计算。计算公式如下：

$$\overline{X} = \frac{X_1 + X_2 + \cdots + X_n}{n} = \frac{\sum X}{n}$$

例如上述关于 10 个工人的月工资额的平均数的计算，就是简单算术平均数。

简单算术平均数的大小只受各变量值本身大小的影响，其平均数的大小不会超过变量值的变动范围。那么当平均数的大小除了受变量值本身大小影响以外，还受其他因素的影响时，采取什么方法计算其平均数呢？

（2）加权算术平均数。如果平均数的大小既受其变量值本身大小的影响，又受其次数的影响，就要采用加权算术平均数的方法计算其平均数。计算公式如下：

$$\overline{X} = \frac{X_1 f_1 + X_2 f_2 + \cdots + X_n f_n}{f_1 + f_2 + \cdots + f_n} = \frac{\sum Xf}{\sum f}$$

在影响平均数的两个因素中，起决定作用的是变量值本身的水平，也就是 X 的大小。

而在其变量值变动的区间内，为什么平均数会是某一个数值，而不是另一个数值，则是次数影响的结果。在一般情况下（也就是次数分布接近正态分布的情况下），加权算术平均数会靠近出现次数最多的那个变量值。因此，次数对平均数的大小的作用并不是可有可无，而是起着一种权衡轻重的作用。所以次数又叫权数，把每个变量值乘以权数的过程叫加数过程，所得结果就是标志总量。

单项式分组计算的平均数，其计算方法与组距式相同。

组距式分组计算平均数时，在组距数列中，变量值不是以单个的值出现而是以由下限到上限的组距出现的，所以在组距数列中计算加权算术平均数，需要以每个组的平均数——组中值为代表，作为每一组的变量值，而后乘以相应的次数，得出标志总量，以此再除以权数之和即可，如表 7-1 所示。

表 7-1　某商店职工工资总额

工资总额（元）	组中值 x	职工人数 f	xf
120～130	125	22	2750
130～140	135	133	17955
140～150	145	13	1885
150～160	155	5	755
合计	—	173	23365

（3）调和平均数的计算。调和平均数是总体各单位标志值倒数的算术平均数的倒数，也称倒数平均数。调和平均数分为简单调和平均数和加权调和平均数。

简单调和平均法是先计算总体单位标志值倒数的简单算术平均数，然后求其倒数。

$$H = \frac{n}{\dfrac{1}{x_1} + \dfrac{1}{x_2} + \cdots + \dfrac{1}{x_n}} = \frac{n}{\sum \dfrac{1}{x}}$$

H 表示调和平均数。

加权调和平均法是先计算总体单位标志值倒数的加权算术平均数，然后求其倒数。

$$H = \frac{m_1 + m_2 + \cdots + m_n}{\dfrac{m_1}{x_1} + \dfrac{m_2}{x_2} + \cdots + \dfrac{m_n}{x_n}} = \frac{\sum m}{\sum \dfrac{m}{x}}$$

m 表示权数。如表 7-2 所示。

表 7-2　某车间奖金分配情况

等　　级	奖金额 x（元）	奖金总额 m（元）
一等	120	960
二等	100	4200
三等	90	2700
合计	—	7860

（4）几何平均数的计算。几何平均数是 n 个比率乘积的 n 次方根。社会经济统计中，几何平均法适用于计算平均比率和平均速度。简单几何平均数的计算公式为：

$$G = \sqrt{x_1 \cdot x_2 \cdots x_n}$$

G 表示几何平均数；x 表示变量值；n 表示变量值个数。

加权几何平均数的计算公式为：

$$G = \sqrt[f_1 + f_2 + \cdots + f_n]{x_1^{f_1} \cdot x_2^{f_2} \cdots x_n^{f_n}}$$

关于几何平均数的具体计算及应用将在第 9 章中讲述。

▶ 2. 离散趋势测量

1）极差

极差（也称全距）就是总体单位中最大值与最小值之差，它说明标志值的变动范围，是标志变动度中最简单的一种方法。

极差的优点是其计算方法简便、易懂、容易掌握。缺点是受极端值影响很大，不能全面反映各单位标志值的差异程度。所以，在实际应用上有一定的局限性。

2）平均差

平均差就是总体各单位的标志值与算术平均数的离差绝对值的平均数，它能综合反映总体中各单位标志值的差异程度。

计算公式为：

$$A.D. = \frac{\sum |x - \bar{x}|}{n}$$

在分组资料的情况下，加权平均差的计算公式为：

$$A.D. = \frac{\sum |x - \bar{x}| f}{\sum f}$$

平均差系数就是平均差除以算术平均数，它说明标志值差异的相对程度，还可以用来比较平均数不同的各个标志变动度的大小。

平均差系数的计算公式为：

$$V_{A.D.} = \frac{A.D.}{\bar{x}}$$

平均差的优点是计算简便，意义明确，能反映各标志值的大小和程度。

缺点是采用绝对值，不适于数理统计中的数字处理，使用受限制。

3）标准差

标准差（也叫均方差）是测定标志变动度最重要的指标，它的意义与平均差的意义基本相同，但在数学性质上比平均差要优越，由于各标志值对算术平均数的离差的平方和为最小，所以，在反映标志变动度大小时，一般都采用标准差。标准差是反映标志变动度的最重要的指标，是指总体各单位的标志值与算术平均数离差的平方平均数的均方根。计算公式为：

$$\sigma = \sqrt{\frac{\sum (x - \bar{x})^2}{n}}$$

分组情况下，需要加权，计算公式为：

$$\sigma = \sqrt{\frac{\sum (x - \bar{x})^2 f}{\sum f}}$$

标准差系数是标准差除以算术平均数，也叫离散系数。计算公式为：

$$V_\sigma = \frac{\sigma}{\bar{x}}$$

极差、平均差和标准差都是说明总体某一数量标志差异大小和程度的指标，用来说明不同数值平均数的代表性大小。

4）是非标准差

在社会经济现象中，有时把某种社会经济现象的全部单位分为具有某一标志的单位和不具有某一标志的单位。例如，将全部产品中分为合格产品和不合格产品两组，全部农作物播种面积分为受灾面积和非受灾面积两组，全部人口分为男性和女性两组等，把划分出的这两部分分别用"是"或"否"，"有"或"无"表示，这种表示的标志称为非标志或交替标志。如果用 1 表示具备所研究标志的标志值，用 0 表示不具备所研究标志的标志值，全部单位数用 N 表示。具有所研究标志的单位数用 N_1 表示，不具有所研究标志的单位数用 N_0 表示，则 $\frac{N_1}{N}$ 为具有所研究标志的单位数在全部单位中所占的比重即成数，用 p 表示；$\frac{N_0}{N}$ 为不具有所研究标志的单位数在全部单位中所占的比重，也即成数，用 q 表示。两个成数之和等于 1，即 $p + q = 1$。

是非标志的标准差计算公式为：

$$\sigma = \sqrt{pq} = \sqrt{p(1-p)}$$

（二）双变量统计分析方法

世界是普遍联系的，孤立的现象或事物是不存在的。事物或现象之间的相互联系、相互制约，构成错综复杂的客观世界，构成世界的运动和发展。所有现象之间的联系都通过数量关系反映出来。

如果进一步加以考察，可以发现，现象之间的相互联系可区分为两种不同的类型：

（1）函数关系。它反映着现象之间存在的严密的依存关系，在这种关系中，对于某一变量的一个数值，都有另一变量的确定的值与之对立，如：$S = \pi R^2$ 圆的面积 S 与半径 R 是函数关系，R 值发生变化，则有确定的 S 值与之对应。在客观世界广泛存在着函数关系。

（2）相关关系。它是指现象之间确实存在的，但关系值不固定的相互依存关系。即对于某一变量的每一个数值，另一变量有若干个数值与之相适应。如身高 1.75 米的人可以表现为许多不同的体重；再如，施肥量与亩产之间，一定的施肥量，其亩产数值可能各不相同。之所以发生这种情况，是因为体重、亩产受很多因素的影响。但是很明显施肥量与亩产量之间、身高与体重之间的关系是非常密切的。

在各种经济活动和生产过程中，许多经济的、技术的因素之间都存在着这种相关关系。分析这种关系的内在联系和表现形式是统计研究的一项重要任务。

▶ 1. 直线相关分析

进行相关分析，先要将原始统计资料进行整理。根据总体单位的原始资料，将其中一个变量的数值按一定的顺序排列，同时列出与之对应的其它变量的变量值，这样形成的表格称为相关表，如表 7-3 所示。

从上述相关表可以看出，随着棉纱产量的增加，其单位成本有减少的趋势。

相关图也称散点图，根据原始数据，在直角坐标中绘制出两个变量相对应的观察值的所有点，从这些点的分布情况观察分析两个变量间的关系，所得出的图称为相关图。该图

表 7-3　某种棉纱产量与单位成本之间的关系

月份	产量（吨）	单位成本（千元/吨）
1	97	7.2
2	100	7
3	103	6.9
4	109	6.7
5	110	6.5
6	115	6.5
7	108	7.2
8	106	7.2
9	114	6.8
10	118	6.8

表明相关点分布状况，如将上表的资料画在一坐标系中，以 x 轴代表产量，y 轴代表单位成本，各点的分布状况如图 7-2 所示，即散点图（相关图）。

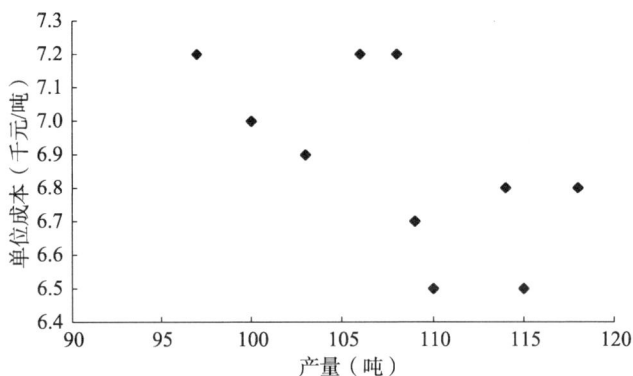

图 7-2　产量-成本的散点分布示意图

从散点图中 10 个点的分布情况看，产量越大单位成本越低，点的分布接近一条直线，该直线从左上角至右下角，即变量之间呈负相关，另外，从图中还可以看出，各点的分布比较密集，说明这两个变量之间的相关关系是比较密切的。

▶ 2. 简单直线回归分析

两个变量的相关关系最简单的形式就是直线相关，其直线方程称为一元一次方程。即：

$$y = a + bx$$

式中，y 为因变量，x 为自变量，a 与 b 是特定参数。a 为直线的截距，b 为直线斜率又称回归系数。参数 a、b 的确定方法有随手画法、最小平方法，统计中使用最多的是最小平方法，用这种方程求出的回归直线方程是原资料最适合的方程，即这条直线是代表 x 与 y 之间关系最优的一条直线。

若用 $(x，y)$ 表求几对观察值，y_c 为估计值，则拟合的回归直线方程的形式为：

$$y_c = a + bx$$

用最小平方法求回归直线，就是要使观察值 y 与估计值 y_c 的离差平方和最小，即直线的误差平方和最小，也就是 Q 需要取最小值，来确定参数 a 和 b。即：

$$Q = \sum (y - a - bx)^2 = 最小值$$

得到：

$$b = \frac{n\sum xy - \sum x \sum y}{n\sum x^2 - (\sum x)^2}$$

$$a = \bar{y} - b\bar{x}$$

解出参数 a、b，并代入回归直线方程，得到一个确定的回归直线方程。该回归直线方程的意义是，自变量每增加 1 个单位，因变量平均变动 b 个单位。

回归直线的特征如下：

（1）回归直线是一条平均线。

（2）观察值与回归值之差的平方和最小，即 $\sum (y - y_c)^2$ 取最小值。

（3）观察值 y 与回归值 y_c 之差的和为零，即 $\sum (y - y_c) = 0$。

（4）回归直线 $y_c = a + bx$ 必定经过 x 与 y 的交点即点 $(x, y)y = a + bx$。

（5）回归直线的走向由 b 决定。

当 $b > 0$，直线走向是由左下角至右上角，两变量为线性正相关；

当 $b < 0$，直线走向是由左上角至右下角，两变量为线性负相关；

当 $b = 0$，直线平行于 x 轴，说明 x 与 y 之间无线性相关关系。

二、统计数据的图表展示

（一）统计表

统计表是以纵横交叉的线条所绘制表格来陈示数据的一种形式。用统计表陈示数据资料有两大优点：一是能有条理地、系统地排列数据，使人们阅读时一目了然，印象深刻；二是能合理地、科学地组织数据，便于人们阅读时对照比较。

统计表从形式上看，由总标题、横行标题、纵栏标题、指标数值四个部分构成。

总标题：统计表的名称，概括统计表的内容，写在表的上端中部。

横行标题：横行的名称，即各组的名称，写在表的左方。

纵栏标题：纵栏的名称，即指标或变量的名称，写在表的上方。

指标数值：列在横行标题和纵栏标题交叉对应处。

统计表从内容上看，由主词和宾词两大部分构成。主词是统计表所要说明的总体的各个构成部分或组别的名称，列在横行标题的位置。宾词是统计表所要说明的统计指标或变量的名称和数值，宾词中的指标名称列在纵栏标题的位置。有时为了编排的合理和使用的方便，主词和宾词的位置可以互换。

（二）统计图

统计图是以圆点的多少、直线长短、曲线起伏、条形长短、柱状高低、圆饼面积、体积大小、实物形象大小或多少、地图分布等图形来陈示调研数据。用统计图陈示调研数据具有"一图抵千字"的表达效果，因为图形能给人以深刻而明确的印象，能揭示现象发展变化的结构、趋势、相互关系和变化规律、便利表达、宣传、讲演、广告和辅助统计分析。

但统计图能包含的统计项目较少，且只能显示出调查数据的概数，故统计图常配合统计表、市场调研报告使用。

数据经过预处理后，可根据需要进一步作分类或分组整理。在对数据进行整理时，首先要搞清楚所面对的是什么类型的数据，因为不同类型的数据所采取的处理方式和所适用的处理方法是不同的。对品质数据主要是作分类整理，对数值型数据主要是作分组整理。品质数据包括分类数据和顺序数据，它们在整理和图形展示的方法上大同小异。

▶ **1. 分类数据的图形展示**

分类数据本身就是对事物的分类。因此，在整理时首先应列出所分的类别；其次计算出每一类别的频数、频率或比例、比率，即可形成一张频数分布表；最后，根据需要选择适当的图形进行展示，以便对数据及其特征有一个初步的了解。

分类数据的图示方法包括：条形图、帕累托图、饼图等。如果有两个总体或两个样本的分类相同且问题可比时，还可以绘制环形图。

【例 7-1】 为研究不同类型的软饮料的市场销售情况，一家市场调研公司对随机抽取的一家超市进行调查。表 7-4 是调查随机观察的 50 名顾客购买的饮料类型及购买者性别的记录数据整理后的统计表。

表 7-4 不同类型饮料和顾客性别的频数分布

饮料类型	性　　别		
	男	女	总计
果汁	1	5	6
矿泉水	6	4	10
绿茶	7	4	11
碳酸饮料	6	9	15
其他	2	6	8
总计	22	28	50

1）条形图

条形图（bar chart）是用宽度相同的条形的高度或长短来表示数据多少的图形。条形图可以横置或纵置，纵置时也称为柱形图（column chart）。此外条形图有简单条形图、复式条形图等形式。

图 7-3 是纵置的简单柱形图示例。

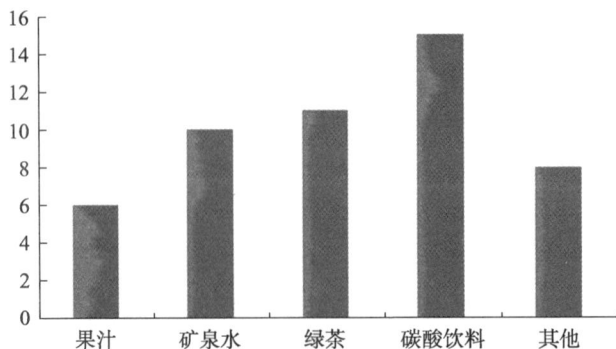

图 7-3 饮料类型的简单柱形示意图

图 7-4 是横置的简单条形图。

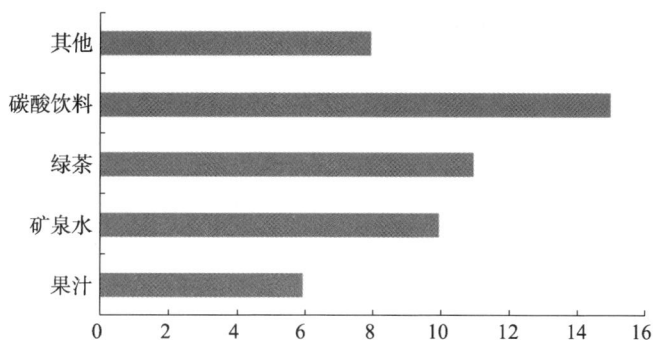

图 7-4　饮料类型的简单条形示意图

图 7-5 是饮料类型与顾客性别的复式柱形图。

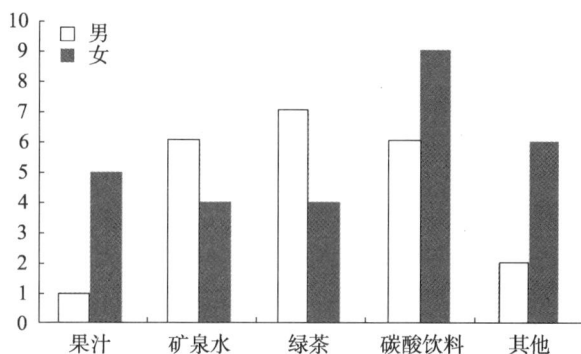

图 7-5　饮料类型与顾客性别的复式柱形示意图

2）帕累托图

帕累托图（Pareto chart）是以意大利经济学家 V. Pareto 的名字命名的。该图是按各类别数据出现的频数多少排序后绘制的条形图。通过对条形的排序，容易看出哪类数据出现得多，哪类数据出现得少。

图 7-6 中左侧的纵轴给出了计数值，即频数，右侧的纵轴给出了累计百分比。

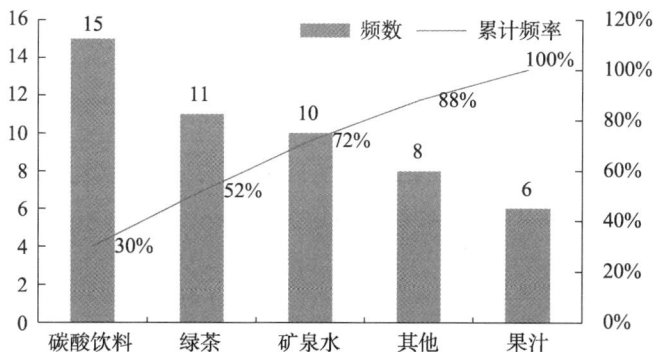

图 7-6　不同饮料类型的帕累托图

3）饼图

饼图（pie chart）是用圆形及圆内扇形的角度来表示数值大小的图形，它主要用于表示一个样本（或总体）中各组成部分的数据站全部数据的比例，对于研究结构性问题十分有用。

图 7-7 是根据表 7-4 所给数据绘制的饼图。

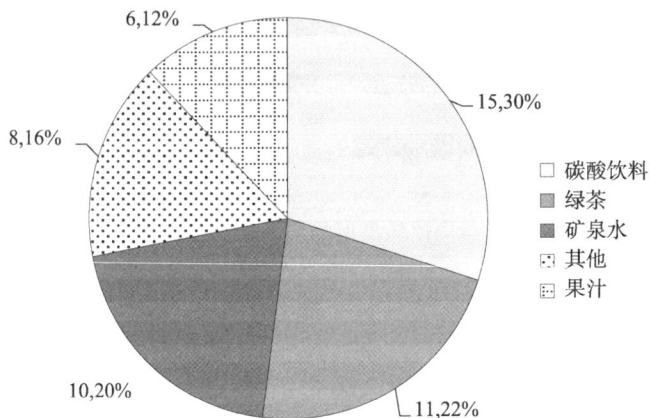

图 7-7　不同饮料类型的饼图

▶ 2. 顺序数据的图形展示

上面介绍了分类数据的频数分布表和图示方法，如频数、比例、百分比、比率、条形图、饼图等，它们也都适用于对顺序数据进行整理与显示。但有些方法只适用于对顺序数据的整理和显示，而不适用于分类数据。对于顺序数据，除了可用上面介绍的整理和显示图形外，还可以计算累积频数和累计频率，绘制累计频数或频率分布图以及环形图。

【例 7-2】　在一项城市住房问题的研究中，研究人员在甲、乙两个城市各抽样 300 户，其中的一个问题是："您对您家庭目前的住房状况是否满意？"要求回答的类别为：

1. 非常不满意；2. 不满意；3. 一般；4. 满意；5. 非常满意。

调查结果经整理如表 7-5、表 7-6 所示。

1）累积频数分布图

根据表 7-5 绘制的累积频数分布图（向上累积与向下累积），如图 7-8（a）（b）所示。

表 7-5　甲城市家庭对住房状况评价的频数分布

回答类别	甲城市					
	户数（户）	百分比（%）	向上累积		向下累积	
			户数（户）	百分比（%）	户数（户）	百分比（%）
非常不满意	24	8	24	8	300	100
不满意	108	36	132	44	276	92
一般	93	31	225	75	168	56
满意	45	15	270	90	75	25
非常满意	30	10	300	100	30	10
合计	300	100	——	——	——	——

表 7-6　乙城市家庭对住房状况评价的频数分布

回答类别	乙城市					
	户数（户）	百分比（%）	向上累积		向下累积	
			户数（户）	百分比（%）	户数（户）	百分比（%）
非常不满意	21	7.0	21	7.0	300	100.0
不满意	99	33.0	120	40.0	279	93.0
一般	78	26.0	198	66.0	180	60.0
满意	64	21.3	262	87.3	102	34.0
非常满意	38	12.7	300	100.0	38	12.7
合计	300	100	——	——	——	——

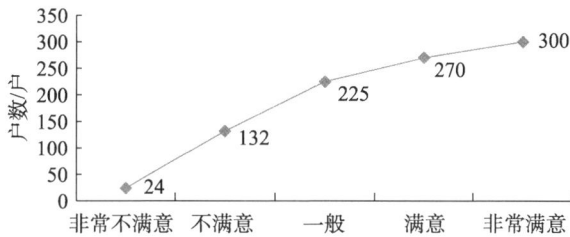

（a）甲城市对住房状况评价的累积频数分布图（向上累积）

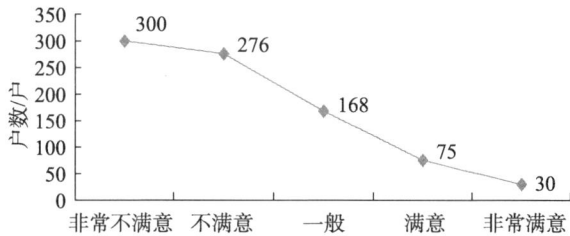

（b）甲城市对住房状况评价的累积频数分布图（向下累积）

图 7-8　甲城市对住房状况评价的累积频数分布图

2）环形图

环形图与饼图类似，但二者又有区别。环形图中间有一个"空洞"，样本或总体中的每一部分数据用环中的一段表示。饼图只能显示一个总体和样本各部分所占的比例，而环形图则可以同时绘制多个总体或样本的数据系列，每一个总体或样本的数据系列为一个环。因此，环形图可显示多个总体或样本各部分所占的相应比例，从而有利于进行比较研究。

例如，根据表 7-6 和表 7-7 绘制两个城市家庭对住房状况评价的环形图，如图 7-9 所示。

在图 7-9 中，外边的环表示的是乙城市家庭对住房状况评价各等级所占的百分比，里边的环则为甲城市家庭对住房状况评价各等级所占的百分比。

▶ 3. 数值型数据的图形展示

数值型数据表现为数字，在整理时通常对其进行分组。数据分组的主要目的是观察数据的分布特征。通过数据分组后形成的频数分布表，可以初步看出数据分布的一些特征和规律。

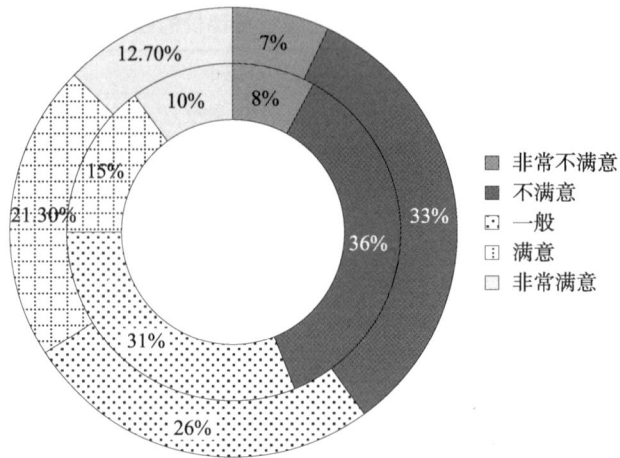

图 7-9 甲乙两城市家庭对家庭住房状况的评价

【例 7-3】 表 7-7 是某电脑公司 2013 年前四个月每天电脑销售量数据在分组整理后的资料。我们根据表中的数据可以绘制图形来展示数据分布的规律与特征。

从表 7-7 可以看出，大多数时间的销售量在 170～180 台之间，共 27 天，低于这一水平的共有 29 天，高于这一水平的共有 64 天，可见，这是一种非对称分布。

表 7-7 某电脑公司销售量的频数分布

按销售量分组（台）	频数（天）	频率（%）
140～150	4	3.33
150～160	9	7.50
160～170	16	13.33
170～180	27	22.50
180～190	20	16.67
190～200	17	14.17
200～210	10	8.33
210～220	8	6.67
220～230	4	3.33
230～240	5	4.17
合计	120	100

显示数值型数据的图示方法有直方图、折线图、曲线图、条形图、饼图、环形图、累积分布图、茎叶图与箱线图等，其中直方图、茎叶图与箱线图只适用于数值型数据。

1）分组数据：直方图

直方图是用矩形的宽度和高度（即面积）来表示频数分布的图形。在平面直角坐标系中，用横轴表示数据分组，用纵轴表示频数或频率，那么各组与相应的频数就形成了一个矩形，即直方图。

根据表 7-7 的分组数据，可以作出直方图，见图 7-10。

直方图与条形图不同。首先，条形图用条形的长度（横置时）表示各类频数的多少，其宽度（表示类别）则是固定的；直方图是用矩形的高度表示每组的频数或频率，宽度表示各组的组距，因此其高度与宽度均有意义。其次，由于分组数据具有连续性，直方图的各矩形通常是连续排列，而条形图是分开排列。最后，条形图主要用于展示分类数据，直方图主要用于展示数值型数据。

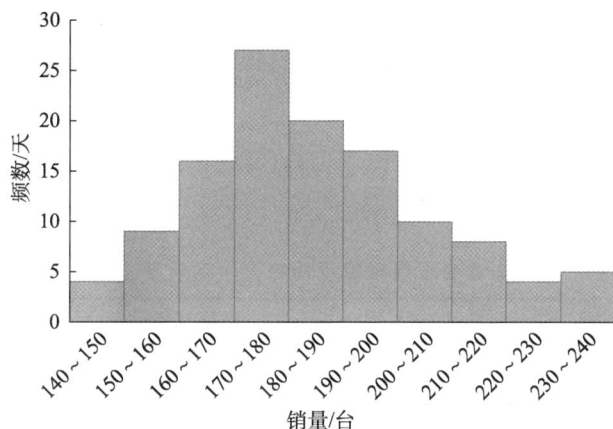

图 7-10 某公司电脑销售量频数分布的直方图

2）未分组数据：茎叶图

对于未分组的原始数据，可以用茎叶图和箱线图来考察分布。

由"茎"和"叶"两部分组成的、反映原始数据分布的图形，称为茎叶图。其图形是由数字组成的。通过茎叶图，我们可以看出数据的分布形状及数据的离散状况，如分布是否均匀、数据是否集中、是否有离群点等。

仍以例 7-3 中的数据绘制茎叶图，见图 7-11。

树茎	树叶	数据个数
14	1349	4
15	023345689	9
16	0011233455567888	16
17	011222223344455556677888999	27
18	00122345667777888999	20
19	00124455666667788	17
20	0123356789	10
21	00113458	8
22	3568	4
23	33447	5

图 7-11 某公司电脑销售量数据的茎叶图

茎叶图类似于横置的直方图。与直方图相比，茎叶图既能给出数据的分布状况，又能给出每一个原始数值，即保留了原始数据的信息。而直方图虽然能很好地显示数据的分布，但不能保留原始的数值。在应用方面，直方图一般适用于大批量数据，茎叶图通常适用于小批量数据。

3）多变量数据：雷达图

雷达图是显示多个变量的常用图示方法，也称为蜘蛛图。设有 n 组样本 S_1, S_2, …, S_n，每个样本测得 P 个变量 X_1, X_2, …, X_p，要绘制这 P 个变量的雷达图。具体的做法是：先做一个圆，然后将圆 P 等分，得到 P 个点，令这 P 个点分别对应 P 个变量，再将这 P 个点与圆心相连，得到 P 个辐射状的半径，这 P 个半径分别作为 P 个变量的坐标轴，每个变量值的大小由半径上的点到圆心的距离表示，再将同一样本的值在 P 个坐标上的点连线。这样一来，n 个样本形成的 n 个多边形就是一个雷达图。

雷达图在显示或对比各变量的数值总和时十分有用。假定各变量的取值具有相同的正负号，则总的绝对值与图形所围城的区域成正比。此外，利用雷达图也可以研究多个样本之间的相似程度。

【例 7-4】 2003 年中国城乡居民家庭平均每人各项生活消费支出数据如表 7-8 所示。试绘制雷达图。

表 7-8　2003 年城乡居民家庭平均每人生活消费支出构成（%）

项目	城镇居民	农村居民
食品	37.12	45.59
衣着	9.79	5.67
家庭设备用品及服务	6.3	4.2
医疗保健	7.31	5.96
交通通信	11.08	8.36
教育文化娱乐服务	14.35	12.13
居住	10.74	15.87
杂项商品与服务	3.3	2.21

根据表 7-8 中的数据可以绘制雷达图，如图 7-12 所示。

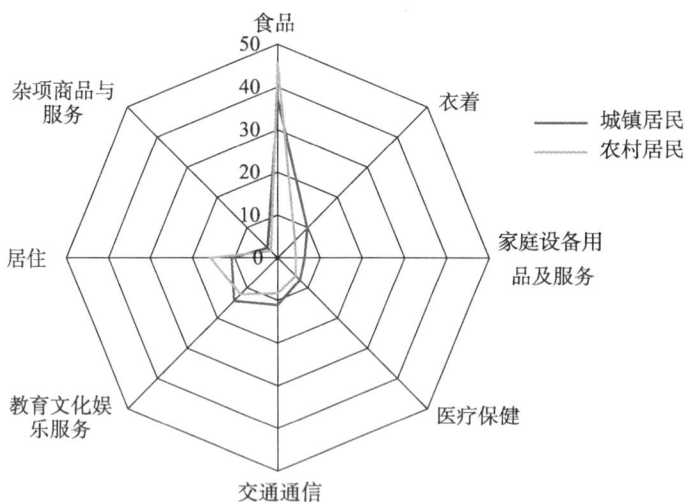

图 7-12　2003 年城乡居民家庭人均生活消费支出构成

从图 7-12 中可以看出：无论是城镇居民还是农村居民，家庭消费支出中食品支出的比重都最大，杂项商品与服务支出的比重都最小；除食品支出和居住支出外，城镇居民的支出比重都高于农村；城镇居民支出和农村居民支出在结构上具有很大的相似性。

其他类型的统计图在此不一一赘述，有兴趣的读者可以去参阅相关的专业书籍。

第三节　市场调查资料的理论分析

理论分析是市场调查数据分析的最后一项工作，是市场调查研究过程的重要环节。使用鉴别整理后的调查资料及统计分析后的数据，借助于概念、判断、推理等思维形式，对调查对象的本质和内在联系进行系统化的分析，从而揭示调查对象的本质和发展规律。

一、理论分析的意义和基本原则

（一）理论分析的意义

统计分析只是从事物或现象的数量方面进行分析，它告诉人们事物发展的规模和程度以及两种事物之间的相关程度。而事物为什么有不同的性质、规模及程度，为什么存在相互联系，其内在规律是什么，统计分析无法做出解释。

理论分析的作用就在于，指出在量的联系中，社会现象之间本质的联系及其发展规律。因此，理论分析的主要特点是：①理论分析是对客观事物的本质和内在联系的认识；②理论分析是借助于概念而不是感觉、知觉和印象，对经验材料进行判断和逻辑推理；③理论分析的目的是形成系统化的认识，有效解决实际问题。

（二）理论分析的基本原则

▶ 1. 科学性原则

任何分析总是在一定的理论观点的指导下进行的。同样的调查资料，由于分析者所持有的理论观点不同，得出的理论分析结论也会不同，甚至完全相反。

▶ 2. 客观性原则

理论分析只能以调查资料为基础，不能做没有事实依据的主观性随意性的分析。另外，理论分析的结果必须用调查资料来验证。

▶ 3. 完整性原则

在进行理论分析时，从调查资料的全部事实出发，而不能简单地从个别事实出发；同时，理论分析的结果力求与调查资料的全部事实取得一致，而不能满足于与调查资料的个别事实取得一致。

二、理论分析的主要内容

对调查资料进行的理论分析，一般来讲包括以下几方面的内容，如图 7-13 所示。

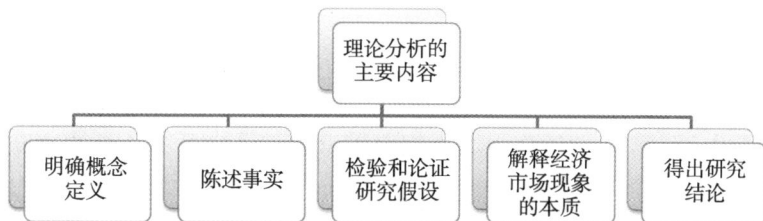

图 7-13　理论分析的主要内容示意图

（一）明确概念定义

进行理论分析首先必须明确概念，即交代概念的定义，对概念的内涵与外延进行限定，使别人知道你所分析的问题是什么。一般来说，越抽象的概念就越难定义。因此，在市场调查研究中，人们往往根据研究目的和有关要求，将所要研究的有关概念予以说明和明确定义，通过对概念的定义来明确所要研究的市场现象的具体内容。

（二）陈述事实

陈述事实，即交代调查所得的资料。陈述事实主要有两种形式：一是通过文字叙述，帮助人们了解所调查对象的概况，形成大致印象；二是通过统计描述使人们对调查对象的印象数量化、精确化，减少模糊感。因此，好的理论分析，在陈述调查事实时，应该两种方式兼用，相互配合，互相补充，帮助人们把握调查对象的基本特征。

（三）检验和论证研究假设

进行调查研究，首先要提出一定的假设，然后根据研究假设从不同方面和角度来收集资料。调查资料虽然是按照研究假设来进行搜集的，但许多实际资料与研究假设的要求并不是处处吻合，这就需要根据现有资料检查研究假设的可行性。理论分析的目的就是要证明研究假设是否成立。

（四）揭示市场现象的本质

理论分析并不止步于弄清问题和事实是什么，而是要说明为什么，即透过事物的现象，抓住事物的本质，揭示市场现象的内在联系。

如果统计数据表明，两种现象之间有很强的相关性，理论分析就要说明为什么会发生这种关联。

（五）得出研究结论

这是理论分析的最后一个步骤。调查资料理论分析的最终结果，是提出概括性的研究结论。

如果说，理论分析是把所研究的现象分解为各个部分，那么结论就是把对各个部分的理性认识综合起来，形成对现象的完整、准确的认识，并以简明扼要的方式陈述出来。研究结论包括两个方面的内容：一是说明研究成果在理论上的贡献，二是说明研究成果的实用价值。

对调查作出结论，必须坚持科学性和客观性原则，必须坚持实事求是原则。

三、理论分析的具体方法

（一）因果分析法

因果分析法，是探寻事物或现象之间因果关系的方法。

客观事物之间存在着这样一种关系，例如，事物 A 是事物 B 的原因，事物 B 是事物 A 的结果。也就是说，事物 A 的变化引起事物 B 的变化，事物 B 由于事物 A 的变化而变化。我们把这种关系称为因果关系。由此可以看出，任何事物都是由一定原因产生的结果，又是产生另一结果的原因。在现实社会中，由于事物间普遍联系与相互制约，因果关系表现很复杂，有的一因多果，有的一果多因或多因多果。

▶ 1. 衡量事物间因果关系的三个条件

第一，两事物间有一种共变关系。如观察人们的观念与所生孩子多少之间的关系，假如发现，当一个人的观念越传统，所生的孩子也越多时，那么观念与生孩子之间才可能存在因果关系。

第二，时序关系，即原因一定要在结果之前。两者若同时发生，就无从得知哪些是因，哪些是果。研究事物之间的因果关系，一定要有时序，即原因在前，结果在后。

第三，两者的关系不受其他因素的影响。如果说甲是乙的因，假如将另一因素丙放进去之后，甲就不是乙的因了，此时就不能说甲与乙是因果关系。例如，受教育程度与收入这两者的关系，如果说受教育程度是收入的因，若把职业因素一并考察，就会发现受教育程度不一定与收入有因果关系。

▶ 2. 使用因果分析法时应掌握的原则

第一，找出构成因果关系的事物。无论是一因多果、一果多因还是多果多因的关系，凡是因果关系都必须存在于两个或两个以上的事物之间。

第二，确定因果关系的性质。要确定其因果关系的性质，首先需要判定是否真的存在因果关系，指出哪个为因，哪个为果。若存在着因果关系，则可以进一步考察因果关系的类型。

第三，对因果关系的程度作出解释说明。说明因果关系的程度就是统计分析的结论，通常用回归系数或净回归系数来表示，理论分析的任务就是作出解释。例如，要研究工人劳动积极性问题，通过分析，得出影响工人劳动积极性的因素有工人的劳动态度、技术水平、与领导者的关系和管理制度。那么在这四个因素中，哪些因素是主要的，哪些因素是次要的呢？现在假定四种因素对劳动积极性的回归系数依次为 0.70、0.45、0.85、0.80，由此可知，在影响劳动积极性的因素中，首先，工人与领导者的关系是最重要的原因，说明协调领导与群众的关系是调动工人积极性的重要途径；其次是工厂管理制度，制度合理与否也影响工人和领导积极性的发挥；再次是工人的劳动态度；最后是工人的技术水平。

▶ 3. 因果分析法的主要类型

因果分析法包括五种类型，如图 7-14 所示。

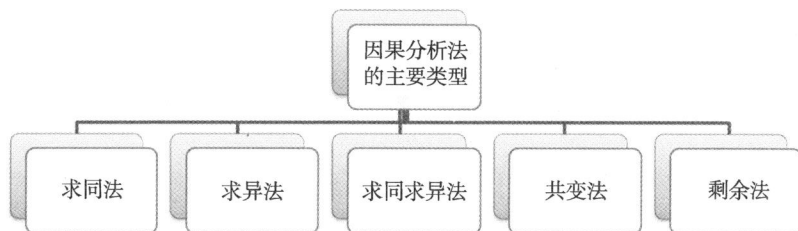

图 7-14 因果分析法的主要类型示意图

1）求同法

求同法是指在所考察的某一现象出现的各个场合，如果很多有关的情况都不相同，而只有一个有关的情况是相同的，那么，就可以认定，这个相同的情况和我们所考察的现象有因果关系。简单来说，求同法就是异中求同。

求同法的结构式如表 7-9 所示。

表 7-9　求同法的结构式

观察的场合	出现的情况	被研究现象
1	A　B　C	a
2	A　D　E	a
3	A　F　G	a
所以，A 情况是 a 现象的原因		

【例 7-5】　医学界在 19 世纪对甲状腺肥大病的原因调查就采用了求同法。当时人们对流行甲状腺肥大病的一些地区进行调查后发现，这些地区的地理环境、气候条件、风俗习惯等各方面的情况都不相同。而土壤和水中，以及人的食物和饮水中缺碘，这一情况却是相同的。于是，人们推断，缺碘可能是引起甲状腺肥大的原因。经过后来的反复研究、实验，这一推断终于得到了证实。

2）求异法

求异法是指我们所考察的某一现象，在一个场合出现，而在另一个场合不出现，如果这两个场合的许多有关的情况都相同，只有一个有关的情况不同，那么，就可以认定，这个不同的情况可能同我们考察的这一现象有因果关系。简单来说，求异法就是同中求异。

求异法的结构式如表 7-10 所示。

表 7-10　求异法的结构式

观察的场合	出现的情况	被研究现象
1	A　B　C	a
2	—　B　C	—
所以，A 情况是 a 现象的原因（—表示 A 或 a 不出现）		

【例 7-6】　进行教学实验，要考察某一措施的效果。现确定一个班为实验班，另一个班为对照班。这两个班在学生的基础、课堂纪律、教师条件、教学时数、课外辅导、课外作业等方面没有显著的差异，所不同的只是实验班采取某一措施，而对照班不采取这一措施。一段时期以后，以同样的要求来检查这两个班，这样就可以发现采取这一措施的效果如何。进行这样的实验，就是求异法。

3）求同求异法

求同求异法，是既求同又求异，是求同求异法的综合运用。

求同求异法的结构式如表 7-11 所示。

表 7-11　求同求异法的结构式

	观察的场合	出现的情况	被研究现象
正面场合	1	A　B　C	a
	2	A　D　E	a
	3	A　F　G	a
反面场合	4	X　B　C	—
	5	Y　D　E	—
	6	Z　F　G	—
所以，A 情况是 a 现象的原因			

【例 7-7】　对某一地区的同行业企业进行调查，其中某些企业经营得较好，他们的具

体情况各不相同，但有一个共同点，即领导班子领导有方；反之，另一些企业经营得较差，也有一个共同点，即领导班子不得力。根据求同求异法，可以得出这样的结论，领导班子是否得力，是一个企业经营好坏的重要原因。

求同求异法一般分为三个步骤：第一，在正面场合用求同法得出结论；第二，在反面场合用求同法得出结论；第三，比较正反两个场合的结论，用求异法得出最后的结论。即两次求同，一次求异，兼有求同求异两种方法的优点，其结论较可靠。

4）共变法

共变法是指如果发现某一现象发生一定变化，另一现象也随之发生一定的变化，那么，就可以推断出，这两个现象之间可能有因果关系，前一现象是后一现象的原因或部分原因。

共变法的结构式如表 7-12 所示。

表 7-12　共变法的结构式

观察的场合	出现的情况	被研究现象
1	A_1　B　C	a_1
2	A_2　B　C	a_2
3	A_3　B　C	a_3
所以，A 情况是 a 现象的原因		

共变法的特点是在变化中求因，它不仅可以帮助人们一般地认识现象之间的因果关系，而且可以使人们从量的相关性上把握这一因果关系。

5）剩余法

剩余法是指如果我们已经知道某一复合现象是另一复合现象的原因，同时又知道前一现象中的某一部分是后一现象中的某一部分的原因，那么，就可以推断出前一现象的其余部分与后一现象的其余部分之间可能有因果关系。

剩余法的表达式如下：

复合情况 ABCD 是被研究的复合现象 abcd 的原因，

A 情况是 a 现象的原因，

B 情况是 b 现象的原因，

C 情况是 c 现象的原因，

所以，D 情况是 d 现象的原因。

例如，一个国家人口增长的复合现象包括：出生人数、死亡人数、移居国外人数、迁入国内人数。影响人口增长的复合因素有：生育政策、医疗卫生条件、出国政策、移民政策。如果已知医疗条件是影响死亡人数的原因；出国政策是影响迁出人数的原因，那么就可以推论出生育政策是影响出生人数的原因。

剩余法的特点是由余果推余因，并且必须以前述几个方法所提出的结果为基础。因为运用剩余法来推论现象的原因，必须首先知道某一复合现象中一部分因果关系，所以，剩余法不能成为研究现象间因果联系最初的方法。

（二）结构功能分析法

结构功能分析法，是分析事物或现象的结构和功能的理论分析方法。所谓结构，是指事物现象中的各种因素的组成方式；所谓功能，是指事物现象中的每个现象都要发挥特定的作用。

西方结构功能理论认为，任何社会现象都不是孤立存在的，它必定能找到其在社会系统中的位置及其与其他部分的关系和它所起的作用。大至国家、民族、机关、企业，小至家庭、班组，都是由一些组成部分或要素构成的，这些部分或要素组成了一个社会系统，他们之间相对稳定的联系形成了这一系统的结构，如一个国家的产业结构、地区结构等。而每一个社会系统的生存与运转，是以满足一定的社会需求为条件的，每一个社会系统及其组成部分都担负着一定的社会功能，同时，他们各自的生存和运转也有赖于其他组成部分的功能的实现。这是结构功能分析法的客观基础。

▶ 1. 功能结构分析法的类型

1）内部结构分析

内部结构分析考察各组成要素相互之间在形式上的排列和比例。

2）内部功能分析

内部功能分析考察各组成要素之间相互的影响和作用及其对整体的影响和作用，包括三项基本内容：一是确定功能关系，即分析是否存在相互影响和作用，如果存在，是一方影响和作用于另一方，还是双方相互影响和作用；二是挖掘功能存在和建立的必要条件，即分析在满足什么样的条件时各组成要素之间相互影响和作用才能存在和建立起来；三是考察促使各组成要素之间发生相互影响和作用的手段和方法。

3）外部功能分析

外部功能分析考察现象整体对社会的影响和作用，也就是说把研究对象和现象放在社会之中，考察它对社会各方面的影响和作用。包括三方面内容：一是分析研究对象在社会系统中所处的位置；二是分析其对社会哪些方面发生影响与作用；三是分析其功能的性质，即对社会的影响和作用是积极的还是消极的，是潜在的还是明显的。

▶ 2. 结构功能分析的作用和特点

结构功能分析的主要目的有两点：一是解释一个社会现象为为什么会出现或为什么会发生变化，二是分析社会系统中各现象的相互关系及现象间的作用机制。社会作为一个具有自我调节与控制机制的系统，总是处在动态平衡过程中，各种现象间的复杂关系与相互作用实际上是受传统的调节机制制约的，同时它们又对系统的平衡状态和调节机制有影响。

由此可见，结构功能分析法的主要特点在于强调把握整体。把所研究的对象放置到社会整体中进行全面观察，以便在整个社会背景和历史背景中对现象的结构与功能作出解释。其理论根据是，社会是一个整体，每个社会组织、群体和每种社会制度作为这一体系的一个组成部分，相互结成密切的关系，并发挥一定的作用。因此，在研究社会现象时，既要研究社会结构，又要研究结构中各个部分的功能。

▌知识总结▐

经过市场调查收集来的资料，是零散的、杂乱的，需要经过审核与整理，才能进行统计分析与理论分析。

调查数据的审核应把握基本的审核原则，掌握审核的方法，如逻辑审核与计算审核等。

调查数据资料的整理包括：数据整理的基本原则与要求，数据分组的依据及作用，使用计算机或手工对调查资料进行统计汇总的主要内容。

对调查资料与数据的统计分析主要包括：描述性统计分析与推断性统计分析。

描述性统计分析包括：数据的集中趋势与离散趋势分析、相关分析与回归分析、数据的图表列示等。

推断性统计分析主要包括参数估计与假设检验。

在对调查资料进行了整理与统计分析之后，还应进行调查数据的理论分析，主要是为了深入发掘现象及现象之间的内在本质与规律，更好地利用调查资料为企业经营活动提供决策支持。

理论分析是市场调查数据分析的最后一项工作，是市场调查研究过程的重要环节。对鉴别整理后的调查资料及统计分析后的数据，借助于概念、判断、推理等思维形式，对调查对象的本质和内在联系进行系统化的分析，从而揭示调查对象的本质和发展规律。

理论分析的作用就在于，指出在量的联系中，社会现象之间本质的联系及其发展规律。因此，理论分析的主要特点一是对客观事物的本质和内在联系的认识；二是借助于概念而不是感觉、知觉和印象，对经验材料进行判断和逻辑推理；三是理论分析的目的是形成系统化的认识，有效解决实际问题。进行理论分析的基本原则有科学性原则、客观性原则、完整性原则。

因果分析法，是探寻事物或现象之间因果关系的方法。使用因果分析法时应掌握的原则包括：第一，找出构成因果关系的事物；第二，确定因果关系的性质；第三，对因果关系的程度作出解释说明。因果分析法的主要类型包括求同法、求异法、求同求异法、共变法、剩余法。

结构功能分析，是分析事物或现象的结构和功能的理论分析方法。结构功能分析法包括三种类型：内部结构分析、内部功能分析、外部功能分析。结构功能分析的主要作用有两点：一是解释一个社会现象为什么会出现或为什么会发生变化，二是分析社会系统中各现象的相互关系及现象间的作用机制。结构功能分析法的主要特点在于强调把握整体。

▌知识巩固▐

一、填空题

1. 调查数据审核的方法包括（　　　　）与（　　　　）等。
2. 因果分析法的主要类型包括（　　　　）、求异法、（　　　　）、共变法与（　　　　）。
3. 结构功能分析法的主要特点在于强调（　　　　）。

二、单项选择题

1. （　　　）是指把原始的资料转化成为符号或数字的资料简化过程。
   　　A. 编码　　　　　　B. 数据录入　　　　C. 逻辑检查　　　　D. 汇总制表
2. "对资料进行逻辑检查，检查资料中有无不合理和相互矛盾的地方"是调查数据的审核应把握的（　　　）原则。
   　　A. 真实性　　　　　B. 标准性　　　　　C. 准确性　　　　　D. 完整性
3. 在随机抽样的基础上推论有关总体的情况称为（　　　）。
   　　A. 描述性统计　　　B. 图形描述　　　　C. 数字描述　　　　D. 推断性统计

三、简答题

1. 简述调查资料审核与整理的基本内容。

2. 简述调查资料的统计分析的基本内容。

3. 简述调查资料的理论分析的主要内容。

参考答案

案例分析

第八章　市场预测概说

思维导图

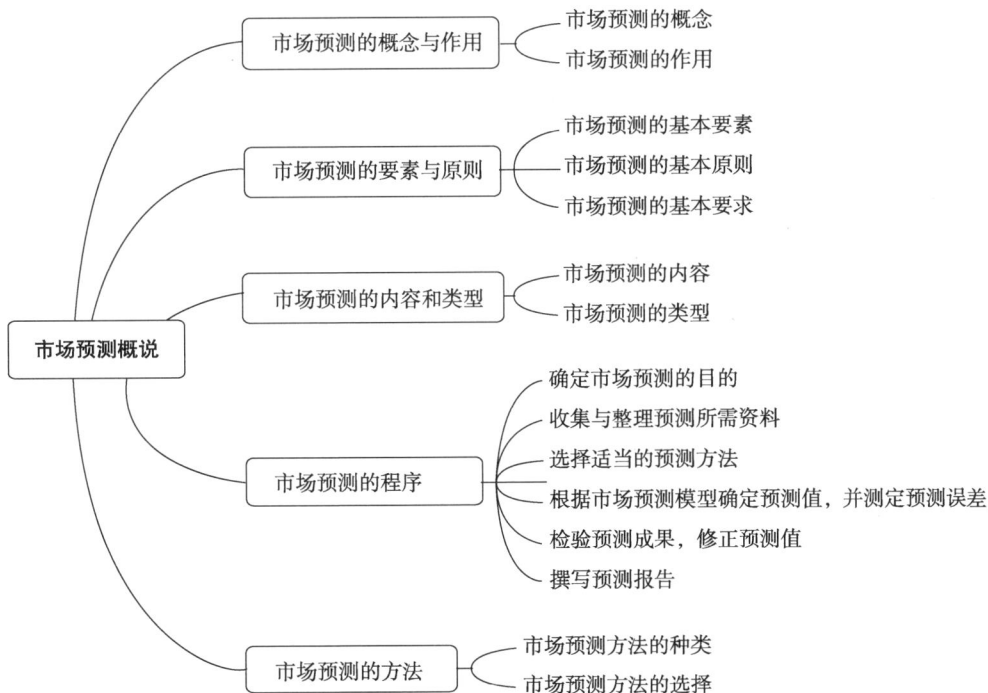

案例导入

"信号升格"专项行动的战略意义与价值

2023 年底，工业和信息化部、国家发展改革委、教育部、自然资源部、住房城乡建设部、交通运输部、农业农村部、文化和旅游部、国家卫生健康委、国家文物局、中国国家铁路集团等十一部门联合印发了《关于开展"信号升格"专项行动的通知》。

移动网络是新型信息基础设施的重要组成部分,对支撑经济社会高质量发展具有重要意义。习近平总书记高度重视 5G 发展,强调"加快 5G 等新型基础设施建设,积极丰富 5G 技术应用场景"。《数字中国建设整体布局规划》明确提出加快 5G 网络与千兆光网协同建设。《信息通信行业"十四五"规划》对重点应用场景移动网络深度覆盖进行了部署。

当前,我国已建成全球规模最大、技术领先的移动网络。广大用户从过去关注移动网络有没有覆盖,转变为更加关注移动网络质量和业务体验,期待更美好的数字生活;同时,各行各业正经历数字化、网络化、智能化转型关键阶段,对移动网络深度覆盖的需求更加迫切。开展"信号升格"专项行动,旨在践行"人民邮电为人民"初心使命,聚焦重点场景,加快推进移动网络深度覆盖,提升网络质量,优化用户感知,向广大个人用户和行业用户提供高质量移动网络使用体验,支撑网络强国和数字中国建设,助力实现中国式现代化。

当前,我国 4G 基站数超过 600 万个,4G 网络已全面覆盖城乡;5G 基站数达 328.2 万个,5G 网络覆盖逐步从"市市通"到"县县通"并持续向乡镇、行政村等延伸。信息基础设施量质齐升,移动网络能力持续增强,为支撑经济社会数字化转型提供了坚实支撑。

一是推动"信号升格"有利于满足群众美好生活需要。移动宽带网络接入已成为群众衣食住行必不可少的关键要素。开展"信号升格",将有效提升日常生活关键点位移动网络覆盖,解决信号强度、时延等问题,提升广大用户移动网络使用体验,更好满足数字时代的生活需要。同时,支撑高清视频等新型应用发展,提升用户新业务感知。

二是推动"信号升格"有利于助力行业数字化转型。各行业数字化转型离不开移动网络设施的基础支撑。开展"信号升格",将提升医疗机构、文旅场景、高等学校、重点商超、商务楼宇及酒店等移动网络质量,助力行业提质增效,为行业不断开辟新蓝海、加速数字化转型奠定坚实基础。

三是推动"信号升格"有利于提升社会治理效能。通过完善城乡移动网络覆盖,提升政务中心、交通枢纽、城市地铁、公路铁路水路、乡镇农村等移动网络质量,提高行政管理和公共服务效率,促进社会治理从经验驱动转为数据驱动,支撑社会治理过程和手段的数字化、智能化。

到 2025 年底,超过 12 万个重点场所实现移动网络深度覆盖、3 万公里铁路和 50 万公里公路、200 条地铁线路实现移动网络连续覆盖。5G 网络覆盖深度和广度持续完善。

到 2025 年底,移动网络下行均值接入速率不低于 220Mbps,上行均值接入速率不低于 45Mbps。

到 2025 年底,卡顿、时延等主要业务指标全面优化,移动网络达标速率占比不低于 95%,5G 流量占比显著提高。

资料来源:工信微报. 五问+一图,读懂《关于开展"信号升格"专项行动的通知》[EB/OL]. (2024-01-04). https://www.news.cn/info/20240104/bb44d55771264a7fbc948b33ada6f570/c.html.

预测是指根据一些信息来推测市场的未来状态,从而为正确的、科学的决策奠定基础,使组织在竞争中处于有利地位。什么是市场预测?市场预测有什么作用?市场预测的原则有哪些?市场预测包含哪些内容?如何开展市场预测?这些是本章研究和解决的主要问题。

第一节　市场预测的概念与作用

一、市场预测的概念

为了减少决策的盲目性，降低决策的风险，人们需要通过市场预测来把握经济发展或未来市场变化的有关动态，为科学决策提供依据。市场预测是在信息收集和市场调查的基础上，运用逻辑学和数学方法对决策者关心的市场变量的未来变化趋势及其可能水平做出估计与预测，为决策提供依据的过程。

预测就是通过对客观事实历史和现状进行科学的调查和分析，由过去和现在去推测未来，由已知去推测未知，从而揭示客观事实未来发展的趋势和规律。它是在一定的理论指导下，以事物发展的历史和现状为出发点，以调查研究数据和统计数据为依据，在对事物发展过程进行深刻的定性分析和严密的计量基础上，利用已经掌握的知识和手段，研究并认识事物的发展变化规律，进而对事物发展的未来变化预先做出科学推测的过程，预测具有科学性、近似性、局限性。

预测的意识和简单的直观预测，很早就存在于人们的生活、生产实践和政治活动之中，例如天气预报、农作物收成的估计、政治和军事局势的推测等。人类预测实践经验的不断积累为预测科学发展奠定了坚实的基础。根据《史记》记载，公元前 6 世纪到公元前 5 世纪，范蠡在辅佐勾践灭吴复国以后，即弃官经商，19 年之中三致千金，成为天下富翁，他的商场建树得益于他懂得市场预测。例如，"论其存余不足，则知贵贱，贵上极则反贱，贱下极则反贵。"从中可以看出他根据市场上商品的供求情况来预测商品的价格变化。

预测研究的范围极其广泛，几乎涉及人类社会的各个领域，如社会发展预测、科学技术预测、政治预测、军事预测、文化教育预测、生态环境预测、经济预测等，经济预测是目前预测研究领域中最主要的内容之一。所谓经济预测，是指对未来不确定的经济过程或经济事物的变动趋势作出合乎规律的推测和预计，揭示经济现象错综复杂的内在联系及其发展变化趋势。经济预测包括对整个国民经济发展的综合性预测，也包括各类经济部门、各类行业的经济发展预测及各类经济目标的专项预测。其中，市场预测是经济预测中最基本、最主要的内容。

严格地说，市场预测是从 19 世纪下半叶开始的。一方面，资本主义经济中的市场变化极其复杂，只要想获取利润，减少经营风险，就要把握经济周期的变化规律；另一方面，数理经济学对现象数量关系的研究逐步深入，各国统计资料的积累也日益丰富，适用于处理经济问题，包括市场预测的统计方法也逐步完善。学术界市场预测的里程碑之一是奥地利经济学家兼统计学家斯帕拉特·尼曼。他运用指数分析方法研究了金、银、煤、铁、咖啡和棉花的生产情况，有关铁路、航运、电信和国际贸易方面的问题，以及 1866—1873 年的进出口数据。

随着科学技术和生产力的不断发展，新技术、新工艺的不断涌现，生产竞争变得日益激烈，政治的多元化和经济的全球一体化趋势等，给人类带来了许多新问题和新事物，使人们日益认识到市场预测未来的重要性。企业科学的决策必须以科学的市场预测为基础，客观需要导致人们进行市场预测的研究和实践，也使市场预测科学的形成成为必然；社会的进步、科学技术的迅速发展也为市场预测的研究提供了科学分析方法和有效的预测手段，同时也为市场预测科学的形成提供了可能性。市场预测科学逐渐成为一门独立的学科，并得到了迅速的发展。

总之，市场预测是指组织在市场调查的基础上，揭示市场供求矛盾变化的规律性及影响市场供求关系的各类错综复杂的因素，运用逻辑推理、统计分析、数学模型等科学方法，对市场上商品的供需发展趋势、未来状况及与之相关的各种因素的变化进行分析、预见、判断和估算，为企业确定发展目标、制定生产经营策略提供科学的依据，以实现发展生产、满足需求、繁荣市场、提高效益、促进国民经济发展的目的。因此，市场预测是企业制定营销战略最重要的依据。

二、市场预测的作用

▶ 1. 在宏观经济管理中的作用

（1）通过预测，预见市场活动发展趋势，为编制国民经济发展计划提供资料，同时为制定间接调控生产、流通、分配和消费的政策法规提供依据，促使宏观经济管理各项工作进一步适应市场发展要求。

（2）通过市场商品供需总量及构成预测，预见商品供需发展变化趋势。据此研究供需总额及结构平衡状况，以便实现调整生产与消费的关系，安排积累与消费的比例，调整生产与投资结构，扭转经济发展中可能出现的失衡现象。

（3）通过预测，预见关系国计民生的主要产品供需变化，明确重点产品发展方向，抑制长线产品，支持短线产品。

▶ 2. 在企业生产经营管理中的作用

（1）市场预测是企业制定经营计划的前提条件与重要依据。通过预测，预见市场未来发展趋势，为企业确定生产经营方向、制定企业生产经营的发展计划提供依据。

（2）市场预测是企业做好经营决策的前提。市场预测有益于决策者趋利避害，减少决策中的不确定性。各种社会、经济、文化、政治、自然及技术等构成因素是处于运动和变化之中的，大多数企业管理决策都有一定程度的不确定性，为避免在市场风险中失利，减少经营管理的盲目性，需要通过市场预测，对将来的经营条件及其对企业经营的影响做出准确的预见和判断，以便根据预测作出正确的经营决策。

（3）市场预测有利于企业更好地满足市场需要。企业的经营者只有向消费者提供能满足其需要的商品，才能求得企业生存和发展。通过预测，可探明消费者消费心理变化，购买力增减、具体商品需求趋向等，然后结合企业自身条件，分析优势与差距，寻求可行的解决方案。

（4）市场预测有利于企业提高竞争能力与应变能力。通过预测，摸清竞争对手状况，制定相应策略，克"敌"制胜。了解与企业有关的各项市场环境变化，有针对性地制定适当措施和利用环境策略，掌握市场各种变化引起企业管理的变革，以确保企业生产经营顺利发展。

综上所述，市场预测可以提高人们对市场发展规律的认识程度，增强经营管理的自觉性，减少盲目性，为正确制定各项管理决策、对生产经营活动进行有效的组织和控制提供保证。

第二节　市场预测的要素与原则

一、市场预测的基本要素

要做好预测，必须把握预测的四个基本要素，如图 8-1 所示。

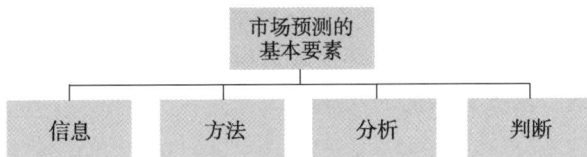

图 8-1　市场预测的基本要素示意图

（1）信息。信息是客观事物特性和变化的表征和反映，存在于各类载体，是预测的主要工作对象、工作基础和成果的反映形式。

（2）方法。方法是指在预测的过程中进行质和量的分析时所采用的各种手段。预测的方法按照不同的标准可以分成不同的类别。按照预测结果属性可以分为定性预测和定量预测，按照预测时间长短的不同，可以分为长期预测、中期预测和短期预测。按照方法本身，更可以分成众多的类别，最基本的是模型预测和非模型预测。

（3）分析。分析是根据有关理论所进行的思维研究活动。根据预测方法得出预测结论之后，还必须进行两个方面的分析：一是在理论上要分析预测结果是否符合经济理论和统计分析的条件；二是在实践上对预测误差进行精确性分析，并对预测结果的可靠性进行评价。

（4）判断。对预测结果采用与否，或对预测结果依据相关经济和市场动态所作的修正需要做出判断，同时对信息资料、预测方法的选择也需要做出判断。判断是预测技术中重要的因素。

二、市场预测的基本原则

预测本身要借助数学、统计学等方法论，也要借助于先进的手段。相比技术和方法，对企业的管理者而言，最先应关注的是有效的思维方式，以下几个原则（见图 8-2）可能会为管理者带来启发。

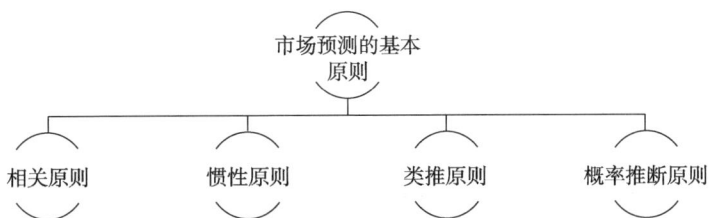

图 8-2　市场预测的基本原则示意图

▶ 1. 相关原则

相关原则建立在"分类"的思维基础上，关注事物（类别）之间的关联性，当了解（或假设）到已知的某个事物发生变化，再推知另一个事物的变化趋势。最典型的相关有正相关和负相关。

（1）正相关是事物之间的"促进"，比如，居民平均收入与"百户空调拥有量"是正相关的关系；有企业认识到"独生子女受到重视"与玩具、教育相关产品和服务的市场发展是正相关的关系。

（2）负相关是指事物之间相互"制约"，一种事物发展导致另一种事物受到限制，特别是在"替代品"之间。比如资源政策、环保政策出台必然导致"一次性资源"替代品的出现，如因为"代木代钢"发展起来的PVC塑钢。

▶ 2. 惯性原则

任何事物发展具有一定惯性，即在一定时间、一定条件下保持原来的趋势和状态，这也是大多数传统预测方法的理论基础，如线性回归、趋势外推等。

▶ 3. 类推原则

类推原则是指根据与预测对象有类似特点的事物变化规律来推测和估计预测对象的发展变化趋势和发展变化程度。这个原则也是建立在"分类"的思维高度，关注事物之间的关联性。

▶ 4. 概率推断原则

我们不可能完全把握未来，但根据经验和历史，很多时候能大致预估一个事物发生的大致概率，根据这种可能性采取对应措施。扑克、象棋游戏和企业博弈型决策都在不自觉地使用这个原则。有时可以通过抽样设计和调查等科学方法来确定某种情况发生的可能性。

三、市场预测的基本要求

市场预测的准确度越高，预测效果就越好。然而，由于各种主客观原因，预测不可能没有误差。为了提高预测的准确程度，预测工作应该具有客观性、全面性、及时性、科学性、持续性和经济性等基本特性，见图8-3。

图8-3 市场预测的基本要求示意图

（1）客观性。市场预测是一种客观的市场研究活动，但这种研究是通过人的主观活动完成的。因此，预测工作不能主观随意地"想当然"，更不能弄虚作假。

（2）全面性。影响市场活动的因素，除经济活动本身外，还有政治的、社会的、科学技术的因素。这些因素的作用使市场呈现纷繁复杂的局面。预测人员应具有广博的经验和知识，能从各个角度归纳和概括市场的变化，避免出现以偏概全的现象。当然，全面性也是相对的，无边无际的市场预测既不可能也无必要。

（3）及时性。信息无处不在，无时不有，任何信息对经营者来说，既是机会又是风险。

为了帮助企业经营者不失时机地作出决策，要求市场预测快速提供必要的信息。过时的信息是毫无价值的。信息越及时，不能预料的因素就越少，预测的误差也越小。

（4）科学性。预测所采用资料，须经过去粗取精、去伪存真的筛选过程，才能反映预测对象的客观规律。运用资料时，应遵循近期资料影响大、远期资料影响小的规则。预测模型也应精心挑选，必要时还须先进行试验，找出最能代表事物本质的模型，以减少预测误差。

（5）持续性。市场的变化是连续不断的，不可能停留在某一个时间点上。相应地，市场预测需不间断地持续进行。实际工作中，一旦市场预测有了初步结果，就应当将预测结果与实际情况相比较，及时纠正预测误差，使市场预测保持较高的动态准确性。

（6）经济性。市场预测是要耗费资源的。有些预测项目，由于预测所需时间长，预测的因素又较多，往往需要投入大量的人力、物力和财力，这就要求预测工作本身必须量力而行，讲求经济效益。如果企业自己预测所需成本太高时，可委托专门机构或咨询公司来进行预测。

第三节　市场预测的内容和类型

一、市场预测的内容

市场预测的核心内容是市场供应量和需求量。对市场的供应量和需求量进行科学的预测，是安排和调节市场供求关系，更好地满足人民生活和社会生产日益增长的、不断发展变化的需求的必要条件。市场的供应量和需求量并不是孤立存在的市场现象，它受到多种因素的影响，如国家的政治、经济发展形势；社会再生产中的生产、分配、交换、消费各环节的变化；国民经济中各种比例关系的发展变化；国民经济中积累和消费比例关系的发展变化；企业经营管理水平的提高；市场商品价格的变动等。这些直接或间接的诸多因素，都会影响到市场的供应量和需求量的形成、发展及其变化。因此，市场预测的内容除了供应量和需求量以外，还有对市场各种主要影响因素的预测，大致可归纳为以下几方面，如图 8-4 所示。

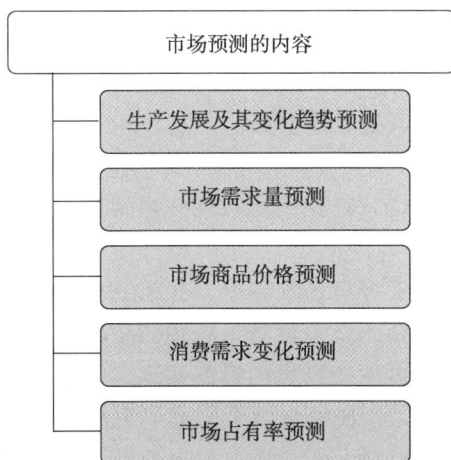

图 8-4　市场预测的内容示意图

▶ 1. 生产发展及其变化趋势预测

社会生产的发展是形成市场供应量、实现市场需求的物质基础。社会生产的方式、水平及其发展变化，对社会分配和消费起着决定作用。市场供应量的大小和需求量在数量、构成上是否能够得到平衡，归根到底取决于社会生产的发展，取决于国民生产总值的增长及其分配比例关系的变化。生产部门必须生产出符合社会经济发展，适合市场需求数量和结构的产品，才能实现市场需求，保证市场供应量与需求量之间的平衡。

对生产进行预测，主要是对生产的数量、品种及其发展变化趋势进行预测。生产预测既可以国民经济为总体预测其总生产量，也可按不同类别商品生产进行预测；既可按单项产品进行预测，也可按同一商品不同牌号进行预测；既可进行宏观预测，也可以进行中观、微观预测。这主要取决于预测目的的需要。

工业和农业是我国国民经济中重要的两个生产部门，与人民物质和文化生活关系最紧密的各种产品，主要是由这两个生产部门提供的。在生产预测中，一般是以工、农业生产部门为主。在市场预测中，对工业部门的生产进行预测，必须从搜集某类工业产品的历史和现实资料入手；调查和搜集其历年的产值、产量、成本、利润、销售量、销售价格等方面的资料；调查和搜集某种或某类产品的现有生产能力，包括原材料的供应情况，生产技术和科技发展对其产生的影响。产品质量状况和发展变化趋势等；同时还必须研究各种产品的产品寿命周期，产品处于发展的什么阶段；了解工业生产新技术的引进情况，工业生产设备的更新情况；了解某种或某类工业产品在市场上的适销对路状况等。在此基础上才能对各种或各类工业品的生产量进行预测。

在市场预测中，对农业生产部门进行生产预测时，必须结合我国农业生产的特点。在搜集资料时，不仅要搜集各种或各类农副产品历年的总产量、总产值资料；而且特别要注意了解其商品产值和产量资料，通常是以农副产品社会收购量或收购额表示。这是因为我国农业所生产的农副产品，有相当大部分是由农业生产者自己消费的，实际投入市场、形成市场供应量以满足需求的只是农业商品产量或商品产值部分。对农业生产的预测还特别应当结合农业生产的气候变动，因为农业生产是最容易受自然条件影响和限制的。此外政府对农业生产的各项政策，各级商业机构组织农副产品收购的措施，各部门对农业生产所提供的种子、化肥、柴油、农膜等农用物资是否充足等因素，这些都是农业生产预测中必须考虑的因素。

从广义产品概念的角度来看，生产预测的内容绝不仅于此。不过，对于工农业生产以外的行业做生产预测时，也可借鉴上述思路。

▶ 2. 市场需求量预测

市场需求量又称市场容量，它是指一定时期一定地区一定购买者，在市场上具有货币支付能力的需求。

市场需求量预测不论是在宏观市场预测下，还是在中观市场预测中；不论是单项产品、分类产品的市场预测中，还是在产量总量的市场预测中，都是一项核心的预测内容。因为市场需求量的实现意味着社会再生产过程的最终实现，它不论是对生产部门还是对经营机构都是很重要的预测内容，也是国民经济综合平衡研究的重要内容。

市场需求量的预测必须从社会分配着眼，对具有货币支付能力的需求即购买力进行预测。因为市场需求量的形成归根结底取决于社会分配的数量、比例和结构。市场需求量根据需求产品用途分类，可分为生产资料市场需求量和生活资有市场需求量。这两类需求不但在商品性质上有明显不同. 而且在需求者、需求数量、购买过程上都有不同的特点，在对这两类商品的市场需求量进行预测时，必须紧密结合我国市场的分工，结合消费者的特点来进行。

生产资料市场需求量即生产资料购买力。预测生产资料市场需求量，必须了解预测期内各生产部门设备更新、改造、挖潜、革新所需的生产资料数量及其构成；了解预测期内扩大再生产资金的数量及其构成；了解各行业内部及国民经济的生产结构变动情况；还应了解国家在预测期内的基本建设投资政策等。根据以上各方面的资料对生产资料的需求总量、需求结构及其发展变化趋势进行预测。在进行生产资料需求量预测时，还必须注意到我国生产资料营销的部门社会分工，生产资料的营销有专门渠道，应按商品种类不同组织预测工作。

生活资料市场需求量即居民和社会集团购买力，其中居民购买力是主要内容。生活资料市场需求量预测，主要应搜集和了解以下几方面的资料。

首先，必须搜集居民购买力资料，测算居民购买力总额。这就需要测算居民货币收入总额，居民货币收入总额是由分配形成的，它包括国家职工工资总额，城镇集体所有制职工的收入，农业生产者从事农业生产出售农副产品的收入和从事其他生产活动所得的收入，城乡居民从国家财政金融部门获得的助学金、抚恤金、各种补贴、储蓄利息等再分配收入等。居民的货币收入总额中，并非全部形成消费品购买力即市场需求量，居民总收入中还有非商品支出。消费者生活资料购买力，是扣除居民文化生活支出、劳务费用支出及各种纳税款项等的余额，对农村居民还应扣除其生产性支出。另外，居民在本期的货币收入不一定在本期全部支出。还会有一部分储蓄存款和现金：对某一预测期来说，居民储蓄和手存现金的期初期末差额，会对消费需求数量形成影响，所以在预测时必须注意居民储蓄存款和手存现金的变动情况。总之，居民货币收入总额、居民非商品支出和生产性支出、居民储蓄存款和手存现金的增减额等，是预测居民购买力即市场需求量所必需的资料。

其次，在市场需求量预测中，对居民购买力要进行分类预测。在市场需求总量预测的基础上，进行市场需求量的分类预测是客观实际的要求。不同地区、不同收入水平的居民在市场需求数量和结构上都具有比较明显的差异。如城乡居民的收入水平不同，其市场需求量及其结构具有明显不同的特点；城镇或农村不同收入水平的居民，在消费结构上，具有明显差异。对居民购买力的分类预测，主要方法是对城乡居民按人均收入水平分组，同时将各级消费的商品按用途分类，将这两种分组分类结合起来，观察并分析研究各种收入水平的居民对各类商品的不同需求量及其需求结构，进而预测各类商品的市场需求量，并对不同收入水平居民对各种商品需求结构的发展变化规律进行分析研究。

最后，在市场需求总量和分类市场需求量预测的基础上，要对各种主要商品的需求量进行预测。主要商品需求量的预测，最重要的是要做到具体，这种预测必须落实到各种商品的具体牌号、规格、品种上；同时也要结合消费者对所需求商品的质量、价格、服务等方面的要求。主要商品市场预测可以为企业的生产和营销提供信息，属于单项商品预测，是企业提高经济效益不可缺少的手段。

▶ **3. 市场商品价格预测**

商品价格是其价值的货币表现，在社会主义市场经济中，价值规律起着重要作用。市场商品的价格综合反映着社会再生产中各种复杂的经济关系，对市场起着重要的影响，是市场预测中必须重视的内容之一。

市场预测中的价格预测，主要是从形成和影响商品价格的各种因素入手，预测各种影响因素的变动。它必须预测商品生产中劳动生产率的水平，预测产品的成本、利润等。这些是形成和影响商品价格的主要因素，每种因素的变动都会引起市场商品价格的变化。市场商品价格预测，是在对各影响因素预测的基础上，对商品价格的未来水平和变动趋势进行预测；同时还要说明市场商品价格的变动原因，分析商品价格的变动是否合理，并就市场价格变动对市场需求量的影响程度等问题做出说明。

市场商品价格，与市场需求量有很紧密的联系。有时表现为市场需求量决定市场商品价格变动；有时又表现为商品价格高低影响需求量的大小。在市场价格预测中，必须要考虑市场商品的供求关系，分析研究市场供求关系对商品价格的影响，同时分析研究市场价格水平对市场供求的反作用。

▶ 4. 消费需求变化预测

随着我国社会主义市场经济的发展，和城乡居民物质和文化生活水平的不断提高，消费需求的变化是非常明显的。消费需求变化主要是由生产的发展，居民购买力的提高，消费者消费心理的变化等引起的。在消费需求变化预测中，必须充分搜集各种影响因素的资料，综合考虑这些因素对消费需求变化的影响程度。

消费需求的变化主要表现在两个方面。

（1）消费需求的数量变化。消费需求数量变化预测主要预测消费需求的变动趋势和变动程度，它可以就商品总量进行预测，也可以就分类商品或单项商品进行预测。消费需求从总数量上看一般是呈上升趋势，从分类商品和单项商品上看则有升有降。

（2）消费需求结构的变化。消费需求结构的变化一方面表现为在较长一段时期内各类消费品需求结构的变动，如食品类、衣着类、家庭设备用品及服务类、医疗保健类、交通和通信类、娱乐教育文化服务类、居住类、杂项商品和服务类等大类商品的需求结构变化，一般在较长时间内才能呈现出来；另一方面则表现为较短时间内呈现的消费需求的季节性变化，新产品投放市场引起的消费需求变化等。消费需求的结构还会因为消费者不同呈现不同表现，由于某种消费者在消费者总体中所占比重的变动，也会引起消费需求结构的变化。如某地区少年儿童和老年人数比重的增加，会引起该地区少年儿童用品和老年人用品消费需求增加，从而导致该地区消费需求结构的变化。

此外，消费者消费心理的变化，购买行为的变化等都会引起消费需求数量或结构的变化。在对消费需求变化进行预测时，应根据研究问题的需要、就不同的影响因素，从不同的角度对消费需求的数量和结构变化做出预测。

【案例】

小米雷军，预计2022年十大物联网中国将超7.24万亿元

物联网作为全新的连接方式，近年来呈现突飞猛进的发展态势。小米集团董事长兼CEO雷军表示，物联网的大规模应用与新一轮科技与产业变革融合发展，预计2022年，中国物联网行业市场规模将超7.24万亿元。

据统计，2018年全球物联网设备已达70亿台；到2020年，活跃的物联网设备数量预计将增加到100亿台，到2025年将增加到220亿台。全球物联网产业规模2008年500亿

美元，2018年近1510亿美元。《2018年中国5G产业与应用发展白皮书》预计，到2025年中国物联网连接数将达到53.8亿，其中5G物联网连接数达到39.3亿。

资料来源：商界人物纵览. 小米雷军，预计2022年十大物联网中国将超7.24万亿元[EB/OL]. https://www.xianjichina.com/news/details_180578.html.

▶ 5. 市场占有率预测

市场占有率是指在社会生产专业化分工的基础上，某行业或某企业生产或营销的某种商品，在该种商品的总生产量或总销售量中所占的比重。在现代社会生产中，市场上所销售的各种商品，由独家企业生产或由独家企业营销的情况实属罕见，绝大多数商品都是由多家企业生产和营销。企业注重对市场占有率的预测，能够促使企业在组织生产或营销中提高经营管理水平、提高生产产品的质量和营销产品的质量，促使企业采用先进的生产技术或先进的促销手段。企业的经营管理水平提高，对于提高社会生产力水平，促进国民经济的发展是十分重要的。

市场预测除上述主要内容外，还有对其他影响市场各因素的预测。如对政府各项方针政策的预测；对全国或各地区人口数量及构成变化的预测；对劳动力就业状况及其变化的预测；对各项社会事业的发展，以至对各种民族风俗和习惯等，都必须特别加以关注，并且在市场预测中结合考虑。

二、市场预测的类型

我国的市场需求总量处在不断增长当中，同时随着社会发展和人民生活水平的提高，市场商品需求结构也在逐步发生变化。在市场需求总量不断增长的同时。对商品种类的需求结构，对具体商品的品种、花色、规格、牌号的需求会不尽相同。市场预测工作必须面对这些具体情况，采用不同的预测方法，对市场进行预测。

市场预测的类型很多，它可以按各种标志加以区分。常用的几种市场预测分类标准有：按市场预测时间的长短进行分类；按市场预测的空间范围进行分类；按市场预测的商品内容进行分类；按市场预测采用的方法进行分类等。

▶ 1. 按市场预测时间的长短分类

按市场预测时间的长短不同分类，市场预测可以分为短期市场预测、近期市场预测、中期市场预测、长期市场预测。

1）短期市场预测

短期市场预测，一般是以周、旬为预测的时间单位，根据市场变化的观察期资料，结合市场当前和未来变化的实际情况，对市场未来一个季度内的发展变化情况做出估计。

短期市场预测的结果可以用来编制月份或季度的各种生产或营销计划。短期市场预测结果一般必须做到及时、准确，对市场的各种变化要有敏感的反应，使商品生产和营销企业能够及时地了解市场的发展变化，以便适当安排商品生产数量和组织市场营销。

2）近期市场预测

近期市场预测一般是以月为时间单位，根据对市场变化的实际观察资料。结合当前市场变化的情况，对市场未来一年内的发展变化情况做出预测。

近期市场预测的结果可以用来编制生产企业购进原材料计划及生产计划，编制营销企业组织货源和销售计划等，它是企业编制各种年度计划的重要依据之一。

3）中期市场预测

中期市场预测一般是指 3～5 年之内的市场预测。

中期市场预测的结果可以为生产和营销企业编制 3～5 年的经济发展计划提供重要依据。同时，中期市场预测还经常用于长期影响市场的各种因素的预测，如对影响市场的经济、技术、政治、社会等重要因素的预测，用来分析研究市场未来的发展趋势，研究市场发展变化的规律。

4）长期市场预测

长期市场预测一般是指 5 年以上的市场预测，是为制定社会和国民经济发展的长期规划，而专门进行的市场预测。长期市场预测主要是预测市场未来的发展变化趋势，为社会和国民经济按客观规律健康地发展，为统筹安排国民经济长期的生产、分配、交换、消费提供重要依据。

不同时间的各种市场预测之间，不是互相孤立的，而是相互联系的。如长期预测可以参照中期预测的结果。

▶ **2. 按市场预测的空间范围分类**

按市场预测的空间范围进行分类，市场预测可分为宏观市场预测、中观市场预测、微观市场预测。

1）宏观市场预测

宏观市场预测统观整体市场需求的发展变化及趋势，其内容涉及国民经济全局的市场预测，其空间范围往往是全国性市场预测。

宏观市场预测以安排国民经济综合平衡中各种合理的比例关系，合理配置各种资源等为主要目的，为国民经济宏观决策提供必要的可靠的依据。

2）中观市场预测

中观市场预测是涉及国民经济各行业的市场预测，从空间范围来看，是以省、自治区、直辖市或经济区为总体的市场预测。如预测国民经济中某一行业可向市场提供的产品总量、某类产品数量或某种商品的数量，与其需求量对比分析，研究供给与需求之间是否适应；预测某省、自治区、直辖市的购买力总量的发展变化情况等，这些都可看作是中观市场预测，它主要是用以满足地区或行业组织生产与市场营销决策的需要。

3）微观市场预测

微观市场预测一般是指企业所进行的市场预测，从空间范围上看，表现为当地市场或企业产品所涉及地区市场的预测。微观市场预测的范围比较小，其预测的过程及其内容可以比较具体、细致，它可以具体地预测市场商品需求的数量、品种、规格、质量等，为企业根据市场变化合理安排生产和营销活动提供准确、具体的市场信息。

不同空间的市场预测之间不是孤立的，而是互相联系。微观预测与宏观预测的结论应是一致的。

▶ **3. 按市场预测的商品内容分类**

按市场预测的商品内容分类，市场预测可分为单项商品市场预测、分类别商品市场预测、商品总量市场预测。

1）单项商品市场预测

单项商品市场预测是指对某种具体商品生产或需求数量的预测，即对这种商品中具体现格、牌号、质量的生产量或需求量进行预测。单项商品市场预测的特点在于预测内容的具体化，有极强的针对性。

2）分类别商品市场预测

分类别商品市场预测是按商品类别预测其需求量或生产量等，如对食品类商品、日用品类商品、文娱用品类商品、医疗保健类、衣着类、通信类等做生产量或需求量的预测。

分类别商品市场预测主要是为了分析研究商品需求的结构，以合理地组织各类商品生产和营销活动。除了按产品本身的类别分别进行市场预测外，还可按商品消费对象不同分类进行市场预测。因为不同的消费者对商品的消费数量和结构是不同的，即使是对同一商品，不同的消费者也会对其规格、牌号、品种、花色有不同的要求。

消费者可按年龄、性别分类进行市场需求的预测，如儿童商品市场预测、妇女商品市场预测、中老年人商品市场预测等。消费者还可按地区分类进行市场需求预测，如城镇市场预测、乡村市场预测等；此外还可按消费者的职业等进行分类做市场预测。

3）商品总量市场预测

商品总量市场预测是指对生产总量或消费需求总量所做的市场预测。它常常表现为一定时间、地点、条件下的购买力总量预测、国内生产总值预测等，产品总量市场预测可为从宏观和中观管理研究市场供求平衡提供重要的依据。

不同商品内容的市场预测是相互联系的，只是具体化程度的不问，在实践中各有用途。

▶ 4. 按市场预测采用的方法分类

按市场预测采用的方法不同分类，市场预测可分为定性市场项测和定量市场预测。

（1）定性市场预测，是应用定性预测法所进行的市场预测。这类市场预测是依据预测者对市场有关情况的了解和分析，结合对市场未来发展变化的估计，由预测者根据实践经验和主观判断做出的市场预测。它既可以对市场未来的供给量和需求量进行预测，也可对市场未来发展变化的特点趋势等做出判断预测。

（2）定量市场预测，是指根据定量预测方法进行的市场预测。定量市场预测的特点，是以大量的历史观察值为主要依据，建立适当的数学模型以数学模型为预测模型，推断或估计市场未来的供给量和需求量等。定量市场预测根据所定数量的不同义可分为时间序列预测法和相关回归预测法。

总之，市场预测是多种多样的，在市场预测研究实际问题时，要根据被研究对象的主要特点，根据市场预测目的的需要，选择适当的市场预测类型，以满足决策者研究问题的需要。前面所做的对市场预测的各种不同分类，每一种都不是孤立存在的，而是相互联系的。如宏观市场预测，可以按长期或短期预测；也可按单项产品、分类产品、产品总量预测；还可用定性或定量方法进行市场预测等；在每一项市场预测实际工作中，预测者都必须确定预测的时间长短，预测的范围大小，预测的产品内容，预测的具体方法，对市场预测的各种分类综合考虑，才能进行一次具体的市场预测。

第四节　市场预测的程序

为了有效地完成市场预测，预测者必须对预测的过程加强组织，按照预测工作的客观规律，有计划按顺序认真地完成市场预测各环节的具体任务。不同的预测方法可能在各步骤的具体操作上有所不同，但一般程序是相同的。市场预测大致可分为以下几个步骤，如图 8-5 所示。

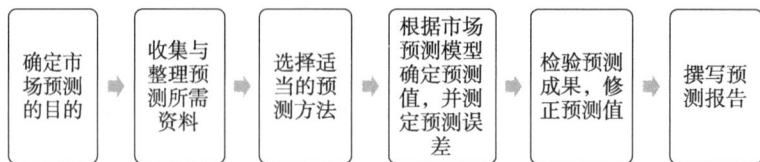

图 8-5　市场预测的程序示意图

▶ 1. 确定市场预测的目的

确定目的是进行市场预测的首要步骤，确定市场预测的目的就是明确市场预测所要解决的问题是什么，即为什么进行某项市场预测。在市场预测中，只有确定了预测的目的，才能进一步落实预测的对象内容，选择适当的预测方法，调查或搜集必要的资料。

确定市场预测的目的，主要是根据商品生产和营销决策的要求，针对不同的需要进行不同的市场预测。在社会主义市场经济发展过程中，还需要为制定社会经济发展规划做各种市场预测。在确定了预测目的之后，还应根据预测目的在预测工作计划中，具体明确预测对象内容，明确预测所采用的方法，落实市场预测中的人力、物力、财力需要，安排好各项工作量和进度。

▶ 2. 收集与整理预测所需资料

市场预测不论采用定性预测法还是定量预测法，都不是无根据的或任意的主观设想。市场预测必须以充分的历史和现实资料为依据。在市场预测中，其预测过程是否能顺利完成，预测结果准确程度的高低，预测是否符合市场现象的客观实际表现等，在很大程度上取决于预测者是否占有充分的、可靠的历史和现实的市场资料。市场预测所需资料的调查、收集、整理是市场预测的一个非常重要的步骤。

市场预测所需的资料有历史资料和现实资料两大类。

1）历史资料

历史资料是指预测期以前各观察期的有关的市场资料，这些资料反映了市场或影响市场的各种重要因素的历史状况和发展变化规律。

如，全国或各地区历年人口数量及其增长量增长速度，人口构成情况及其发展变化情况；全国或各地区的城乡劳动者就业状况及其发展变化情况；全国或各地区居民家庭户数量及其发展变化情况，平均家庭人口数状况及其发展变化情况，家庭收入及支出水平、构成及其发展变化情况；全国或各地区历年货币流通数量，购买力数量及构成；城乡居民储蓄存款数量及发展变化情况；全国或各地区生产部门各类产品的产值、产量、成本、利润资料；全国或各地区的社会商品零售额数量、构成及发展变化情况；全国或各地区主要商品的供给和需求数量资料等。市场及影响市场各种因素的历史资料，是进行市场预测的基本依据。

因为事物的发展从时间上看都是有连续性的，事物过去的发展水平、规模、速度、比例等，必然要影响到事物的现在及未来的状况和变化规律，市场现象与众多的社会经济现象一样，也具有这种时间上的连续性。分析和研究市场及各种影响因素的历史资料，是保证市场预测客观地对市场未来状况和发展变化趋势做出估计的基本条件。

2）现实资料

市场预测的现实资料是指进行预测时或预测期内市场及各种影响因素的资料。

市场预测所需的现实资料，一般是预测者根据需要对市场进行调查的结果，也可以是各种调查机构的已有资料。市场预测必须搜集有关现实资料，才能既使市场预测的结果不脱离市场现象的长期发展规律，又能对市场的现实变化做出及时的反应，使市场预测结果更加符合客观实际。

市场现实资料在其内容上，主要包括市场及影响市场各因素的近期表现。如全国或各地区在市场预测时及预测期内的人口数量及构成和发展变化趋势；全国或各地区在市场预测时或预测期内居民购买力数量及其发展趋势；全国或各地区在预测时和预测期内生产数量及结构的状况和变动趋势等。

此外，现实资料还特别注重从较小的市场范围内，对具体的商品的生产、技术发展状况、质量、规格、需求状况等的资料进行调查，并对调查结果进行分析研究，为生产和营销企业预测提供资料。

在取得市场预测所需的历史和现实资料后，还必须对这些资料进行加工整理，经过加工整理的资料才能满足市场预测的需要。一般来说，对于历史资料需要进行再整理的过程，因为积累下来的市场及各种影响因素的历史资料，是已经经过整理的，在市场预测前再进行整理，主要是为了进一步满足预测者研究问题的需要。有相当一部分现实资料也是这种情况。对于由预测者组织的各种调查所得到的那一部分现实资料，则是初次加工整理，直接将整理后的资料用于市场预测。

▶ 3. 选择适当的预测方法

市场预测者对经过整理的市场预测资料，还必须进行周密的分析，然后才能选择适合的具体预测方法进行市场预测。

对市场预测的资料进行周密分析，主要是分析研究市场现象及各种影响因素之间是否存在相关关系，其相关的紧密程度、方向、形式如何；还要对市场现象及各种影响因素的发展变化规律和特点进行分析。如分析研究全国或各地区市场需求量与相应的生产部门发展之间的经济联系；分析研究全国或各地区市场需求量与居民收入水平之间的相关关系；分析国内市场与进出口贸易之间的经济联系和制约关系；分析研究全国或各地区社会商品零售额及其构成的发展变动规律；分析研究各种主要商品销售量在全国或各地区的发展变化规律等。

在分析研究中可以看到，各种市场现象及各种影响因素资料所反映出的变动规律都不尽相同，其变动的幅度也有高有低。存在相关关系的市场现象及各种影响因素的表现也不尽相同。根据市场现象及各种影响因素的具体特点，才能选择适当的预测方法。在市场预测中，只有根据对资料的周密分析选择适当的方法，才能正确地描述市场现象的客观发展规律，对市场现象的未来表现做出可靠的预测。

▶ 4. 根据市场预测模型确定预测值，并测定预测误差

在市场预测中，根据市场现象及各种影响因素的规律，建立起适当的预测模型。运用所建立的预测模型，就可以计算某预测期的预测值了。值得注意的是，在计算预测值时除了要依据数学模型的运算规律以外，还必须结合预测者对未来市场的估计，而不能机械地运用预测模型。预测模型只是市场预测中的一种方法或工具，决不能过于迷信它而忽视了对客观现实的分析。

在市场预测中，不论预测者选择多么适合的预测模型，也不论在计算预测值时多么认真，预测值与实际值之间都会出现一定误差。这是因为预测值是一种估计值，而不是实际观察结果，出现误差是必然的。但是，预测者可以通过各种努力使预测误差尽可能小。各种类型的市场预测方法，在计算预测值的同时，还必须测定预测值与实际值之间的误差。若预测误差大于研究问题所允许的范围，则预测结果不能被采纳；若预测误差小于研究问题所允许的误差范围，则可采纳市场预测值或在一定区间估计预测值。

▶ 5. 检验预测成果，修正预测值

由于市场现象和各种影响因素都会随时间、地点、条件的变化而变动，市场预测值和市场预测所应用的方法不是一成不变的。市场预测者必须根据市场现实情况的变化，适当地对预测值加以修正，使之更加符合市场发展变化的实际。在市场现象和各种影响因素发生较大变化时，甚至必须改换预测方法，重新建立适合的预测模型，才能提高市场预测的精确度。

▶ 6. 撰写预测报告

把预测的最终结果编制成文件和报告，向有关部门上报或以一定的形式公布，并提供和发布预测信息，供有关部门和企业决策时参考。预测报告应概括预测研究的主要活动过程，列出预测目标、预测对象、相关因素分析、主要资料和数据、预测方法的选择及模型的建立，以及模型的评价修正等。

第五节　市场预测的方法

当预测者着手某一项市场预测工作时，明确市场预测的目的是首要的，调查、搜集、整理市场预测资料是必须的。而紧接着的重要环节，就是选择适当的预测方法，这就需要了解市场预测的方法到底有哪些种类。

一、市场预测方法的种类

市场预测的具体方法很多，大致可分为以下几类：

▶ 1. 定性市场预测法

1）定义

定性市场预测法，主要是根据有关专家对市场情况的了解和对市场未来发展变化的估计，对市场未来变化趋势从数量上做出预测。定性预测方法包括意见综合预测法、商品经济寿命周期预测法、市场景气预测法等。

2）特点

定性市场预测法的主要特点是，应用起来比较灵活方便；所花费的人力、物力、财力比较节省；所需时间比较短，时效性较强。它特别适用于缺少历史资料的市场现象的预测，如对投放市场的新产品的未来需求量进行预测等。

▶ 2. 定量市场预测法

定量市场预测法根据现有较为完整的历史统计资料，运用统计方法和数学模型近似地揭示出预测对象的数量变化规律，并利用结果来预测未来市场的发展变化趋势。定量预测方法包括平均预测法、指数平滑法、时间序列预测法、回归分析预测法等。

▶ 3. 时间序列市场预测法

时间序列市场预测法，是以市场现象的时间序列历史资料为依据，根据时间序列的变动规律建立适当的数学模型，用数学模型对市场现象的未来趋势做出预测。时间序列市场预测法，也属于定量预测方法，它所定的是时间影响量，即根据所建立的数学模型，对未来一定预测期的市场现象数值做出预测，不同的预测期，市场现象预测值就不同。时间序列预测法对于具有详细时间序列资料的市场现象，以及对于无法确定其主要影响因素或无法将主要影响因素量化的市场现象，是最适合的预测方法。

二、市场预测方法的选择

一般来说，选择市场预测的方法应从以下几方面综合考虑。

▶ 1. 市场预测的目的和要求

每项具体的市场预测都有其特定的目的，市场预测的目的不同，对预测方法的选择就有不同的要求。在长期市场预测中，必须选择适合长期预测，能够反映市场现象发展趋势的预测方法；在短期市场预测中，则应选择适合短期预测，对市场变化反应灵敏的预测方法。在对新产品投放市场的需求量进行预测时，由于不具有时间序列的历史资料，就不能用时间序列预测法，而最好采用定性市场预测法做预测。由此可见，市场预测的目的和要求，决定着选择什么方法做市场预测最合适。

▶ 2. 市场预测对象的特点及其发展变化规律

选择市场预测的方法，还必须从市场预测对象本身的特点和发展变化规律出发。如当预测者能够比较容易地确定影响预测对象的主要因素，并能将其量化时，就可以顺利地应用相关回归分析市场预测法；如果影响预测对象的主要因素难以确定，或影响因素可以确定但无法量化，就不能采用相关回归分析预测法，必须考虑采用其他预测方法。

采用时间序列预测法做市场预测时，更应细致地观察时间序列历史资料的发展变化规律和特点，建立适当的预测模型。时间序列的发展变化特点和规律一般是比较复杂的，必须经过反复观察和分析研究才能发现；时间序列数学模型的种类也很多，有的很相似比较容易混淆。因此，对市场现象发展变化特点和规律的观察和分析研究要特别认真细致。

▶ 3. 预测结果的准确性

在市场预测中，将预测误差降到最低限度，是每个预测者所希望的，也是选择不同市场预测方法时的重要标准之一。各种市场预测方法的预测能力不同，其预测误差的大小也不同，有的预测方法在预测市场现象发展趋势力面比较准确，有的方法则在反映市场现象波动全面比较准确。

在市场预测的实践中，经常会遇到适用于某一项测对象的方法不止有一种，一种预测方法不只适用于一种预测对象。在预测方法实际使用之前，并不知其预测误差的大小。在这种情况下，通常是应用几种不同的适用性预测方法，同时对某一市场现象进行预测，并分别计算各种预测方法做市场预测时的预测误差。将各种不同预测方法所做预测值的市场预测误差加以比较、选择预测误差最小的预测方法做出的市场预测值，作为最终被采纳的市场预测值。

▶ 4. 预测方法的适用性

预测方法的适用性，是指市场预测方法的难易程度、预测费用和时间长短等对预测者是否适用。有的预测方法虽然可以比较准确地对市场预测对象做出预测，但其数学知识要求程度高，运算工作量大，需用电子计算机完成数据处理，所需费用比较大，花费时间比较长。这类预测方法的实际应用受到比较大的限制，或者说并不具备广泛的客观适用性。

预测者在选择预测方法时，必须根据自己所具备的各种条件，选择适用的预测方法。如果各方面的条件具备，当然可以将预测精度作为选样预测方法的主要因素考虑；但如做市场预测时，计算能力和设备、预测费用和时间等条件并不特别理想，则可适当降低一点预测精度要求，选择那些过程简单，运算量较小，费用和时间都比较节省的方法进行市场预测。

▌知识总结▐

预测就是通过对客观事实历史和现状进行科学的调查和分析，由过去和现在去推测未来，由已知去推测未知，从而揭示客观事实未来发展的趋势和规律。市场预测是指组织在市场调查的基础上，揭示市场供求矛盾变化的规律性及影响市场供求关系的各类错综复杂的因素，运用逻辑推理、统计分析、数学模型等科学方法，对市场上商品的供需发展趋势、未来状况及与之相关的各种因素的变化进行分析、预见、判断和估算，为企业确定发展目标、制定生产经营策略提供科学的依据，以实现发展生产、满足需求、繁荣市场、提高效益、促进国民经济发展的目的。

市场预测是企业制定营销战略和营销策略最重要的依据。为了成功地完成市场预测，预测者必须对预测的过程加强组织，按照预测工作的客观规律，有计划按顺序认真地完成市场预测各环节的具体任务。

市场预测的一般步骤包括确定市场预测的目的、广泛收集资料、进行分析判断、选择预测方法并建立预测模型、作出预测、评价预测结果，同时要提高市场预测的精确度，即降低市场预测误差，最后撰写预测报告。

市场预测的具体方法大致可分为以下几类：定性市场预测法、相关回归分析市场预测法、时间序列市场预测法。

选择市场预测的方法时应从市场预测的目的和要求、市场预测对象的特点及其发展变化规律、预测结果的准确性、预测方法的适用性等方面考虑。

▌知识巩固▐

一、填空题

1. 市场预测的四个基本要素包括：信息、（　　　）、分析、（　　　）。
2. 按市场预测的空间范围进行分类，市场预测可分为（　　　）、中观市场预测、（　　　）。
3. 市场预测的具体方法大致可分为以下几类：（　　　）、（　　　）、（　　　）。

二、单项选择题

1. 以年为时间单位对两年以上的市场发展前景进行预测被称为（　　　）。
   A. 短期预测　　　B. 近期预测　　　　　C. 中期预测　　　　　　　D. 长期预测
2. 依据数字资料，运用统计分析和数学方法建立模型并做出预测值的方法称为（　　　）。
   A. 定量预测法　　B. 定性预测法　　　　C. 长期预测法　　　　　　D. 短期预测法

3. 对产品质量的调查属于（　　　　）。

　　A. 需求调查　　　　B. 产品调查　　　　C. 产品生命周期调查　　　D. 价格调查

4. 选择适当的预测方法，就是（　　　　）。

　　A. 选择预测精度最高的方法

　　B. 选择预测精度最低的方法

　　C. 根据市场现象及各种影响因素的特点来进行选择

　　D. 选择过程简单，运算量小的方法

5. 市场预测程序包括（　　　　）。

　　A. 明确目的、收集资料、分析、预测

　　B. 收集资料、明确目的、分析、预测

　　C. 分析、明确目的、收集资料、预测

　　D. 明确目的、收集资料、预测、分析

三、简答题

1. 简述市场预测的含义。

2. 简述市场预测的一般步骤。

3. 简述选择市场预测的方法。

参考答案

案例分析

第九章　市场定性预测法

知识要点

1. 掌握各种市场定性预测法的基本原理和方法
2. 了解各种市场定性预测法的优缺点及应用情形
3. 具备依据实际案例进行定性预测的能力
4. 掌握各种常用的市场定性预测法的基本方法和原理和培养学生运用定性预测法的能力
5. 特尔斐预测法、商品经济寿命周期预测法和均衡点分析法

思维导图

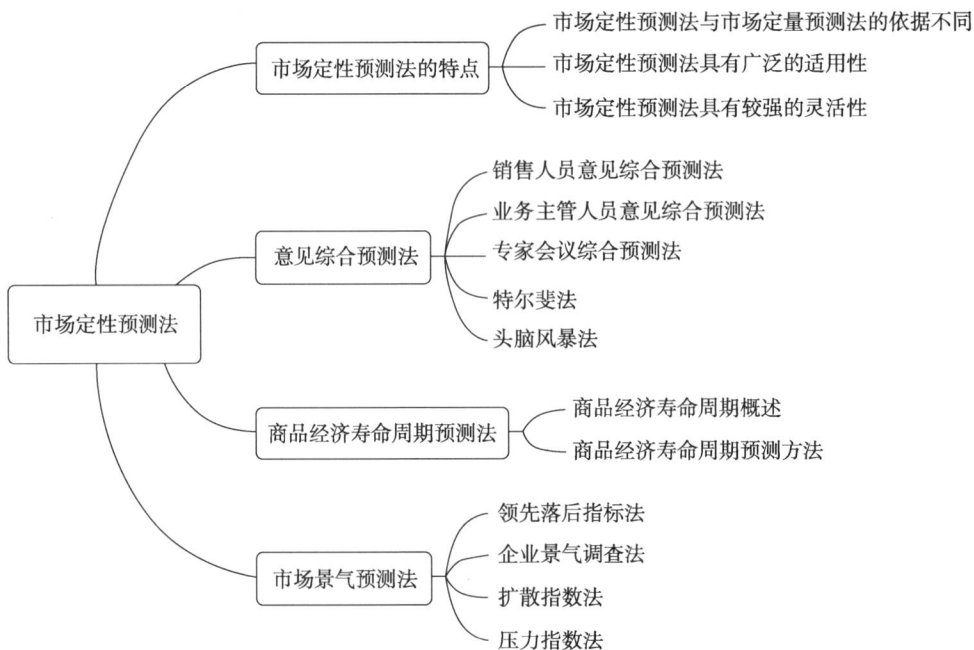

```
                    ┌─ 市场定性预测法与市场定量预测法的依据不同
        市场定性预测法的特点 ─┼─ 市场定性预测法具有广泛的适用性
                    └─ 市场定性预测法具有较强的灵活性

                    ┌─ 销售人员意见综合预测法
                    ├─ 业务主管人员意见综合预测法
        意见综合预测法 ──┼─ 专家会议综合预测法
                    ├─ 特尔斐法
                    └─ 头脑风暴法
市场定性预测法
                        ┌─ 商品经济寿命周期概述
        商品经济寿命周期预测法 ─┤
                        └─ 商品经济寿命周期预测方法

                    ┌─ 领先落后指标法
                    ├─ 企业景气调查法
        市场景气预测法 ──┼─ 扩散指数法
                    └─ 压力指数法
```

案例导入

"嗅觉经济"风生水起

市场规模年均增速超过两位数；年度新增企业注册数量十年间增逾 20 倍……"嗅觉经

济"正迎来风生水起之势。

2024 年的"618"，天猫香氛香薰店铺排行榜上，野兽派、尹谜、蒂普提克、观夏、菓凯、万物乾坤、西尼优、祖玛珑、罗意威、卡斐乐等位列其中，既有国际大牌，也有国货新锐。其中，5 月 20 日至 6 月 7 日，淘宝上中式香成交额比去年同期增长 140%。

在业内人士看来，正值夏季，香水香氛类产品使用频率增加，需求剧增，市场迎来发展新契机。尤其年轻消费群体，不仅追求品质与个性，更注重产品所带来的情感体验和社交表达，为更多品牌带来了机会。

潮流网购平台得物 App 数据显示，今年以来，圣罗兰自由之水、爱马仕大地、香奈儿蔚蓝等经典款香水以及法颂、冰希黎、未知气味、调香室等国货新秀销量增长均增速居前，融合东方美学的款式表现突出。例如，法颂推出的"浪漫梦境"女士香水，在"520"活动期间，销量增幅同比超 130%。

这一趋势也从社交、购物等平台上得到印证。小红书联合调查机构凯度日前发布的《知人寻香—2024 年香水香氛趋势白皮书》显示，香水大盘热度持续上升，2023 年小红书站内相关搜索量增长 23%。其中，新香"尝鲜族"寻求具有东方意蕴的"文化认同"趋势显现，小红书上新中式调成为香水用户偏爱的五大香型之一。

从增速来看，艾媒咨询数据显示，2022 年中国香水市场规模达 169 亿元，同比增长 24.3%，预计 2025 年将达 300 亿元。另据贝哲斯咨询统计，2022 年全球香水市场规模为 1820 亿元，并预估到 2028 年市场规模将以年均 4% 的增速实现约 2303 亿元。

与此同时，国潮风兴起也推升了市场热度。多方面因素推动下，"嗅觉经济"被看作消费细分领域增长的新"蓝海"，近年来正迎来各方加速布局。

天眼查数据显示，截至目前，全国现存与香水香氛相关企业 31.3 万余家。细看香水香氛相关企业的注册数量，近 10 年年度注册相关企业呈现逐年递增状态：2013 年新注册企业 3495 家，2017 年新增企业注册数量突破万家，一直到 2023 年新注册企业为 8.8 万家，连续十年保持上涨态势。

市场活跃的背后是"嗅觉经济"的巨大潜力空间。资深职业香道师周晓钰对《经济参考报》记者说，他 2014 年开出线下专业制香店，后又做科普型直播，一步步成长，目前店铺复购率已经接近 30%，客单价过千元，年销售额超 2000 万元。在他看来，国风国潮的兴起是"嗅觉经济"发展创新的有力"东风"。

"嗅觉经济"发展势头迅猛，快速成长的客户群体以及其不断细分的消费需求，都将推动产业上下游以更快的速度成长。比如，广东茂名、广西玉林等地香料产业正在向着规模化发展，在产业发展的同时，也将为"嗅觉经济"发展提供更好支撑。

资料来源：经济参考报．"嗅觉经济"风生水起[EB/OL]. (2024-06-21). https://www.news.cn/20240621/d448fe5a7ad14bc094de86f0d90e7fda/c.html.

市场定性预测法是一类很重要的预测方法。市场定性预测法也称判断分析市场预测法。市场定性预测法是指预测者在以各种方法取得市场资料后，在对这些资料进行整理加工和分析研究的基础上，运用自己的实践经验和判断分析能力，对市场未来的发展变化趋势做出估计测算预测值。

第一节　市场定性预测法的特点

市场定性预测法在市场预测中具有重要的用途，这类方法在我国的市场预测实践中已经并将继续发挥其重要作用。市场定性预测法与市场定量预测法相比，具有以下几个特点。

一、市场定性预测法与市场定量预测法的依据不同

市场定量预测法的主要依据是，市场现象未来的发展变化趋势与其过去和现在的表现是连续的；市场现象发展变化受到各影响因素发展变化的影响。因此，可以根据市场现象过去和现在的表现来推断其未来的表现，或根据影响市场现象的各种主要因素的发展变化去预测市场未来的发展变化。

而市场定性预测法，则是在没有或缺少市场资料的条件下，依据预测者的实践经验和分析判断能力，对市场未来的发展变化做出预测。它注重的是预测者的判断分析能力。

这两类市场预测法的基本依据不同，使它们在市场预测的实践中发挥着不同的作用，有着不同的适用对象。相比之下，市场定性预测法更有利于发挥预测者的主观能动性，更有利于对市场未来做出深入、细致、具体的，符合客观实际的市场预测。

二、市场定性预测法具有广泛的适用性

市场定性预测法，虽然是以预测者的实践经验和判断分析能力为依据做出对市场未来状况的预测，但它并不是仅仅靠预测者的主观想象任意地做出预测。它必须依据预测者在实际工作中积累的丰富的实践经验，以及预测者深刻的理论根底和分析判断能力。由此，可以说定性市场预测法是一类科学的预测方法。

与市场定量预测法相比，市场定性预测法比较易于掌握。它对预测者的数学知识要求并不高，容易被预测者掌握。市场定性预测法还具有费用低，时效性较高的特点，这对于市场预测中费用有限或时间比较短的情况是十分有利的。所以，决不能片面地认为，只有运用定量市场预测法的各种数学模型所做出的市场预测结果是准确的，而市场定性预测法就不科学或不准确；更不能将数学模型神秘化，以致连根据客观实际做出的分析判断都不相信。

事实上，市场定性预测法不但能够起到一些定量市场预测法的作用，甚至还能起到一些定量市场预测法所起不到的作用。如在进行市场预测时，若遇到市场现象的历史资料不够全面、准确、系统的情况；对新产品的生产或需求量的预测，根本无历史资料的情况；影响市场的某种或多种因素难以取得量化指标资料的情况等时，采用市场定量预测法是不可能的，而采用市场定性预测法则更为恰当。在许多市场预测中，将市场定性预测法与市场定量预测法结合应用，既能使两类方法的作用都得到充分发挥，又能相互取长补短，从而使市场预测的结果更加客观地反映市场现象，提高市场预测精确度的目的。

三、市场定性预测法具有较强的灵活性

市场定性预测法在占有市场资料的基础上，更加注重预测者的实践经验和判断分析能力，使这种方法在市场预测中更能够充分发挥预测者的主观能动性，也增加了市场预测的灵活性。

在单纯采用市场定性预测法进行市场预测时，对于缺少历史资料的市场现象进行预测，预测者的实践经验和判断分析能力成为预测的主要依据。预测者必须充分发挥主观能动性，对市场现象进行周密细致的分析研究，充分考虑各种客观因素对市场现象已经产生的或可能产生的影响。由此，才能对市场现象未来发展变化的趋势，对其发展变化的程度和可能达到的水平、规模，对市场现象发展变化中将会出现的转折点等，做出科学准确的定性预测。需要特别注意的是，市场定性预测并不是只对市场现象未来发展变化的性质做出预测，它最终也会用数值测定出市场现象的预测结果。市场定性预测法中所说的定性，是指在市场预测中对市场现象未来的数量表现进行预测时，所采用的不是定量的数学模型方法，而是定性的判断分析方法。

在市场预测的实践中，还经常将市场定性预测法与市场定量预测法结合应用，这更能增加市场预测的灵活性。定量市场预测法在根据市场现象的历史资料，对市场现象进行预测时，只能根据市场现象过去的发展变化数量，或影响市场的一个或几个主要因素的数量，去推断市场现象未来的发展变化数量。但市场现象未来的表现毕竟不会与其过去和现在的发展变化规律完全一致，也存在一些客观上对市场现象有比较重要影响的因素，难于搜集到量化资料或无法量化，这都会对定量市场预测法的预测结果准确性产生不利影响。而如果将市场定性预测法与定量预测法相结合，充分发挥预测者的主观能动性，根据他们的实践经验和判断分析能力，对市场现象进行深入细致的分析研究，据此对市场定量预测法所得到的预测值加以适当调整或补充，对于提高市场预测的精确度是非常有利的。

在市场预测的实践中，市场定性预测法常常融进定量预测法的数学分析方法；定量市场预测法更离不开对市场的定性分析。两类方法相互结合，取长补短，能够大大提高市场预测的准确性，使市场预测更加全面、准确、及时。

市场定性预测法有很多具体方法，在市场预测中必须对预测对象进行具体分析，选择最适合的方法。在此介绍几种常用方法。

第二节　意见综合预测法

许多市场预测问题因仅凭预测者个人的知识和经验而往往存在很大的局限性，而意见综合预测法则能集思广益，克服个人预测的局限性，有利于提高预测的质量。

意见综合预测法又称集合判断预测法，是指先由有关的专业人员和行家分别对某一预测问题进行预测，然后综合全体成员所提供的预测信息得出最终的结论。意见综合预测法包括以下几种类型，如图 9-1 所示。

图 9-1　意见综合预测法示意图

一、销售人员意见综合预测法

销售人员意见综合预测法是指企业直接将从事商品销售的经验丰富的人员组织起来，先由预测组织者向他们介绍预测目标、内容、预测期的市场经济形势等情况，要求销售人员利用平时掌握的信息结合提供的情况，对预测期的市场商品销售前景提出自己的预测意见和结果，最后提交给预测组织者进行综合分析，以得出最终的预测结论。

销售人员意见综合预测法的适用范围是：商品需求动向，市场景气状况，商品销售前景，商品采购品种、花色、型号、质量和数量等。运用时应注意下列几点：

（1）应从各部门选择经验丰富的、有预测分析能力的人参与预测。

（2）应要求预测参与者经常搜集市场信息，积累预测资料。

（3）预测组织者应定期将市场总形势和企业的经营情况提供给预测参与者。

（4）预测组织工作应经常化，并对预测成绩显著者给予表彰，以调动他们的积极性。

（5）对销售人员的估测结果，应进行审核、评估和综合。其综合预测值的计算，可采用简单或加权算术平均法。

二、业务主管人员意见综合预测法

业务主管人员意见综合预测法是指预测组织者邀请本企业内部的经理人员和采购、销售、仓储、财务、统计、策划、市场研究等部门的负责人作为预测参与者，向他们提供有关预测的市场环境、企业经营状况和其他方面的预测资料，要求他们根据提供的资料，并结合自己掌握的市场动态提出预测意见和结果，或者用会议的形式组织他们进行讨论，然后由预测组织者将各种意见进行综合，作出最终的预测结论。

这种方法的适用范围包括市场需求、企业销售规模、目标市场选择、经营策略调整、企业投资方向等重要问题的预测性研究。

【例 9-1】 某饮料厂为了搞好明年市场供应，预测组织者事先向各部门负责人提供了历年饮料社会消费量、居民消费水平，本企业历年饮料的销售量、市场占有率及其资源情况，然后要求他们分别对本企业的销售量作出预测。预测结果见表 9-1。

表 9-1　某饮料厂产品销售预测综合表　　　　　　　　　单位：吨

预测者	最低销售量	最可能销售量	最高销售量	平均销售量
经理甲	8500	9500	11000	9800
经理乙	8200	9200	11500	9700
业务科长	8400	9500	11200	9800
财务科长	8300	9400	12000	10000
批发部主任甲	8600	9000	11500	9700
批发部主任乙	8200	9500	10500	9500
零售店经理甲	8400	9600	11800	10000
零售店经理乙	8300	9500	11500	9900
综合预测值	8400	9400	11400	9800

在三种销售量中，最可能的销售量的准确性最高，权数定为 0.5，而最低与最高销售量

的准确性较低，权数分别为 0.2 和 0.3。各人的加权平均预测数见表最后一栏。若采用简单平均法求综合预测值，则为：

$$\overline{X} = \frac{9800+9700+9800+10000+9700+9500+10000+9900}{8}$$

或　　$\overline{X} = \frac{8400\times0.2+9400\times0.5+11400\times0.3}{0.2+0.5+0.3} = 9800$（吨）

亦可考虑预测者的地位、作用和业务水平不同，分别给予不同的权数，采用加权平均法求综合预测值。

三、专家会议综合预测法

专家会议综合预测法是由预测组织者召开专家会议，在广泛听取专家预测意见的基础上，综合专家们的预测意见作出最终预测结论。

采用专家会议法进行市场预测应特别注意以下两个问题：

▶ 1. 选择的专家要合适

（1）专家要具有代表性。

（2）专家要具有丰富的知识和经验。

（3）专家的人数要适当。

▶ 2. 预测的组织工作要合理

（1）专家会议组织者最好是市场预测方面的专家，有较丰富的会议组织能力。

（2）会议组织者要提前向与会专家提供有关的资料和调查提纲，讲清所要研究的问题和具体要求，使与会者有备而来。

（3）精心选择会议主持人，使与会专家能够充分发表意见。

（4）要有专人对各位专家的意见进行记录和整理，注意对专家的意见进行科学的归纳和总结，以便得出科学的结论。

四、特尔斐法

特尔斐法是在专家会议意见测验法的基础上发展起来的一种预测方法。它以匿名的方式通过几轮函询征求专家们的预测意见，预测组织者对每一轮意见都进行汇总整理，作为参考资料再寄发给每个专家，供他们分析判断，提出新的预测意见和结果。如此几次反复，专家们的预测意见渐趋一致，预测结论的可靠性越来越大。

特尔斐预测法的组织程序是：

（1）确定预测课题和预测内容，并成立预测负责小组。

（2）设计函询调查表，准备有关材料。

（3）选择预测专家。专家人数一般 10～50 人为宜，预测重大问题时专家人数可多一些。

（4）用函询调查表进行反馈调查。

（5）对预测结果进行统计处理。

【例 9-2】　某市电脑公司采用特尔斐法，选定 31 位专家对该市城镇居民家庭电脑普及率达到 90% 的年份和 2026 年电脑需求量进行预测，经三轮反复后，专家提出的时间答案汇总见表 9-2。

表 9-2　城镇居民家用电脑普及率和需求量预测总表

普及率达到90%的年份	专家人数	2026 年电脑需求量(万台)	专家人数
2021	3	3.0～3.5	3
2022	5	3.5～4.0	6
2023	11	4.0～4.5	12
2024	8	4.5～5.0	7
2025	4	5.0～5.5	3
合　计	31	合　计	31

（1）对于事件实现时间的预测问题，采用中位数代表预测意见的集中度，用上、下四分位数之差表示预测意见的离散度。确定中位数，上、下四分位数的计算公式为：

$$中位数：M_e = \frac{(n+1)}{2}$$

$$下四分位数：Q_1 = \frac{(n+1)}{4}$$

$$上四分位数：Q_2 = \frac{(n+1)}{4}$$

计算公式中 n 为数据总项数，如 n 为偶数，取居中两项的中点值作中位数。预测数据应由小到大顺序排列。此例中位数为 2023 年，下四分位数为 2022 年，上四分位数为 2024 年，上、下四分位数之差为 2 年，说明专家的预测意见集中度大，离散度小。

（2）对于预测商品在未来时期的需求量、销售量或生产量，可用算术平均法或主观概率法进行统计归纳，求出平均预测值反映专家预测结果的集中度，用标准差和标准差系数反映专家意见的离散度。如上例，专家对某市 2026 年电脑需求量的平均预测值为 4.27 万台，标准差为 0.55 万台，标准差系数为 0.13 或 13%，表明专家预测意见离散度较大。

（3）对于征询产品品种、花色、规格、质量、包装、新产品开发的预测意见，可采用比重法（专家对某个意见赞成的人数占总人数的比率）进行统计归纳，或者用评分法（如对不同牌号的商品质量给予评分）进行统计归纳。

五、头脑风暴法

组织各类专家相互交流意见，无拘无束地畅谈自己的想法，进行思想火花的碰撞，使预测观点不断集中和深化，从而提炼出符合实际的预测方案。

采用头脑风暴法进行预测时，其方法与普通会议的根本区别在于它有四条规则：

（1）不批评别人的意见。

（2）提倡自由奔放的思考。

（3）提出的方案越多越好。

（4）提倡在别人方案的基础上进行改进或与之结合。

头脑风暴法可以分为以下两种类型：

（1）直接头脑风暴法。就是按照头脑风暴法的规则，通过一组专家会议，对所预测的问题进行创造性思维活动，从而得出满意方案的一种方法。

（2）质疑头脑风暴法。这种方法是同时召开由两组专家参加的两个会议进行集体讨论，其中一个专家组会议用直接头脑风暴法提出设想，另一个专家组会议则对第一个专家组议的各种设想进行质疑，从而形成一个更科学、更可行的预测方案。

第三节 商品经济寿命周期预测法

一、商品经济寿命周期概述

▶ 1. 商品经济寿命的含义

商品的经济寿命又称市场寿命，是指一种商品从投入市场开始到被市场淘汰为止所经历的时间。商品的经济寿命是与商品的更新换代相联系的。

▶ 2. 商品经济寿命周期的一般形态

商品经济寿命周期是指商品的产生、发展和衰亡的全过程。此过程大体可分为试销期、成长期、成熟期和衰退期四个阶段。一般形态如图 9-2 所示。

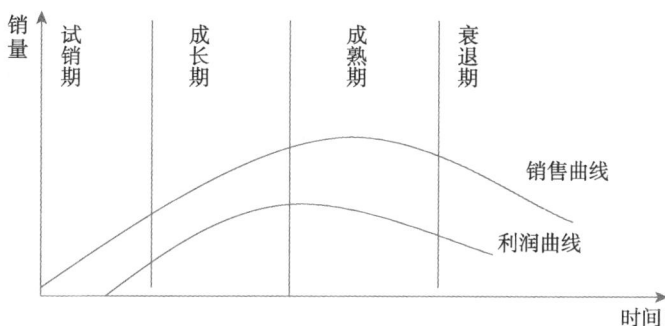

图 9-2　商品经济寿命周期的一般形态

二 商品经济寿命周期预测方法

（一）商品销售状况判断法

商品销售状况判断法是根据商品销售变化过程的趋势来判断商品经济寿命周期所处的阶段，并对未来的市场前景作出预测。其判断的一般原则如下：

（1）试销期：商品销售量小，增长缓慢。

（2）成长期：商品销售量迅速扩大，增长幅度大。

（3）成熟期：前期商品销售量增长减慢，后期商品销售量趋于稳定或徘徊不前。

（4）衰退期：商品销售量逐年下降。

【例 9-3】 根据表 9-3 的统计数据，可以判断某家用电器经济寿命周期已进入成熟期后期，未来销售对象主要是以旧换新者，其销售前景在将来一定时期内徘徊不前。若用近五年的平均值作为 2026 年的预测值，则为 85 万台。

表 9-3　某地某家电历年社会零售量　　　　　　　单位：万台

年　份	零售量	年　份	零售量	年　份	零售量
1999	0.06	2002	0.12	2005	0.40
2000	0.07	2003	0.18	2006	0.96
2001	0.09	2004	0.23	2007	1.56

年　份	零售量	年　份	零售量	年　份	零售量
2008	3.54	2014	40.18	2020	110.20
2009	5.82	2015	49.71	2021	96.63
2010	9.46	2016	54.69	2022	90.12
2011	15.80	2017	69.86	2023	86.14
2012	20.19	2018	96.36	2024	73.86
2013	25.96	2019	108.14	2025	80.15

（二）耐用消费品普及率判断法

耐用消费品普及率一般是指一定时空范围内平均每百户家庭拥有某种耐用消费品的数量。通常根据城乡居民家庭收支抽样调查资料进行测算。计算公式为：

$$耐用消费品普及率 = \frac{样本拥有量}{样本户数} \times 100\%$$

在实际工作中，各种耐用消费品普及率可从当地统计局编制的统计年鉴中直接查找，企业亦可直接组织抽样调查进行匡算。

耐用消费品普及率与商品经济寿命周期各阶段之间的数量对应关系如下：

（1）试销期：普及率5%以内。

（2）成长期：前期普及率5%～50%，后期50%～80%。

（3）成熟期：普及率80%～90%。达到90%以上时，则市场需求基本满足，商品经济寿命周期转入衰退期。若无新产品替代，则以以旧换新者为主要购买对象，销售量将在一定时期内徘徊波动。

（4）衰退期：普及率逐渐递减。因新产品出现，老产品逐渐消亡，消费者转向购买新产品。

（三）对比类推法

（1）国际对比类推法。它是指将所要预测的商品或经济指标与国外某些国家的同类商品或经济指标的发展过程和趋势进行类比，找出某些共同或类似的变化规律，借以类推预测目标的变化趋向。

（2）区际对比类推法。它是指将同类商品或同类事物在国内同其他地区进行类比，找出某些共同或类似的变化规律，或发展变化差异，借以推断本地区预测目标的发展趋向和前景。一般来说，不同地区、不同城市的居民消费水平、消费倾向、消费结构、耐用品普及率、商品经济寿命周期均可采用区际对比类推法。

例如，寻找与乙地在经济发展水平、人口结构、消费习惯等方面相似的地区丙，若丙地区之前经历过与乙地类似的空调普及过程，且已知丙地区达到甲地2025年空调普及率水平所用的时间，那么可以将这个时间作为乙地的参考来估算。

假如丙地区与乙地的人均收入、人口密度、气候条件等相似，丙地区从与乙地当前相似的空调普及率水平达到甲地2025年的普及率水平用了4.5年，那么可以推测乙地的也约为4~5年。

（3）品际对比类推法。它是指以国内市场上同类或类似产品的发展过程、发展趋势或经济寿命周期，推断某种商品的发展趋向和经济寿命周期。此种方法一般用于相关产品发展趋向预测、耐用品普及率定性分析预测、新产品开发预测等。

（4）产品升级换代类推法。产品升级换代类推法，就是利用产品更新换代的规律，类推预测产品更新换代的时间，探索新产品的发展趋向，预测市场需求变化前景。该法可用于企业新产品开发、设计、试制、试销、占领市场、经营撤退等机会问题的定性分析预测。

第四节　市场景气预测法

市场景气研究是市场经济形势分析和预测的一个重要方面，常见的市场景气预测法有以下几种方法，如图9-3所示。

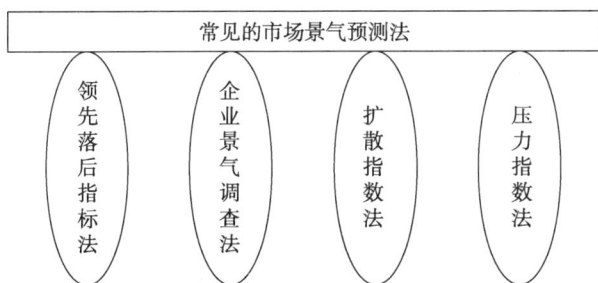

图 9-3　常见的市场景气预测法示意图

一、领先落后指标法

（一）领先落后指标法的含义

领先落后指标法又叫预兆预测法，它是通过研究前趋现象的指标变化情况，用以推断后续现象指标变化趋向的一种预测方法。此种预测方法通常将社会经济统计指标分为三类：

（1）先行指标。先行指标又叫领先指标，是指先于预测目标或经济周期变动的指标。如，基建投资规模大小是建材需求量变化的先行指标，石油价格变动是化工产品价格变动的先行指标，城乡居民收支大小是消费品零售额增长快慢的先行指标，商品供求关系变动是价格涨跌的先行指标等。

（2）同步指标。同步指标又叫平行指标，指与预测目标或经济周期变动同时发生变化的指标。如国内生产总值、财政收入、就业人数、社会商品零售额等几乎同时发生变动。由于此类指标与经济周期同步，因而可佐证和指示经济周期所处阶段及发展过程。

（3）落后指标。落后指标又称滞后指标，指同预测目标或经济周期相比变化落在后面的指标。如库存总水平、长期待业或失业人数、未清偿债务、新增储蓄额等。在经济意义上，落后指标可作为剩余和失衡的标志。

上述三类指标的划分是相对而言的。

（二）领先落后指标法预测的步骤

领先落后指标法主要是利用先行指标来推断预测目标，（同步指标和落后指标）的变化趋向。预测的一般步骤如下：

（1）确定预测目标。一般应根据市场景气预测的范围和对象确定预测目标及其预测的变量或指标。

（2）选择领先指标。一般应根据经济理论、经济关系、实践经验及实证性分析找出与预测对象有直接关系并起领先变化作用的经济变量作为领先指标。一般来说，应选择既领先预测对象变化的又是顺相关系的经济变量作为领先指标。

（3）收集和处理统计数据。为了较正确地揭示领先指标和预测目标的变动关系和规律，一般来说，应收集 15 年以上的数据。

（4）利用领先落后关系进行外推预测，即根据领先指标变化的领先时间和变动方向，推测预测目标未来的变动趋向。预测时应注意：领先指标一般只能用于预示市场行情的走势或转折点，或者说只能指示未来落后指标的变动方向，但不能直接预测变化的幅度。

二、企业景气调查法

企业景气调查法是通过对问卷调查资料的汇总处理，计算有关景气指数来反映本期的实际景气状况和下期的景气状况的走势。

景气指数，又称为景气度。它是对企业景气调查中的定性指标通过定量方法加工汇总，综合反映某一特定调查群体对某一社会经济现象所处的状态或发展趋势所作的综合判断的一种综合指标，主要有下列两种指数：

（1）企业家信心指数。又称"宏观经济景气指数"，是根据企业家对企业外部市场经济环境与宏观政策的认识、看法、判断与预期（通常为对"乐观""一般""不乐观"的选择）而编制的指数，用以综合反映企业家对宏观经济环境的感受与信心。

（2）企业景气指数。也称"企业综合生产经营景气指数"，是根据企业家对本企业综合生产经营情况的判断与预期（通常为对"好""一般""不佳"的选择）而编制的指数，用以综合反映企业的生产经营状况。

景气指数的数值通常用纯正数的形式表示，取值范围在 0%～200%，100 为景气指数的临界值；当景气指数大于 100 时，表明经济状况趋于上升或改善，处于景气状态；当景气指数小于 100 时，表明经济状况趋于下降或恶化，处于不景气状态。

例如，某地某年对 1200 名工业企业家进行第三季度和第四季度的企业外部宏观经济环境判断调查，通过问卷资料汇总处理，得到表 9-4 的数据。

表 9-4　1200 名企业家对宏观经济环境判断次数分布

项目	宏观经济环境			
	好	一般	差	合计
第三季度实际判断（人）	720	430	50	1200
频率（%）	60.00	35.83	4.17	100.0
第四季度预计判断（人）	950	226	24	1200
频率（%）	79.17	18.83	2.00	100.0

由表 9-4 可知，1200 名企业家中认为第四季度的宏观经济环境好的频率为 79.17%，比第三季度提高 19.17 个百分点；认为一般的频率为 18.83%，比第三季度减少 17 个百分点；认为差的频率为 2.0%，比第三季度减少 2 个百分点。由此可以看出，企业家们对第四季度宏观经济环境的信心大大增强。若计算企业家信心指数，则好、一般、差的标准值分别为

200、100、0，用频率作权数，则有：

$$第三季度家信心指数 = \frac{200 \times 60 + 100 \times 35.83 \times 0 \times 4.17}{100} = 155.83$$

$$第四季度家信心指数 = \frac{200 \times 79.17 + 100 \times 18.83 \times 0 \times 2.0}{100} = 177.17$$

计算结果表明，第四季度企业家信心指数与第三季度相比提高 21.34 点。需要指出的是，企业景气指数的编制比企业家信心指数要复杂一点。因为调查的项目较多，编制企业景气指数时，应首先计算各项目的景气指数，然后用简单平均或加权平均（须规定各项目的权重）的方法求得综合企业景气指数。设 k 为各项目的个体景气指数，w 为权数，则综合企业景气指数为：

$$综合企业景气指数 = \frac{\Sigma kw}{\Sigma w}$$

三、扩散指数法

（一）扩散指数法的含义

扩散指数法又称广布指数法，通常是指研究时期内（月、季、年）的一组统计指标中上升的指标数目占全部指标数目的比重。计算公式为：

$$扩散指数 = \frac{正在上升的指标数目}{全部指标数目} \times 100\%$$

扩散指数的变动幅度在 0～100 之间，其数值大小与经济总量变动的关系一般为：

（1）扩散指数由 50 向 100 上升时，经济总量呈加速增长趋势，市场前景较好。

（2）扩散指数由 100 向 50 下降时，经济总量仍在增加，但增长速度放慢，市场前景暗淡。

（3）扩散指数由 50 向 0 下降时，经济总量下降，经济不景气，市场疲软。

（4）扩散指数由 0 向 50 上升时，经济总量下降速度减慢，经济出现回升趋势，市场开始复苏。

（二）设计扩散指数时应注意的问题

（1）设计若干指标组成的扩散指数，应选择一组影响预测目标变化的领先指标，以便用于外推预测。

（2）设计若干地区组成的扩散指数，既要注意所选指标的同一性，又要注意地区的代表性。同时，观察数目应尽可能多一些，代表面尽可能大一些。

（3）扩散指数的计算时距，取决于预测的目的和期限。

（4）预测时应注意分析其他重要因素或事件的影响。此外，扩散指数只能预测事物的变化趋向，不能预测事物变动的幅度，它是在定量分析的基础上进行定性预测。

四、压力指数法

压力指数法是一种用于衡量和评估某个系统、对象或过程所承受压力程度的方法。它通过综合考虑多个相关因素，并将这些因素进行量化和加权计算，得出一个能够反映整体压力状况的数值指标。

（1）需求对供给的压力指数。它是指一定时期内的商品需求量占商品可供量的比率，用以量度需求对供给的压力。一般地，比率越大，则求大于供，价格趋于上涨；比率越小，则求小于供，价格趋于下跌；比率为100%时，则供求平衡，价格趋于均衡。计算公式为：

$$需求对供给的压力指数 = \frac{商品需求量}{商品可供量} \times 100\%$$

（2）需求对生产的压力指数。它是指一定时期内商品需求与供给中生产量的比率，反映需求对生产的压力。

$$需求对生产的压力指数 = \frac{商品需求量}{商品生产量} \times 100\%$$

需求对生产的比率大，则表明生产不足，比率小说明生产过剩。

（3）零售市场对农业生产的压力指数。它是用一定时期内社会消费品零售额占农产业总产值的比率来测定零售市场对农业生产的压力，比率小表明农产品供应充足，比率大说明农产品供应不足。

（4）结余购买力对零售市场的压力指数。它是指一定时期内结余购买力占社会消费品零售额的比率，用以评价结余购买力对零售市场的压力。

$$结余购买力对零售市场压力指数 = \frac{居民储蓄余额 + 手存现金}{社会消费品零售额} \times 100\%$$

比值越大，市场压力越大；比值越小，则市场压力越小。

（5）结余购买力对商品存货的压力指数。它是指在一定时期末的结余购买力占社会商品存货的比率，反映商品存货对结余购买力的保证程度。

$$结余购买力对商品存活压力指数 = \frac{居民储蓄余额 + 手存现金}{社会消费品存货额} \times 100\%$$

▌知识总结▌

本章介绍多种市场定性预测法。一般的专家意见汇总法是简单地将专家的意见汇总，然后取加权平均值。特尔斐法是一种特殊的专家法，以"背靠背"的方式多轮征询专家的意见，最后得出趋于集中的意见。销售人员意见综合预测法是指企业直接将从事商品销售的经验丰富的人员组织起来，先由预测组织者向他们介绍预测目标、内容、预测期的市场经济形势等情况，要求销售人员利用平时掌握的信息结合提供的情况，对预测期的市场商品销售前景提出自己的预测意见和结果，最后提交给预测组织者进行综合分析，以得出最终的预测结论。

商品经济寿命周期预测法根据商品销售变化过程的趋势来判断商品经济寿命周期所处的阶段，并对未来的市场前景作出预测；市场景气预测法通过对调查资料的汇总处理，计算有关景气指数来反映本期的实际景气状况和下期的景气状况的走势。

▌知识巩固▌

一、填空题

1. 特尔斐法是在（　　　）的基础上发展起来的一种预测方法。它的特点是（　　　）、（　　　）、（　　　）。

2. 头脑风暴法的类型包括（　　　　）和（　　　　）。

3. 领先落后指标法又叫（　　　　），此种预测方法通常将社会经济统计指标分为三类：
（　　　）、（　　　）、（　　　）。

二、单项选择题

1. 直接头脑风暴法的关键阶段是（　　　　）。

  A. 准备   B. 畅谈

  C. 介绍问题   D. 对有价值的设想加工整理

2. 企业家信心指数，又称（　　　　）。

  A. 广布指数   B. 宏观经济景气指数

  C. 压力指数   D. 企业景气指数

3. （　　　　）通过对问卷调查资料的汇总处理，计算有关景气指数来反映本期的实际景
气状况和下期的景气状况的走势。

  A. 领先落后指标法   B. 企业景气调查法

  C. 扩散指数法   D. 压力指数法

参考答案

三、简答题

1. 简述市场定性预测法的含义。

2. 简述市场预测的一般步骤。

3. 简述与定量市场预测法相比，定性市场预测法具有哪些特点。

案例分析

第十章　市场定量预测法

思维导图

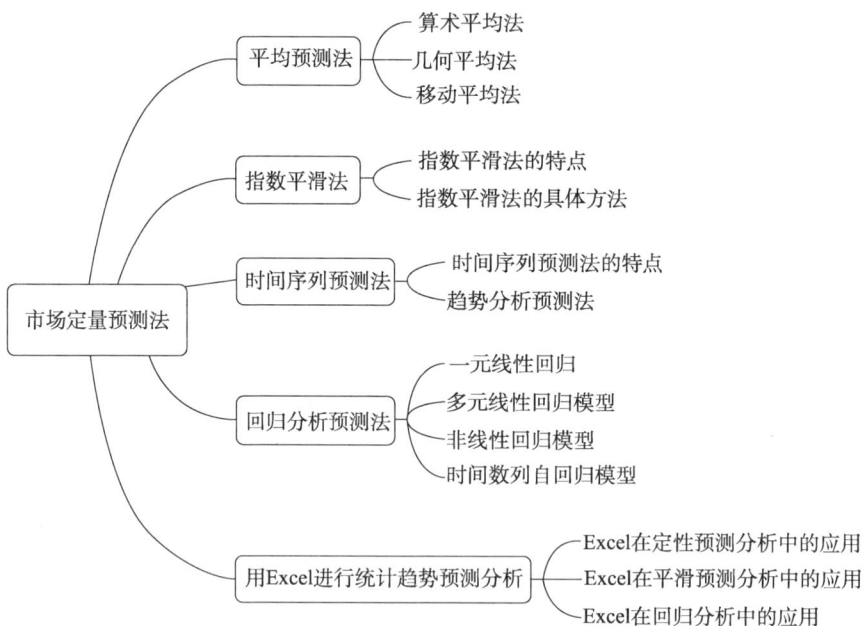

市场定量预测法
- 平均预测法
  - 算术平均法
  - 几何平均法
  - 移动平均法
- 指数平滑法
  - 指数平滑法的特点
  - 指数平滑法的具体方法
- 时间序列预测法
  - 时间序列预测法的特点
  - 趋势分析预测法
- 回归分析预测法
  - 一元线性回归
  - 多元线性回归模型
  - 非线性回归模型
  - 时间数列自回归模型
- 用Excel进行统计趋势预测分析
  - Excel在定性预测分析中的应用
  - Excel在平滑预测分析中的应用
  - Excel在回归分析中的应用

案例导入

ATM 机消亡史

随着移动支付的兴起，ATM 机的使用率正在逐渐降低。相比往年，2020 上半年的 ATM 机数量更是急剧减少，共有超过 4 万台退出了历史舞台。

但回想 ATM 机的光辉历程，在不久前的过去，你很难想象 ATM 机会衰亡。曾几何时，它遍布银行、商场、社区、写字楼，甚至在英国女王的白金汉宫和南极科研站都有着它的身影。

ATM 机之所以能够拥有如此辉煌的成就，还是离不开当时使用现金的广泛性。比如说，之前逢年过节，是用现金来给小孩发压岁钱；出门坐火车飞机，是使用现金进行购票；抑或是去超市、菜市场购物，都是使用现金来进行支付。

在当时，它不仅解决了银行排队的烦恼，更是解决了与钱有关的大部分日常问题，最重要的是，它 24 小时不打烊，随时随地都能办理各种业务。可以说，它彻底改变了整个金融世界。

除此之外，ATM 机的利润也非常可观。当时一台 ATM 机器价值 50 万元，但二十年前，我国人均可支配收入连 1 万元都不到。例如广电运通是国内首家 ATM 上市公司，不到 3 年间，净利润就从 9014 万元猛涨到 3.32 亿元。

数据显示，2005 年末，我国 ATM 机保有量为 9.5 万台。而到了 2015 年，我国 ATM 机保有量达到 86.67 万台，新增 25.18 万台，远超此前每年 10 万台左右的增量。中国也因此成为全球最大的 ATM 销售市场。

但就像我们坐火车一样，你还来不及说再见，窗外景点已消失。也正是在 2015 年，印钞机开始走向没落。从 2016 年末至 2019 年末，全国工商银行 ATM 机减少 17892 台。用户使用 ATM 的频次也大幅下滑，ATM 交易额减少 5 万亿元。

早在 2007 年，ATM 的发明者约翰·巴伦在接受 BBC 采访时说："传统金钱的运输也是需要金钱成本的，所以我预计在未来三到五年内，人类挥别现钞的时代就要到来。"

2015 年之前，微信只不过是一个社交工具。2015 年，微信成为春晚唯一指定合作方。就在大年三十那一天，微信红包收发总量达 10.1 亿次，央视春晚微信摇一摇互动总量达 110 亿次，峰值达 8.1 亿次/分钟；祝福在 185 个国家传递了 3 万亿公里。2016 年，支付宝接棒，在春晚推出集五福的活动。

依靠春晚的影响力，微信支付和支付宝迅速出圈，很快就成了移动支付市场的领军人物。而依托于现金生存的 ATM 机，则慢慢被人们所遗忘。

如果说微信支付宝只不过是对 ATM 机进行了精准降维打击，那么央行数字货币相当于给 ATM 机直接宣判了"死刑"。2020 年 4 月，央行数字货币已宣布在小范围落地应用。这就意味着，在不久的将来，现金时代将成为过去式，无现金时代终会成为未来主流。

毫不夸张地说，ATM 机的消亡，从春晚到数字货币，仅仅用了 5 年时间。时代抛弃你的时候，从来就不会跟你提前打招呼。

资料来源：王小孟. ATM 机消亡史：从过亿"印钞机"到无人问津，它只用了 5 年[EB/OL]. (2020-09-29). https://mp.weixin.qq.com/s/7dUGEyTFU6VK10Yf3MwspA.

市场定量预测法又称数量预测法、数理统计预测法，是根据市场调查所取得的数据资料，运用数学模型进行计算，并据此预测市场未来变化的一类预测方法。常用的定量预测方法有平均预测法、指数平滑法、时间序列预测法、一元回归分析预测、多元回归分析预测等。

第一节　平均预测法

平均预测法是指将不同预测方法应用于同一资料进行预测的时候，可以把由不同方法计算得到的预测值的平均数作为代表值来使用。常用的平均预测法主要有以下几种，如

图 10-1 所示。

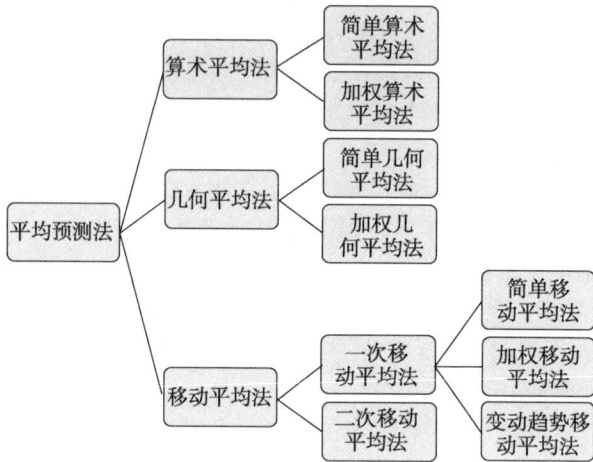

图 10-1 常用的平均预测法

一、算术平均法

▶ 1. 简单算术平均法

简单算数平均法适用于趋势比较稳定的时间序列的短期预测。

基本公式：
$$\overline{X} = \frac{X_1 + X_2 + \cdots X_n}{n} = \frac{\sum_{t=1}^{n} X_t}{n}$$

当时间序列呈现出一种趋势变动时，如果其增减量大致相当，则可以用算术平均法求出其平均增长量。

▶ 2. 加权算术平均法

基本公式：
$$\overline{X} = \frac{\sum X_i W_i}{\sum W_i}$$

该方法的关键在于确定适当的权数。权数的确定可以采用等比数列、等差数列、$\sum W = 1$ 以及程度权数等形式。

权数为等比数列：历史资料变动较大时采用，如 1、2、4、8、16…

权数为等差数列：历史资料变动较小时采用，如 1、2、3、4、5…

二、几何平均法

几何平均法适用于逐期增长率或发展速度大致相同的时间序列的近期预测，其基本步骤为：

（1）计算时间序列逐期环比发展速度。

（2）利用逐期环比发展速度求几何平均数，作为预测期平均发展速度。

（3）以预测前一期观察值乘以预测期平均（即几何平均数）发展速度，得出预测期预测值。

几何平均法也分为简单几何平均法和加权几何平均法，其计算公式分别如下：

①简单几何平均法：

$$G = \sqrt[n]{\frac{X_1}{X_0} \times \frac{X_2}{X_1} \times \frac{X_3}{X_2} \times \cdots \frac{X_n}{X_{n-1}}}$$

X_n 代表第 n 期观察值，（X_n / X_{n-1}）代表第 n 期环比发展速度，G 代表几何平均数，即预测期平均发展速度。

为方便起见，计算几何平均数通常利用对数计算：

$$\lg G = \frac{1}{n}\left(\lg \frac{X_1}{X_0} + \lg \frac{X_2}{X_1} + \lg \frac{X_3}{X_2} + \cdots + \lg \frac{X_n}{X_{n-1}} \right) = \frac{\sum_{i=1}^{n} \lg(X_i / X_{i-1})}{n}$$

然后由对数找出真数，即几何平均数 G 值。

则第 $n+1$ 期预测值为 $\hat{X}_{n+1} = X_n \times G$。

②加权几何平均法：

$$G = \sqrt[W_1 + W_2 + \cdots W_n]{\left(\frac{X_2}{X_1} \right)^{W_1} \times \left(\frac{X_2}{X_1} \right)^{W_2} + \cdots + \left(\frac{X_n}{X_{n-1}} \right)^{W_n}}$$

$$\lg G = \frac{\sum W_i \lg(X_i / X_{i-1})}{\sum W_i}$$

【例 10-1】 某商场 2013—2025 年销售额资料如表 10-1 所示，试用几何平均法预测该商场 2026 年的销售额。

表 10-1 某商场 2013—2025 年销售额

年份	销售额（万元）X	环比发展速度 X_i / X_{i-1}
2013	87	—
2014	92	105.7
2015	96	104.3
2016	100	104.2
2017	95	95
2018	125	131.6
2019	105	84
2020	120	114.3
2021	142	118.3
2022	147	103.5
2023	150	102
2024	149	99.3
2025	156	104.7

先计算各期环比发展速度，如表第三列所示。

然后计算几何平均数作为 2026 年发展速度：

$$G = \sqrt[12]{105.7\% \times 104.3\% \times \cdots \times 104.7\%} = 106.3\%$$

则 2026 年销售额预测值为：

$$156 \times 106.3\% = 165.8（万元）$$

三、移动平均法

移动平均法揭示时间序列长期趋势变动，适用于既有趋势变动又有波动的时间序列的预测。

算术平均值只能说明一般情况，看不出数据的中、高、低点，也不能反映事物的发展过程和趋势，而移动平均法则能较好地反映事物的发展过程和趋势，是一种对原有时间序列进行修匀，测定其长期趋势的常用而又简单的方法。

移动平均法的准确程度主要取决于平均期数或移动期数 n 的选择。

市场调查预测中移动平均值排放位置与统计学介绍的稍有不同，在统计学中，如果采用三期进行移动平均，则第一个移动平均数可对正第二个原值，第二个移动平均数可对正第三个原值，依此类推，但在预测应用中，采用三期计算出的第一个移动平均值对正第四个原值，第二个移动平均值对正第五个原值，采用五期移动计算出的第一个移动值对正第六个原值，第二个移动平均值对正第七个原值，依此类推。这样做的原因是第一个移动平均值实际上是对第 $n+1$ 进行预测，为了便于比较实际值与预测值之间的差异，应用相同期数的两个数值进行对比才有可比性。

常用的移动平均法有一次移动平均法、二次移动平均法。一次移动平均法中又包括简单移动平均法、加权移动平均法和变动趋势移动平均法。

（一）一次移动平均法

▶ 1. 简单移动平均法

计算公式为：

$$\hat{X}_{t+i}^{(1)} = M_t^{(1)} = \frac{X_t + X_{t-1} + \cdots X_{t-n+1}}{n}$$

关于移动期数 n 的确定：

（1）若时间序列观察值越多，移动期数应越长。

（2）若时间序列存在周期性波动，则以周期长度为移动期数。

在实际预测中，通常不直接将移动平均值作为预测值，而要进行误差分析，选取误差最小的那个移动平均期数。误差分析包括平均绝对误差和标准误差分析。

基本步骤：

（1）根据已知数据绘制散点图。

（2）选用若干个移动平均期数 n，计算一次移动平均值 M_t 及绝对误差。

$$绝对误差 |e_t| = |t 期实际值 X_t - t 期预测值 \hat{X}_t|$$

（3）计算并比较不同移动平均期数 n 下的平均绝对误差，以误差较小的移动平均期数为预测移动平均期数。

（4）进行预测。

预测公式为：

$$\hat{X}_{t+1} = M_t = \frac{X_t + X_{t-1} + \cdots X_{t-n+1}}{n}$$

第 t 期的移动平均值即为第 $t+1$ 期的预测值，即 $\hat{X}_{t+1}=M_t$。

【例 10-2】 表 10-2 是一组某商品历史销售数据资料，试用一次移动平均法预测第 12 期销售量。

表 10-2　某商品历史销售数据资料

期数 t	销售量 X_t	$n=3$		$n=5$	
		预测值 $\hat{X}_t$	绝对误差 $|e_t|$	预测值 $\hat{X}_t$	绝对误差 $|e_t|$
1	2000				
2	1350				
3	1950				
4	1975	1767	208		
5	3100	1758	1342		
6	1750	2342	592	2075	325
7	1550	2275	725	2025	475
8	1330	2133	833	2065	765
9	2200	1533	667	1935	265
10	2770	1683	1087	1980	790
11	2350	2090	260	1915	435

首先，分别计算 $n=3$ 和 $n=5$ 的移动平均值。

当 $n=3$ 时，　$M_3=\dfrac{X_3+X_2+X_1}{3}=\dfrac{1950+1350+2000}{3}=1767$

$$\cdots$$

$$M_{11}=\frac{X_{11}+X_{10}+X_9}{3}=\frac{2350+2770+2200}{3}=2440$$

当 $n=5$ 时，　$M_5=\dfrac{X_5+X_4+X_3+X_2+X_1}{5}=\dfrac{3100+1975+7950+1350+2000}{5}=2075$

$$\cdots$$

$$M_{11}=\frac{X_{11}+X_{10}+X_9+X_8+X_7}{5}=\frac{2350+2770+2200+1330+1550}{5}=2040$$

其次，比较 $n=3$ 和 $n=5$ 时的平均绝对误差 $|\bar{e}|$，取误差小的移动期数为预测用移动期数。

$$|\bar{e}|_{n=3}=\frac{208+1342+592+725+833+667+1087+260}{8}=714$$

$$|\bar{e}|_{n=5}=\frac{325+475+765+265+790+435}{6}=509$$

故取 $n=5$ 进行预测，则：

$$\hat{X}_{12}=M_{11}^{(1)}==\frac{X_{11}+X_{10}+X_9+X_8+X_7}{5}=\frac{2350+2770+2200+1330+1550}{5}=2040$$

▶ 2. 加权移动平均法

计算公式为：

$$\hat{X}_{t+1}^{(1)}=M_{tW}^{(1)}=\frac{W_1X_t+W_2X_{t-1}+W_3X_{t-2}+\cdots W_NX_{t-N+1}}{W_1+W_2+W_3+\cdots W_N}$$

以上两种移动平均法适用于时间序列变动趋势较平稳的情况。

▶ 3. 变动趋势移动平均法

变动趋势移动平均法适用于时间序列各数据之间差别较大且有明显趋势的情况。

当时间序列趋势变动比较平稳时，可以将移动平均值作为预测值，当时间序列各数据之间差别较大且有明显的趋势变动时，则需要则采用变动趋势移动平均法，计算出趋势变动值，并将其作为确定预测值的依据。

【例 10-3】 某副食品商店 2024 年各月食用油的销售量如下表 10-3 所示，试用简单移动平均法预测 2025 年 1 月食用油的销售量。

表 10-3　某商店 2024 年各月食用油销售量　　　　单位：千克

月份	销售量 X_i	$n=5$		
		移动平均值 M_t	趋势变动值 $M_{t+1}-M_t$	趋势变动值的移动平均值
1	68			
2	84			
3	76	78.4		
4	92	77.6	−0.8	
5	72	77.4	−0.2	
6	64	76.6	−0.8	−0.2
7	80	75.8	−0.8	−0.2
8	72	77.4	1.6	−0.04
9	88	76.6	−0.8	
10	80	77.6	1	
11	60			
12	88			

具体步骤如下：

第一步，计算时间序列一次移动平均数，并将其放在移动期数的中间位置。例如，当 $n=3$ 时，中间位置在第二期；$n=5$ 时，中间位置在第三期。

第二步，求出一次移动平均数的逐期增长量，即趋势变动值。

$$\Delta M_t = M_{t+1} - M_t$$

第三步，求逐期增长量移动平均数（趋势变动值的移动平均值），并置于移动期数的中间位置。

$$逐期增长量移动平均数 = n\ 期趋变动值之和/n$$

第四步，利用以下预测模型进行预测。

$$预测值 = \frac{最后一个}{移动平均值} + \frac{最后一次移动平均值}{距离预测期的间隔数} \times \frac{最后一个趋势变}{动值的移动平均值}$$

上例中，2025 年 1 月份销售量预测值 $= 77.6 + 3 \times (-0.04) = 77.48$（千克）

（二）二次移动平均法

二次移动平均法适用于时间序列数据呈线性趋势变化的情况。

当时间序列呈现出明显的线性增长或下降趋势时，用一次移动平均法进行预测时，移动平均值总是滞后于实际值的变化，因此要进行修正，在一次移动平均值的基础上再进行二次移动平均，利用两次移动平均的滞后偏差规律，求得移动系数，建立线性预测方程，该方法在实践中应用较多。

必须指出，一次移动平均值和二次移动平均值并不直接用于预测，只是用以求出线性预测模型的平滑系数和修正滞后偏差。

二次移动平均值的公式为：

$$M_t^{(1)} = \frac{X_t + X_{t-1} + \cdots + X_{t-n+1}}{n} , \quad M_t^{(2)} = \frac{M_t^{(1)} + M_{t-1}^{(1)} + \cdots + M_{t-n+1}^{(1)}}{n}$$

$M_t^{(1)}$ 为第 t 期一次移动平均值，$M_t^{(2)}$ 为第 t 期二次移动平均值，n 为移动期数。

$$a_t = 2M_t^{(1)} - M_t^{(2)} , \quad b_t = \frac{2}{n-1}(M_t^{(1)} - M_t^{(2)})$$

二次移动平均法的预测模型为：

$$\hat{X}_{t+T} = a_t + b_t T$$

$\hat{X}_{t+T}$ 为第 $t+T$ 期预测值，a_t 为截距，即第 t 期现象的基础水平，b_t 为斜率，即第 t 期现象单位时间变化量，T 为由本期到预测期的期数。

【例 10-4】　对某地区某种商品的销售量进行预测，其资料和计算见表 10-4。

表 10-4　某地区某种商品的销售资料

月份（t）	销售量（X_t）	$n=3$ $M_t^{(1)}$	$n=3$ $M_t^{(2)}$	a_t	b_t	预测值（$\hat{X}_t$）	预测误差（$X_t - \hat{X}_t$）	预测误差平方 $(X_t - \hat{X}_t)^2$
1	10							
2	12							
3	17	13						
4	20	16.33						
5	22	19.66	16.33	22.99	3.33			
6	27	23	19.66	26.34	3.34	26.32	0.68	0.46
7	25	24.67	22.44	26.90	2.23	29.68	−4.68	21.90
8	29	27	24.89	29.11	2.11	29.13	−0.13	0.02
9	30	28	26.56	29.44	1.44	31.22	−1.22	1.49
10	34	31	28.67	33.33	2.33	30.88	3.12	9.73
11	33	32.33	30.44	34.22	1.89	35.66	−2.66	7.08
12	37	34.67	32.67	36.67	2.00	36.11	0.89	0.79

（1）计算 $M_t^{(1)}$、$M_t^{(2)}$。

$M_t^{(1)}$、$M_t^{(2)}$ 计算过程略，应注意其排放的位置。当 $n=3$ 时，第一个一次移动平均数 $M_3^{(1)}$ 对应第三个原值，第一个二次移动平均数 $M_5^{(2)}$ 对应第五个原值或第三个一次移动平均数。

（2）计算 a_t、b_t 值。

$$a_5 = 2M_5^{(1)} - M_5^{(2)} = 2 \times 19.66 - 16.33 = 22.99$$

$$\cdots$$

$$a_{12} = 2M_{12}^{(1)} - M_{12}^{(2)} = 2 \times 34.67 - 32.67 = 36.67$$

$$b_5 = \frac{2}{n-1}\left(M_5^{(1)} - M_5^{(2)}\right) = \frac{2}{3-1}(19.66 - 16.33) = 3.33$$

$$\cdots$$

$$b_{12} = \frac{2}{n-1}\left(M_{12}^{(1)} - M_{12}^{(2)}\right) = 34.67 - 32.67 = 2$$

（3）计算观察期内预测值。

$$\hat{X}_6 = a_5 + b_5 \times 1 = 22.99 + 3.33 \times 1 = 26.32$$

$$\cdots$$

$$\hat{X}_{12} = a_{11} + b_{11} \times 1 = 34.22 + 1.89 \times 1 = 36.11$$

（4）应用预测模型计算预测值。

$$\hat{X}_{13} = a_{12} + b_{12} \times 1 = 36.67 + 2 \times 1 = 38.67$$

$$\cdots$$

$$\hat{X}_{15} = a_{12} + b_{12} \times 3 = 36.67 + 2 \times 3 = 42.67$$

应该注意的是，观察期内各期预测值的 a、b 值不同，而预测期各期预测值的 a、b 值是一致的，都是最后一个观察期的 a、b 值，该例中，$a = 36.67$，$b = 2$。

（5）对预测误差进行测算。

$$\sigma = \sqrt{\frac{\sum(X_t - \hat{X}_t)^2}{n}} = \sqrt{\frac{41.4722}{7}} = 2.434$$

与实际值相比，误差较小，因此预测值可以采纳，该模型可以用于预测。

第二节　指数平滑法

指数平滑法是一种特殊的加权移动平均法。简单移动平均法是对移动期内的各组数据都用相同权数，加权移动平均法改进了这一做法，对移动期内各组数据分别确定不同的权数，但是确定一个权数需要预测者花费大量的时间和精力反复计算、比较，从经济的角度讲是不划算的。指数平滑法是对加权移动平均法的改进，它只确定一个权数，即距离预测期最近的那期数据的权数，其他时期数据的权数按指数规律推算出来，并且权数由近及远逐期递减。

一、指数平滑法的特点

（1）对离预测期最近的实际值给予最大的权数，而对离预测值渐远的实际值给予递减的权数。

（2）对于同一市场现象连续计算其指数平滑值，对较早的实际值不是一概不予考虑，而是给予递减的权数。

实际值对预测值的影响，由近及远按等比数列减小，其首项是 α，公比为 $1-\alpha$。这种市场预测法之所以被称为指数平滑法，是因为这个等比数列若绘成曲线是一条指数曲线，而不是因为这种预测法的预测模型是指数形式。

（3）指数平滑中的 α 值是一个可以调节的权数值，它的大小在 0～1 之间。

预测值可以通过调节 α 的大小来调节近期实际值和远期实际值对预测值的不同影响程度。因为指数平滑法具有连续运用所需资料少、计算方便、短期预测精确度高等优点，所以是市场预测中经常使用的一种预测方法。

二、指数平滑法的具体方法

指数平滑法在实际应用中可分为一次指数平滑法和多次指数平滑法。

（一）一次指数平滑法

▶ 1. 一次指数平滑法的含义及计算公式

指数平滑法是简单移动平均法的延伸。

$$M_t = \frac{X_{t-1} + X_{t-2} + \cdots + X_{t-n}}{n} \tag{1}$$

$$M_t = \frac{X_t + X_{t-1} + \cdots + X_{t-n+1}}{n} \tag{2}$$

将（1）式代入（2）式得，

$$M_t = \frac{X_t + (X_{t-1} + \cdots + X_{t-n+1} + X_{t-n}) - X_{t-n}}{n} = \frac{X_t}{n} - \frac{X_{t-n}}{n} + M_t \tag{3}$$

在没有储存历史资料的情况下，远期的 X_{t-n} 值不可知，可用 M_t 作为其最佳估计值，如用预测值 $\hat{X}_t$ 代替 M_t，则（3）式可写成：

$$\hat{X}_{t+1} = \frac{X_t}{n} - \frac{\hat{X}_t}{n} + \hat{X}_t = \left(\frac{1}{n}\right)X_t + \left(1 - \frac{1}{n}\right)\hat{X}_t \tag{4}$$

令 $\alpha = \frac{1}{n}$，则（4）式得：

$$\hat{X}_{t+1} = \alpha X_t + (1-\alpha)\hat{X}_t$$

1）一次指数平滑法的含义

一次指数平滑法，是以预测目标的本期实际值和本期预测值为基础，分别给予二者不同的权数，计算出一次指数平滑值作为下期预测值的一种预测方法。

$$t+1期预测值 = \alpha \times t期实际值 + （1 - \alpha） \times t期预测值$$

该公式由下面公式变形而得：

$$t+1期预测值 = t期预测值 + \alpha \times （t期实际值 - t期预测值）$$

（ t 期实际值 – t 期预测值）为预测误差。

2）计算公式

其计算公式有两种略有不同的表达形式：

$$\hat{X}_{t+1} = S_{t+1}^{(1)} = \alpha X_t + (1-\alpha)S_t^{(1)} \quad 或 \quad \hat{X}_{t+1} = S_t^{(1)} = \alpha X_t + (1-\alpha)S_{t-1}^{(1)}$$

$\hat{X}_{t+1}$ 为 $t + 1$ 期预测值，X_t 为 t 期实际值，α 为平滑系数，但不同模型中，其他符号含义不尽相同。

在 $\hat{X}_{t+1} = S_{t+1}^{(1)} = \alpha X_t + (1-\alpha)S_t^{(1)}$ 中：

$S_{t+1}^{(1)}$——第 $t + 1$ 期平滑值，即第 $t + 1$ 期预测值；

$S_t^{(1)}$——第 t 期平滑值，即第 $t + 1$ 期预测值。

或在 $\hat{X}_{t+1} = S_t^{(1)} = \alpha X_t + (1-\alpha)S_{t-1}^{(1)}$ 模型中：

$S_t^{(1)}$——第 t 期平滑值，即第 t 期预测值；

$S_{t-1}^{(1)}$——第 $t-1$ 期平滑值，即第 t 期预测值。

这两个公式实质是一样的，都是用第 t 期实际值和预测值预测第 $t+1$ 期预测值。

3）一次指数平滑法的步骤

（1）确定初始预测值 S_1。

令 $S_1 = \dfrac{X_1 + X_2 + \cdots + X_t}{t}$，即取前几期实际值的平均值作为初始值，适用于时间序列数据较少的情况（$t < 50$ 时）。

若预测者没有过去数据，可采用专家评估法进行估计。估计的原则是：若样本容量 $t \geqslant$ 50，由于初始值对预测结果影响很小，可以用第一期观察值作为初始值，即令 $X_1 = S_1$（适用于时间序列数据较多的情况）。

（2）选择平滑系数（加权因子）α。

计算公式为：

$$\alpha^{(1)} = \frac{2}{n+1}$$

在实际预测中，α 的确定常常依靠经验。选择原则是：

①当时间序列变化较大时，宜选择较大的 α (0.6 – 0.8)。

②当时间序列变化较为平缓时，宜选择较小的 α (0.1 – 0.3)。

③当时间序列呈水平趋势变化时，α 的取值居中。

④在不能作出很好的判断时，可分别用几个不同的 α 值加以试算比较，取其预测误差小者用之。

通常对同一市场现象的预测中，同时选择几个 α 进行预测，并分别测算出各 α 值预测结果的预测误差，选择误差最小时的 α 值。

（3）确定预测值。

【例 10-5】 某自行车生产厂自行车销售额历史资料如表 10-5 所示，用一次指数平滑法预测第十期产量。

采用 $\hat{X}_{t+1} = S_{t+1}^{(1)} = \alpha X_t + (1-\alpha)S_t^{(1)}$ 模型进行预测。

表 10-5　某自行车厂销售额资料　　　　　　　　　　单位：万元

期数	销售额	$\alpha = 0.1$		$\alpha = 0.6$	$\alpha = 0.9$
		$\hat{X}_{t+1}$	预测值 $\hat{X}_t$	$\hat{X}_{t+1}$	$\hat{X}_{t+1}$
1	4000	S_1=4566.7		4566.7	4566.7
2	4700	4510.03	4510.03	4226.68	4056.67
3	5000	4529.03	4529.03	4510.67	4635.67
4	4900	5476.13	5476.13	4804.27	4963.07
5	5200	4608.52	4608.52	4861.27	4906.3
6	6600	4667.67	4667.67	5064.68	5170.63
7	6200	4860.9	4860.9	5985.87	6457.06
8	5800	4994.81	4994.81	6114.35	6225.71
9	6000	5057.33	5057.33	5925.74	5842.57
10		5167.8	5167.8	5970.3	5984.26

$\hat{X}_{t+1} = S_{t+1}^{(1)}$，因此只要求出 S_{t+1}，就知道了 $\hat{X}_{t+1}$。

令 $S_1 = (X_1 + X_2 + X_3)/3 = 4566.7$，当 $\alpha = 0.1$ 时，则

$$S_2 = 0.1 \times 4000 + 0.9 \times 4566.7 = 4510.03$$

$$S_3 = 0.1 \times 4700 + 0.9 \times 4510.03 = 4529.03$$

$$S_4 = 0.1 \times 5000 + 0.9 \times 4529.03 = 5476.13$$

$$\cdots$$

$$S_9 = 0.1 \times 5800 + 0.9 \times 4994.81 = 5057.33$$

$$S_{10} = 0.1 \times 6000 + 0.9 \times 5057.33 = 5167.8$$

通过比较实际值与预测值的绝对平均误差大小，选择误差小的平滑系数作为预测。

（二）二次指数平滑法

二次指数平滑法是对一次指数平滑序列再进行一次指数平滑，求得二次指数平滑值，适用于具有明显上升或下降趋势的线性时间序列的预测。

其计算公式为：

$$S_{t+1}^{(1)} = \alpha X_t + (1-\alpha)S_t^{(1)}$$

$$S_{t+1}^{(2)} = \alpha S_t^{(1)} + (1-\alpha)S_t^{(2)}$$

$$a_t = 2S_t^{(1)} - S_t^{(2)}, \quad b_t = \frac{\alpha}{1-\alpha}(S_t^{(1)} - S_t^{(2)})$$

然后利用以下模型进行预测：

$$\hat{X}_{t+T} = a_t + b_t T$$

【例 10-6】某公司 2014—2025 年的实际销售额如表 10-6 所示，据此资料预测 2026 年和 2027 年企业销售额。

表 10-6　某企业 2014-2025 年销售额　　　　　　　　单位：亿元

年份	实际销售额	$\hat{X}_{t+1}$	$S_t^{(2)}$	a_t	b_t	$\hat{X}_{t+T}$
2014	33	33.7	33.7	33.7	0	—
2015	36	33.3	33.5	33.1	−0.2	33.7
2016	32	34.9	34.3	35.5	0.9	32.9
2017	34	33.2	33.6	32.8	−0.7	36.3
2018	42	33.7	33.7	33.7	0	32.1
2019	40	38.7	36.7	40.7	3	33.8
2020	44	39.5	38.4	40.6	1.7	43.7
2021	48	42.2	40.7	43.7	2.3	42.3
2022	46	45.7	43.7	47.7	3.0	46
2023	50	45.9	45	46.8	1.3	50.7
2024	54	48.4	47	49.8	2.0	48.1
2025	58	51.8	49.9	53.7	2.9	51.8

由于观察值变动基本呈线性趋势，选用二次指数平滑法，取 $\alpha = 0.6$，初始值用前三期实际观察值的平均值。

（1）计算一次、二次指数平滑值。

$$S_1^{(1)} = S_1^{(2)} = (33+36+32)/3 = 33.7$$

$$S_2^{(1)} = 0.6 \times 33 + 0.4 \times 33.7 = 33.3$$
$$S_2^{(2)} = 0.6 \times 33.3 + 0.4 \times 33.7 = 33.5$$

（2）计算 a_t、b_t 值。

$$a_{12} = 2S_{12}^{(1)} - S_{12}^{(2)} = 2 \times 51.8 - 49.9 = 53.7$$
$$b_{12} = \frac{\alpha}{1-\alpha}(S_{12}^{(1)} - S_{12}^{(2)}) = \frac{0.6}{1-0.6} \times (51.8 - 49.9) = 2.85$$

所以，预测模型为：

$$\hat{X}_{t+T} = 53.7 + 2.85\,T$$

（3）用于模型进行预测，2026 年、2027 年销售额预测分别为 56.6 亿元和 59.4 亿元。

第三节　时间序列预测法

一、时间序列预测法的特点

时间序列是指将同一经济现象或特征值按时间先后顺序排列而成的数列。

时间序列预测法，也称历史延伸法或趋势外推法，通过对时间序列的分析和研究，运用科学的方法建立预测模型，使市场现象的数量向未来延伸，预测市场现象未来的发展变化趋势，确定市场预测值。

时间序列预测法具有以下特点：

（1）时间序列预测法是根据市场过去的变化趋势预测未来的发展，它的前提是假定事物的过去同样会延续到未来。正是由于这一特点，它比较适合短期和近期预测。

（2）时间序列法撇开市场发展的因果关系去分析市场的过去和未来的联系。运用时间序列预测法进行预测，实际上是将所有的影响因素归结到时间这一因素上，只承认所有影响因素的综合作用，并认为在未来对预测对象仍起作用。其目的是寻找预测目标随时间变化的规律。

（3）时间序列数据的变动存在规律性与不规律性。时间序列观察值是影响市场变化的各种不同因素共同作用的结果，在诸多因素中，有的对事物的发展起长期的、决定性的作用，致使事物的发展呈现出某种趋势和一定的规律性；有些则对事物的发展起着短期的、非决定性的作用，致使事物的发展呈现出某种不规则性。时间序列预测法，把影响市场现象变动的各因素，按其特点和综合影响结果分为四种类型：长期趋势变动、季节变动、循环变动、不规则变动。

▶ 1. 长期趋势变动

长期趋势变动（T）指市场现象在长时期内持续发展变化的一种趋势或状态，它表示时间序列中数据不是意外的冲击因素所引起的，而是随着时间的推移逐渐发生的变动。它描述了一定时期内经济关系或市场活动中持续的潜在稳定性，反映预测目标所存在的基本增长趋向、基本下降趋向或平稳发展趋向的模式。例如，工农业生产的发展、国内生产总值、收入水平、社会商品零售额等逐渐增长模式。

时间序列的长期趋势有水平趋势、上升趋势、下降趋势。

▶ 2. 季节变动

季节变动（S）一般指市场现象由于受自然因素和生产生活条件的影响，在一年内随着季节的更换而引起的比较有规律的变动。

季节变动中的"季节"，不仅仅指一年中的四季，而且指任何一种周期性变化，诸如气候条件、生产条件、节假日或人们风俗习惯等，农业生产、交通运输、建筑业旅游业、商品销售等都有明显的季节变动规律。

▶ 3. 循环变动

循环变动（C）是近乎规律性的周而复始的变动，它表现为整个市场经济活动水平的不断的周期性的但无定期的变动。

循环变动不同于趋势变动，它不是朝着单一方向的持续运动，而是涨落相间的交替波动；它也不同于季节变动，季节变动有比较固定的规律，且变动周期多为 1 年，而循环变动则无固定规律，变动周期多在 1 年以上，且周期长短不一。

▶ 4. 不规则变动

不规则变动（I）是时间序列在短期内由于偶然因素而引起的无规律的变动。如战争、自然灾害、政治或社会动乱等偶然因素所导致的不规则变动。当对时间序列进行分析，采取某种预测方法时，往往剔出偶然因素的影响来观察现象的各种规律性变动。

把这些影响因素同时间序列的关系用一定的数学关系式表示出来，就构成了时间序列的分解模型。按四种因素对时间序列的影响方式不同，时间序列可分解为多种模型，如乘法模型、加法模型、混合模型等，其中最常用的是乘法模型，其表现形式为：

$$Y_i = T_i \times S_i \times C_i \times I_i$$

乘法模型的基本假设是，四个因素不同的原因形成，但相互之间存在一定的关系，因此时间序列中各观察值表现为各种因素的乘积。

加法模型为：

$$Y_i = T_i + S_i + C_i + I_i$$

把各因素从模型中分离出来，在乘法模型中用除法，在加法模型中用减法。

二、趋势分析预测法

趋势分析预测法是指通过识别时间序列长期趋势的类型，建立趋势预测模型进行外推预测。

（一）常数均值模型

如果现象的时间序列的各期观察值大体上呈水平式变化，即各期数据围绕水平线上下波动，则时间序列的变化形态属于水平型，如图 10-2 所示。其数列的变化是由常数均值和剩余变动两部分构成，其常数均值模型的基本形式为：

$$y_t = 常数均值 + 剩余变动 = \bar{y} + e_t$$

此模型表明，当数列呈水平式变化时，各期数据总是围绕常数均值（数列平均值）上下波动。当剩余变动（$e_t = CI$）影响较小，且难以估计时，可直接用常数均值作为下期预测值。若剩余变动具有倾向性或周期性，则应从中提取有用的信息，修正常数均值预测值。

常数均值模型预测的程序是：

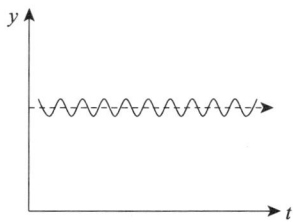

图 10-2　水平式趋势图

（1）判断数列是否属于常数均值型。两种识别方法一是直观判断法，二是绘制散点图进行判断。

（2）使用合适的方法估计常数均值。一般来说，近期数据包含的信息对外推预测更为重要时，采用加权平均法较为合适；几何平均法适合计算平均速度或平均比率。

（3）计算数列的标准差（S_y）和标准差系数（V_s），评价数列的波动程度，衡量数列的稳定性和预测的可靠性。一般来说，标准差系数越小，数列的平稳性越好，常数均值形态越严格，外推预测越可靠。计算公式为：

$$S_y = \sqrt{\frac{\sum(y-\bar{y})^2}{n-1}}$$

$$V_s = sy / \bar{y}$$

$$数列稳定度 = 1 - V_s$$

（4）进行预测。当数列的标准差较小，稳定性较高时，可直接用常数均值作为下期的预测值，亦可考虑标准差，在一定的概率保证程度下，构建预测区间。

【例 10-7】 某市本年度总人口为 138.5 万人，人口年增长率为 5.45‰，居民鲜菜消费占社会消费的 86%。而居民 2018—2025 年人均鲜菜消费量的抽样统计数据如表 10-7 所示，要求预测 2026 年人均鲜菜消费量及鲜菜需求总量。

表 10-7　2018—2025 年某市居民人均鲜菜消费量

年份	2018	2019	2020	2021	2022	2023	2024	2025
年序（t）	1	2	3	4	5	6	7	8
人均消费量（y）/千克	142	138	144	138	139	145	142	144

从表中各年人均消费量可以看出，数列的常数均值形态是较为明显的。采用简单平均计算的有关指标如下。

人均消费量　　　　　　$\bar{y} = \frac{1}{n}\sum y = 141.5$（千克）

标准差　　　　　　$S_y = \sqrt{\frac{\sum(y-\bar{y})^2}{n-1}} = 2.83$（千克）

标准差系数　　　　　　$V_s = sy / \bar{y} = 0.02$

若用年序 t 作权数，采用加权平均法计算的有关指标如下。

人均消费量　　　　　　$\bar{y} = \frac{\sum yt}{\sum t} = 142$（千克）

标准差　　　　　　$S_y = \sqrt{\frac{\sum(y-\bar{y})t}{\sum n-1}} = 2.61$（千克）

标准差系数　　　　　　$V_s = sy / \bar{y} = 0.0184$

两种方法计算的标准差系数都较小，前者为 2%，后者为 1.84%，说明数列的常数均值形态是较为严格的，用数列平均值作为预测值是可靠的。若用加权平均法求出的人均消费量作为预测值，则 2026 年鲜菜需求量预测结果为：

人均需求量 = 142（千克）

全市需求总量 = 142 × 138.5(1 + 5.45‰) ÷ 86% = 22993.24（万千克）

【例 10-8】 表 10-8 是某市城乡某产品消费的统计资料，其产品消费额的绝对额数列不是常数均值形态的，但环比发展速度大体上是呈常数均值形态变化的。这说明某些绝对量时间序列虽不是常数均值形态的，但通过变量转换（计算环比速度、比率、人均值等）可化为常数均值形态用于预测分析。

表 10-8　2019—2025 年某市城乡某产品消费额环比速度

年份	2019	2020	2021	2022	2023	2024	2025
年序（t）	1	2	3	4	5	6	7
产品消费额（万元）	22.8	270	31.8	38.3	45.6	53.9	63.5
环比速度（%）	—	118.4	117.8	120.4	119.1	118.2	117.8

此例若采用简单几何平均法外推预测，则平均发展速度预测值为：

$$\hat{y} = \sqrt[6]{1.184 \times 1.178 \times 1.204 \times 1.191 \times 1.182 \times 1.178} = 1.186，即118.6\%$$

$$s_y = \sqrt{\frac{\sum(y-\bar{y})^2}{n-1}} = \sqrt{\frac{(1.184-1.186)^2)+1.178-1.186)^2+\cdots+(1.178-1.186)^2}{6-1}} = 0.01，即1\%$$

$$u_s = \frac{0.01}{1.186} = 0.0084，即0.84\%$$

由于标准差系数只有 0.84%，说明历年城乡储蓄存款的环比发展速度波动幅度小，具有良好的平稳性，因此，可推断 2026 年该市产品消费额将比 2025 年增长 18.6%，其中产品消费额可达：

$$63.5 \times 1.186 = 75.31（万元）$$

（二）直线趋势模型

如果现象的时间序列的各期数据大体上呈直线趋势变化，即数列的逐期增量（一阶差分）大体相同，则时间数列是由直线趋势和剩余变动两部分构成，如图 10-3 所示，即：

$$y_t = 直线趋势 + 剩余变动$$

直线趋势是数列中的确定性部分，可用直线方程进行描述；剩余变动是数列中的不确定性部分，一般用 e_t 表示，因此直线趋势模型的基本形式为：

$$y_t = (a+bt) + e_t$$

式中 a 为截距（基数或初始水平）；b 为斜率或平均增量。

直线趋势模型预测的一般程序是：

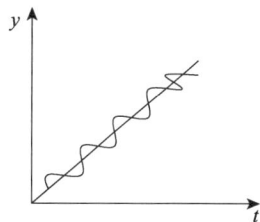

图 10-3　直线趋势图

（1）识别现象的变化趋势是否呈直线趋势形态。有两种识别方法：一是数量特征识别法，即数列逐期增减量（一阶差分）大体相同时，则数列的变化趋势为直线型；二是散点图识别法。

（2）估计模型参数（a、b）建立直线趋势模型。直线趋势模型 a、b 参数估计的方法应用最多的是最小二乘法。最小二乘法是用下列标准方程组求解 a、b 参数：

$$\begin{cases} \sum y = Na + b\sum t \\ \sum ty = a\Sigma t + b\sum t^2 \end{cases}$$

（3）评价预测误差大小，衡量直线趋势模型拟合的优良度。主要评价指标有：

剩余标准差：

$$s_y = \sqrt{\frac{\sum(y-\bar{y})^2}{N-2}}$$

剩余标准系数：

$$v_s = \frac{s_y}{\bar{y}}$$

预测估计准确度：
$$1-\frac{s_y}{\bar{y}}$$

相关系数：
$$r=\sqrt{1-\frac{\sum(y-\hat{y})^2}{\sum(y-\bar{y})^2}}$$

一般地，在直线型趋势条件下，相关系数越高，剩余标准差系数越小，直线趋势越严格，预测越可靠。

（4）利用直线趋势模型外推预测。

【例 10-9】 某产品 2016—2025 年销售量的统计数据如表 10-9 所示。现采用直线趋势模型预测 2026 年的产品销售量。根据表中计算的各项数据的总和，代入参数估计标准方程组：

$$\begin{cases} 325.4=10a+55b \\ 1852.7=55a+385b \end{cases}$$

解得：
$$b=0.7636，a=28.3403$$

$$s_y=\sqrt{\frac{10640.18-325.4\times28.3403-1852.7\times0.7636}{10-2}}=0.6638$$

$$u_s=\frac{0.6638}{32.54}=0.0204$$

$$r=\sqrt{1-\frac{3.5247}{51.6640}}=0.9653$$

拟合的直线趋势模型为：
$$\hat{y}=28.3403\times0.7636t \quad（s_y=0.6638，r=0.9653，2010 年 t=0）$$

剩余标准差系数为 2.04%，说明拟合的直线趋势模型较优良。从表 10-9 的误差项可看出，存在着 2 年起伏相间的循环变动，应考虑此因素的变动影响。亦可用下列公式建立预测置信区间：

$$\hat{y}_0\pm t_{a/2(n-1)}\cdot s_y$$

其中 $t_{a/2(n-2)}$ 是在给定的置信水平 a（一般取 $a=0.05$）和自由度 $n-2$ 时的 t 分布临界值。此例取 $a=0.05$，自由度 $10-2=8$，查 t 分布得 $t_{a/2(n-2)}=2.306$，则预测置信区间为：

$$36.74\pm2.306\times0.6638$$

即 2026 年产品销售量在 35.21 万～38.27 万。

表 10-9 某产品 2016—2025 年销售量的统计数据

年份	t	yt	t^2	ty	y_t^2	$\hat{y}_t$	e_t
2016	1	29.4	1	29.4	864.36	29.1	0.3
2017	2	30.1	4	60.2	906.01	29.9	0.2
2018	3	29.9	9	89.7	894.01	30.6	−0.7
2019	4	30.7	16	122.8	942.49	31.4	−0.7
2020	5	33.1	25	165.5	1095.61	32.2	0.9
2021	6	33.7	36	202.2	1135.69	32.9	0.8
2022	7	32.8	49	229.6	1075.84	33.7	−0.9
2023	8	34.2	64	273.6	1169.64	34.4	−0.2
2024	9	35.3	81	317.7	1246.09	35.2	0.1
2025	10	36.2	100	362.0	1311.44	36.0	0.2
Σ	55	325.4	385	1852.7	10640.18	325.4	0

（三）曲线趋势模型

当预测目标的时间数列各期观察值大体呈某种曲线形态的变动趋势时，则应建立曲线趋势模型进行外推预测。其模型的基本形式如下：

$$y_t = 曲线形态 + 剩余变动$$

其中曲线趋势是数列中的确定性部分，可用某种曲线方程加以描述；剩余变动又称误差项，一般包括循环变动和随机变动两部分，是曲线趋势不能解释的部分。

曲线趋势模型识别的关键是识别数列是否呈曲线趋势变动以及怎样选择相应的曲线方程。有三种方法可供选择：

（1）数量特征识别法。

（2）图示分析识别法。

（3）剩余标准误差择优法。

曲线趋势模型预测的一般程序是：

（1）搜集历史数据，编制时间序列。

（2）识别数列变动的曲线趋势形态。

（3）拟合曲线趋势模型。

（4）评价曲线趋势模型拟合的优良度。

（5）用曲线趋势模型外推预测。

以下对常用曲线趋势模型加以介绍。

▶ 1. 指数曲线趋势模型

通常用于描述数列的环比速度大体接近的长期发展趋势。具体应用于两种情形：

（1）近似等速增长的时间数列，其动态曲线为一条向上递增的曲线。

（2）近似等速递减的时间数列，其动态曲线为一条向下递降的动态曲线。

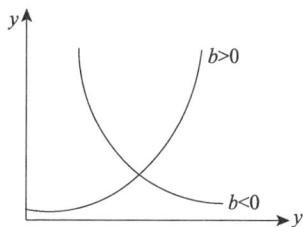

图 10-4　指数曲线图

这两种情形如图 10-4 所示。指数曲线方程为：

$$y_t = ab^t$$

其中 a, b 为方程参数，a 又称基数，b 为一般发展速度。对上式取对数，则有：

$$\lg y_t = \lg a + t \lg b$$

此式类似于直线方程的形式，因而可用最小二乘法先求出 $\lg a$ 和 $\lg b$，再取反对数，可求得原方程的 a, b 值。

【例 10-10】表 10-10 是某企业商品销售额的预测分析。若用最小二乘法估计指数曲线方程参数，用函数型计算器不难算出：

$$\sum \lg y = 26.1668 \qquad \sum t = 45$$

$$\sum t \lg y = 134.7059 \qquad \sum t^2 = 285$$

表 10-10　某企业商品销售额的预测分析

年份	t	y_t（万元）	增长率（%）	$\hat{y}_t$（万元）	e_t（万元）
2017	1	469.8	—	445.96	23.84
2018	2	494.6	5.28	517.40	−22.80
2019	3	557.9	12.80	600.29	−42.39
2020	4	713.6	27.91	696.45	17.15
2021	5	842.4	18.02	808.02	34.18
2022	6	955.0	13.39	937.47	17.53
2023	7	1083	13.40	1087.5	−4.65
2024	8	1265	16.81	1261.8	3.11
2025	9	1440	13.83	1464.0	−24.04

误差平方和 $\sum e_t^2 = 5264.0097$　　　　$s_y = 27.4226$

代入下列标准方程组：

$$\sum \lg y = N \lg a + \sum t \lg b$$
$$\sum t \lg y = \sum t \lg a + \sum t^2 \lg b$$

可求得：　　　　　　$\lg b = 0.06453，\ b = 1.1602$
$$\lg a = 2.58476，\ a = 384.3793$$

得到的指数曲线模型为：

$$y_t = 384.3793 \times 1.1602^t$$
$$(s_y = 27.4226，\ 2016年 t = 0)$$

其中 s_y 是根据表中的误差项计算的。将 $t = 10$ 代入此模型，则 2026 年商品销售额的预测值为 1698.58 万元。若进行区间预测，则可根据给定的置信水平 a 及自由度 $N-M$，查 $t_{a/2}$ 分布表的临界值，在点预测值的基础上建立预测区间。其方法与直线趋势预测相同。

▶ 2. 二次曲线趋势模型

二次曲线又称二次抛物线，适用于描述时间数列二级增长量大体接近的变化趋势。具体应用有两种情形（如图 10-5 所示）：

（1）预测目标的增长逐渐加快，呈扩张的发展趋势，其图形为一条向上的抛物曲线。

（2）预测目标呈先上升后下降的变化趋势，即现象的增长达到一定程度后转向递减，其图形为一条向下的抛物曲线。

二次曲线趋势模型为：

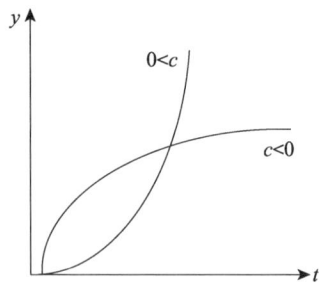

图 10-5　二次曲线

$$y_t = a + bt + ct^2$$

其中 a、b、c 为方程参数，通常采用最小二乘法估计，其标准方程组为：

$$\begin{cases} \sum y = Na + b\sum t + c\sum t^2 \\ \sum ty = a\sum t + b\sum t^2 + c\sum t^3 \\ \sum t^2 y = a\sum t^2 + b\sum t^3 + c\sum t^4 \end{cases}$$

若取数列中间年份为原点，以时间离中差作时间变量 t，令 $\sum t = 0$，$\sum t^3 = 0$，则有：

$$\begin{cases} \sum y = Na + c\sum t^2 \\ \sum ty = b\sum t^2 \\ \sum t^2 y = a\sum t^2 + c\sum t^4 \end{cases}$$

由于在估算参数时有关数据已算出，可用下式计算剩余标准误差：

$$sy = \sqrt{\frac{\sum y^2 - a\sum y - b\sum ty - c\sum t^2 y}{N-3}}$$

第四节　回归分析预测法

回归分析预测法是利用预测目标（因变量）与影响因素（自变量）之间的相关关系，通过建立回归模型，由影响因素的数值推算预测目标的数值。回归分析预测法具体包括以下几种方法，如图 10-6 所示。

一、一元线性回归

如果因变量（y）与某一个主要影响因素（自变量）之间存在着较为密切的线性相关关系，则可用一元线性回归模型来描述它们之间的数量关系：

$$y = a + bx + e$$

其中 a、b 为模型参数（回归系数），a 为回归直线的截距，b 为回归直线的斜率（又称边际，即 x 每增加一个单位，y 能增加多少个单位），e 为误差项。

图 10-6　回归分析预测法示意图

一元线性回归模型的 a、b 参数，通常采用最小二乘法估计，求解 a、b 参数的标准方程组为：

$$\sum y = Na + b\sum x$$
$$\sum xy = a\sum x + b\sum x^2$$

一元线性回归模型的参数估计之后，所建立的回归模型还应通过评价与检验，才能应用于预测分析。主要有以下几个方面的评价与检验。

▶ 1. 拟合程度评价

因变量 y 的各个观察值点聚集在回归直线周围的紧密程度，称为回归直线对样本数据点的拟合程度。通常用可决系数 r^2 来衡量，计算公式为：

$$r^2 = 1 - \frac{\sum(y-\hat{y})^2}{\sum(y-\overline{y})^2} = 1 - \frac{\sum y^2 - a\sum y - b\sum xy}{\sum y^2 - \frac{1}{n}(\sum y)^2}$$

其中：$\sum(y-\hat{y})^2$ 称为残差平方和（剩余平方和），$\sum(y-\overline{y})^2$ 称为离差平方和。

显然残差平方和占离差平方和的比重越小，可决系数 r^2 越大，回归直线的拟合程度越强。可决系数 r^2 的取值区间为[0，1]，实际上，可决系数 r^2 是线性相关关系 r 的平方，因此相关系数又可用下列公式求得：

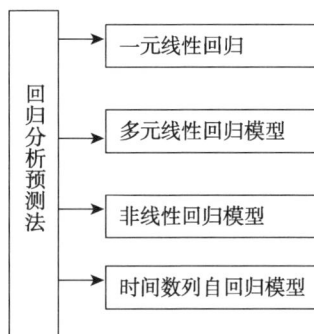

$$r = \pm\sqrt{r^2}$$

r 的正负号与回归系数 b 的正负号相同，$|r|$ 越接近于 1，则因变量与自变量的线性相关关系越密切，回归直线拟合程度越高。

▶ 2. 估计标准误差

又称剩余标准差，是评价回归直线代表性大小或实际值与估计值的标准误差大小的综合指标。计算公式为：

$$S_y = \sqrt{\frac{\sum e^2}{n-2}} = \sqrt{\frac{\sum(y-\hat{y})^2}{n-2}} = \sqrt{\frac{\sum y^2 - a\sum y - b\sum xy}{n-2}}$$

相对标准误差：

$$V_s = S_y / \overline{y}$$

▶ 3. 回归系数 b 的显著性检验

回归系数 b 是一个估计值，若 y 与 x 之间不存在线性相关关系，则回归系数 b 不具有显著性，所建立的回归方程是不能利用的。通常采用 t 检验，其统计量为：

$$t_b = \frac{b}{s_b} = \frac{b}{s_y^2 / \sum(x-\overline{x})^2}$$

由选择的显著水平 a 和自由度（$n-2$）查 t 分布表，可得临界值 $t_{a/2}$，若 $t_b > t_{a/2}$，则回归系数 b 具有显著性，反之，则不具有显著性。

▶ 4. 回归方程的显著性检验

即检验整个回归方程是否具有显著性，判别 y 与 x 之间是否存在真实的线性相关，亦即对相关系数 r 进行检验。采用 F 检验，统计量为：

$$F = \frac{\sum(\hat{y}-\overline{y})^2 / 1}{\sum(y-\hat{y})^2 / n-2} = \frac{r^2}{1-r^2}(n-2)$$

由选择的显著水平 a 和自由度（1，$n-2$）查 F 分布表，得临界值 Fa，若 $F > Fa$，则回归方程具有显著性，反之，则相反。对于一元线性回归方程而言，因为只有一个自变量，故 t 检验和 F 检验是等价的，只需作一个检验即可。

▶ 5. D.W 检验

当回归模型是根据动态数据建立的，则误差项 e 也是一个时间序列，若误差序列诸项之间相互独立，则误差序列各项之间没有相关关系，若误差序列之间存在密切的相关关系，则建立的回归模型就不能表述自变量与因变量之间的真实变动关系。D.W 检验就是误差序列的自相关检验。首先计算误差序列统计量 d（D.W 值）：

$$d = \frac{\sum(e_i - e_{i-1})^2}{\sum e_i^2} \qquad （0 \leqslant d \leqslant 4）$$

然后根据给定的显著水平 a，自变量个数 k 和样本数据个数 n，查 D.W 分布表，得到下限值 d_L 和上限值 d_u，用下列原则作出判别：

（1）$d_u < d < 4 - d_u$：无自相关。

（2）$0 < d < d_L$：存在自相关。

（3）$4 - d_L < d \leqslant 4$：存在负相关。

（4）$d_L \leqslant d \leqslant d_u$：难以判定。

（5）$4 - d_u \leqslant d \leqslant 4 - d_L$：难以判定。

需要说明的是，一元线性回归模型的估计评价与检验，利用统计应用软件，如 SPSS、

SAS 等，能够很快得到模型估计与检验的结果。

一元线性回归模型通过各种检验评价之后，则可利用回归模型进行有关问题的分析、预测和控制。其应用有以下几个方面：

▶ 1. 边际分析和弹性分析

一元线性回归模型中的回归系数 b 就是平均边际变化率，它能说明 x 增加一个单位 y 能增加多少个单位。而要说明 x 增减 1%，y 能增减百分之几，则可用下列公式测定平均弹性系数（E）。

$$E = b \cdot \frac{\bar{x}}{y}$$

▶ 2. 临界点或平衡点分析

当一元线性回归模型中的 x、y 是一种收支关系时，并且是根据横截面样本数据建立的回归模型，则可用其测定收支相等的临界点。即 $y=a+bx$ 令 $x = y$，则：

$$x = y = \frac{a}{1-b}$$

▶ 3. 利用回归模型进行预测

将自变量的预测值 x_0 代入回归模型可求出因变量的预测值 $\hat{y}_0$，与 x_0 相对应的 $\hat{y}_0$ 的预测值就是点预测。亦可用剩余标准差 s_y 和一定的置信概率进行区间预测。

当 y 为正态分布，n 较大，自变量 x 的预测值 x_0 离样本均值 $\bar{x}$ 不远时，可用 $\hat{y}_0 \pm z s_y$ 构建预测区间。（概率为 95%，z 为 1.96，概率为 95.45%，z 为 2。）

当 n 较小（$n < 30$）时，并且 x_0 不远离 $\bar{x}$ 时，需用 t 分布构建预测区间。即 $\hat{y}_0 \pm t s_y$。（概率为 95%，t 为 2，概率为 99%，t 为 3。）

▶ 4. 利用回归模型进行控制

所谓控制，是指预测的反问题，即如果要求 y 在确定范围内取值，那么应该把自变量 x 控制在什么数值或取值范围内。

【例 10-11】 表 10-11 是某市近 15 年社会消费品零售额和人均 GDP 的数据。经分析，当年社会消费品零售额与当年人均 GDP 的相关系数为 0.9946，与上年人均 GDP 的相关系数为

表 10-11 某市近 15 年社会消费品零售额和人均 GDP 数据

年序（t）	社会消费品零售额（亿元）（y）	人均 GDP（万元/人）	上年人均 GDP（万元/人）
1	74.50	1.3560	1.1140
2	81.10	1.5130	1.3560
3	83.30	1.6340	1.5130
4	94.20	1.8800	1.6340
5	109.90	2.2860	1.8800
6	124.60	2.9300	2.2860
7	162.70	3.9230	2.9300
8	206.20	4.8540	3.9230
9	247.70	5.5760	4.8540
10	273.00	6.0540	5.5760
11	291.60	6.3080	6.0540
12	311.40	6.5520	6.3080
13	341.60	7.0860	6.5520
14	366.50	7.6540	7.0860
15	383.50	7.9880	7.6540

0.9979，两种情形的线性相关关系都很高，为了预测的方便，我们选择上年人均 GDP 作为自变量 x 来预测社会消费品零售额 y。经计算，可求得如下回归模型：

$$\hat{y} = 16.756 + 47.768 \times 人均\ GDP_{t-1}$$
$$(3.944)\quad(0.849)$$
$$[r = 0.9979 \quad F = 3085.49 \quad t = 58.23 \quad sy = 7.2394 \quad DW = 1.1021]$$

根据此模型提供的检验统计量，该回归模型的各项检验均能通过，表明模型的拟合程度较高，解释能力较强。此模型表明，上年人均 GDP 每增加 1 万元，社会消费品零售额可增加 47.768 亿元。将本年人均 GDP 7.988 万元代入模型中，可求得下年社会消费品零售额的预测值为：

$$\hat{y}_{16} = 16.756 + 47.768 \times 7.988 = 398.33\ （亿元）$$

二、多元线性回归模型

一元线性回归是用一个主要影响因素作为自变量来解释因变量的变化，在现实问题研究中，因变量的变化往往受几个重要因素的影响，此时就需要用两个或两个以上的影响因素作为自变量来解释因变量的变化，这就是多元回归，亦称多重回归。当多个自变量与因变之间是线性关系时，所进行的回归分析就是多元线性回归。

设 y 为因变量，x_1，x_2，$\cdots$，x_k 为自变量，并且自变量与因变量之间为线性关系时，则多元线性回归模型为：

$$y = b_0 + b_1 x_1 + b_2 x_2 + \cdots + b_k x_k + e$$

其中，b_0 为常数项，b_1，b_2，$\cdots$，b_k 为回归系数，b_1 为 x_2，x_3，$\cdots$，x_k 固定时，x_1 每增加一个单位对 y 的效应，即 x_1 对 y 的偏回归系数；同理 b_2 为 x_1，x_3，$\cdots$，x_k 固定时，x_2 每增加一个单位对 y 的效应，即 x_2 对 y 的偏回归系数等。如果两个自变量 x_1、x_2 同一个因变量 y 呈线性相关时，可用二元线性回归模型描述：

$$y = b_0 + b_1 x_1 + b_2 x_2 + e$$

建立多元线性回归模型时，为了保证回归模型具有优良的解释能力和预测效果，应首先注意自变量的选择，其准则是：

（1）自变量对因变量必须有显著的影响，并呈密切的线性相关。

（2）自变量与因变量之间的线性相关必须是真实的，而不是形式上的。

（3）自变量之间应具有一定的互斥性，即自变量之间的相关程度不应高于自变量与因变量之间的相关程度。

（4）自变量应具有完整的统计数据，其预测值容易确定。

多元线性回归模型的参数估计，同一元线性回归方程一样，也是在要求误差平方和 $\left(\sum e^2\right)$ 为最小的前提下，用最小二乘法求解参数。以二元线性回归模型为例，求解回归参数的标准方程组为：

$$\begin{cases} \sum y = nb_0 + b_1 \sum x_1 + b_2 \sum x_2 \\ \sum x_1 y = b_0 \sum x_1 + b_1 \sum x_1^2 + b_2 \sum x_1 x_2 \\ \sum x_2 y = b_0 \sum x_2 + b_1 \sum x_1 x_2 + b_2 \sum x_2^2 \end{cases}$$

解此方程可求得 b_0，b_1，b_2 的数值。亦可用下列矩阵法求解：

$$B = (x'x)^{-1} \times (x'y)$$

亦即：

$$\begin{bmatrix} b_0 \\ b_1 \\ b_2 \end{bmatrix} = \begin{bmatrix} n & \sum x_1 & \sum x_2 \\ \sum x_1 & \sum x_1^2 & \sum x_1 x_2 \\ \sum x_2 & \sum x_1 x_2 & \sum x_2^2 \end{bmatrix}^{-1} \times \begin{bmatrix} \sum y \\ \sum x_1 y \\ \sum x_2 y \end{bmatrix}$$

多元线性回归模型与一元线性回归模型一样，在得到参数的最小二乘法的估计值之后，也需要进行下列必要的检验与评价，以决定模型是否可以应用。

▶ 1. 拟合程度的测定

与一元线性回归中可决系数 r^2 相对应，多元线性回归中也有多重可决系数 R^2，它是在因变量的总变化中，由回归方程解释的变动（回归平方和）所占的比重，R^2 越大，回归方程对样本数据点拟合的程度越强，所有自变量与因变量的关系越密切。计算公式为：

$$R^2 = \frac{\sum (\hat{y} - \overline{y})^2}{\sum (y - \overline{y})^2} = 1 - \frac{\sum (y - \hat{y})^2}{\sum (y - \overline{y})^2}$$

其中：

$$\sum (y - \hat{y})^2 = \sum y^2 - \left(b_0 \sum y + b_1 \sum x_1 y + b_2 \sum x_2 y + \cdots + b_k \sum x_k y \right)$$

$$\sum (y - \overline{y})^2 = \sum y^2 - \frac{1}{n} \left(\sum y \right)^2$$

▶ 2. 估计标准误差

即因变量 y 的实际值与回归方程求出的估计值 $\hat{y}$ 之间的标准误差，估计标准误差越小，回归方程拟合程度越强。

$$s_y = \sqrt{\frac{\sum (y - \hat{y})^2}{n - k - 1}}$$

$$v_s = s_y / \overline{y}$$

其中 k 为多元线性回归方程中的自变量的个数。

▶ 3. 回归方程的显著性检验

即检验整个回归方程的显著性，或者说评价所有自变量与因变量的线性关系是否密切。通常采用 F 检验，F 统计量的计算公式为：

$$F = \frac{\sum (\hat{y} - \overline{y})^2 / k}{\sum (y - \hat{y})^2 / n - k - 1} = \frac{R^2 / k}{(1 - R^2) / n - k - 1}$$

根据给定的显著水平 a，自由度（k，$n-k-1$）查询 F 分布表，得到相应的临界值 F_a，若 $F > F_a$，则回归方程具有显著意义，回归效果显著；$F < F_a$，则回归方程无显著意义，回归效果不显著。

▶ 4. 回归系数的显著性检验

检验时先计算统计量 t_i，然后根据给定的显著水平 a，自由度 $n-k-1$ 查 t 分布表，得临界值 t_a 或 $t_{a/2}$，$t > t_a$ 或 $t_{a/2}$，则回归系数 b_i 与 0 有显著差异，反之，则与 0 无显著差异。统计量 t 的计算公式为：

$$t_i = \frac{b_i}{s_y \sqrt{C_{ij}}} = \frac{b_i}{s_{bi}}$$

其中 C_{ij} 是多元线性回归方程中求解回归系数矩阵的逆短阵 $(x'x)^{-1}$ 的主对角线上的第 j

个元素。对二元线性回归而言，可用下列公式计算：

$$C_{11} = \frac{s_{22}}{s_{11}s_{22} - s_{12}^2}$$

$$C_{22} = \frac{s_{11}}{s_{11}s_{22} - s_{12}^2}$$

其中：

$$s_{11} = \sum (x_1 - \bar{x}_1)^2 = \sum x_1^2 - \frac{1}{n}\left(\sum x_1\right)^2$$

$$s_{22} = \sum (x_2 - \bar{x}_2)^2 = \sum x_2^2 - \frac{1}{n}\left(\sum x_2\right)^2$$

$$s_{12} = \sum (x_1 - \bar{x}_1)(x_2 - \bar{x}_2) = s_{21} = \sum x_1 x_2 - \frac{1}{n}\left(\sum x_1\right)\left(\sum x_2\right)$$

三、非线性回归模型

在实际问题研究中，变量之间的关系不一定都是线性关系，也可能表现为某种曲线关系。这种非线性关系称为曲线相关，据此配合的曲线模型称为曲线回归模型或非线性回归模型。常见的主要非线性回归模型有：

（1）指数曲线：$y = ae^{bx}$。两边取对数得：

$$\lg y = \lg a + (b\lg e)x$$

（2）对数曲线：

$$y = a + b\lg x$$

（3）双曲线：

$$\frac{1}{y} = a + b\frac{1}{x} \quad 令 \ y' = \frac{1}{y}, x' = \frac{1}{x}, 则$$

$$y' = a + bx'$$

（4）幂函数：$y = ab^b$，两边取对数得：

$$\lg y = \lg a + b\lg x$$

（5）高次曲线：$y = a + bx + cx^2 + dx^3 + \cdots$，令 $x_1 = x$，$x_2 = x^2$，$x_3 = x^3$，$\cdots$，可转化为多元线性回归形式：$y = \beta_0 + \beta_1 x_1 + \beta_2 x_2 + \beta_3 x_3 + \cdots$（其中 $\beta_0 = a, \beta_1 = b, \beta_2 = c, \beta_3 = d$ 等）。

（6）柯布—道格拉斯函数：$y = ax_1^{\beta_1}x_2^{\beta_2}$，两边取对数得：

$$\lg y = \lg a + \beta_1 \lg x_1 + \beta_2 \lg x_2$$

（7）S 曲线：$y = \dfrac{1}{a + be^{-x}}$ 令 $y' = \dfrac{1}{y}, x' = e^{-x}$，则 $y' = a + bx'$。

非线性回归模型一般不能进行有关的统计检验，因为许多统计检验都是建立在线性统计模型基础上的。

四、时间数列自回归模型

时间数列自回归根据时间数列自相关用回归模型来描述同一时间数列前后不同时期数据之间的相互关系，并用于预测分析。自回归模型有线性与非线性之分，有一元回归与多元回归之分，其中最常用的是线性自回归模型。

▶ 1. 一元线性自回归

$$y_t = a + by_{t-i}$$

当 i 取 1 时，称为一阶一元线性自回归，当 i 取 2 时，称为二阶一元线性回归。究竟应取哪一期的 y 的数据作为自变量，则应分期计算自相关系数来确定。一般来说，本年数据与上年数据关系最密切，本季（月）数据与上年同季（月）的数据关系最密切。

▶ 2. 多元线性自回归

又称多阶多元线性自回归，其一般模型为：

$$y_t = a + b_1 y_{t-1} + b_2 y_{t-2} + \cdots + b_k x_{t-k} + e$$

自回归模型的参数估计一般采用最小二乘法估计。其参数估计的标准方程组的形式同前几节介绍的基本相同，只要令自回归模型中的 $y_{t-i} = x$ 即可。

自回归模型的评价，亦可计算可决系数 R^2 或自相关系数 R，剩余标准差 s_y 评价模型配合的优良程度。必要时也可进行各种统计检验。

第五节　用 Excel 进行统计趋势预测分析

在统计工作中运用电脑软件，除了使用专门的统计软件，还可以使用一些其他软件为统计工作服务，Excel 以强大的处理表格、图表和数据的功能被广泛地应用于统计领域。预测分析是统计数据分析工作中的重要组成部分之一，Excel 中不仅可以用函数，也可以用"趋势线"来进行趋势预测分析。下面介绍一下具体使用方法。

一、Excel 在定性预测分析中的应用

▶ 1. MEDIAN 函数和 QUARTIE 函数分析德尔菲法专家答卷

MEDIAN 函数的语法为 = MEDIAN（参数 1，参数 2，…，参数 30）。

QUARTIE 函数的语法为 = QUARTIE（数组，分位点）。

其中数组可为数值数组或单元格范围。分位点为计算四分位数的分隔点数字，如表 10-12 所示。

表 10-12　四分位数的分隔点数字

分位点	作用与意义
0	得到最小值
1	计算上四分位数
2	得到中位数
3	计算下四分位数
4	得到最大值

【例 10-12】　某市数码相机家庭普及率 2010 年为 20%，设家庭普及率达到 90%为饱和水平。有 15 名专家对某市数码相机达到饱和水平的时间进行预测，第四轮专家预测意见顺序和四分位数、中位数结果如表 10-13 所示。

表 10-13　某市数码相机家庭普及率

专家意见序号	预测普及率达到饱和水平的年份	中位数和四分位数
（1）	（2）	（3）
1	2018	下四分位数 Q1（2019）
2	2018	
3	2019	
4	2019	
5	2020	
6	2021	中位数 MD（2022 年）
7	2021	
8	2022	
9	2022	
10	2022	
11	2023	上四分位数 Q3（2023 年）
12	2023	
13	2023	
14	2024	
15	2025	

利用 Excel 计算中位数和四分位数的过程如下：

（1）MEDIAN 函数的公式为=MEDIAN（2018，2018，2019，…，2025）=2022，或者 =MEDIAN（B3：B17）=2022，如图 10-7 所示。

图 10-7　MEDIAN 函数区域图

（2）QUARTIE 函数的公式为 = QUARTIE（数组，分位点），在本例中为 = QUARTIE({2018,

2018，2019，…，2025},1)，或者 = QUARTIE(B3：B17,1)，如图 10-8 所示。

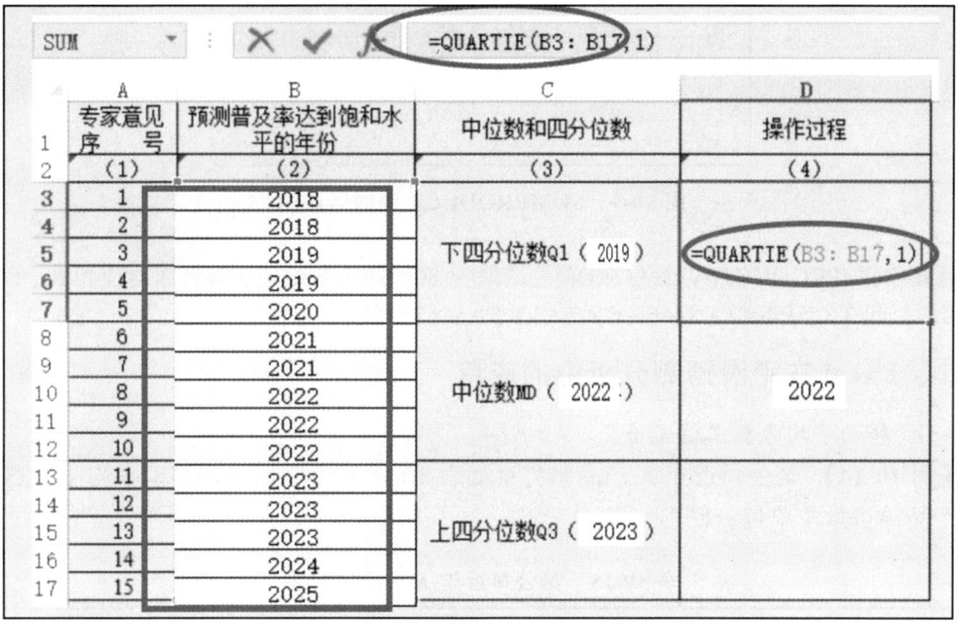

图 10-8　QUARTIE 函数区域图

▶ 2. 用 SUMPRODUCT 函数对集合意见法数据进行计算

定义：在给定的几组数组中，将数组间对应的元素相乘，并返回乘积之和。

语法：SUMPRODUCT (array1, array2, array3，…，array30)。

其中（array1, array2, array3，…，array30）为 2～30 个数组，其相应元素需要进行相乘并求和。

说明：

（1）数组参数必须具有相同的维数，否则，函数 SUMPRODUCT 将返回错误值 #VALUE!。

（2）函数 SUMPRODUCT 将非数值型的数组元素作为 0 处理［如例 10-13 中 SUMPRODUCT(A2:B4,C2:D4)计算结果］。

【例 10-13】　表 10-14 为集合意见法数据表示例，根据数据用 SUMPRODUCT 函数进行计算。

表 10-14　集合意见法数据表示例

	A	B	C	D
1	Array1	Array1	Array2	Array2
2	3	4	2	7
3	8	6	6	7
4	1	9	5	3

具体操作方法如图 10-9 所示。

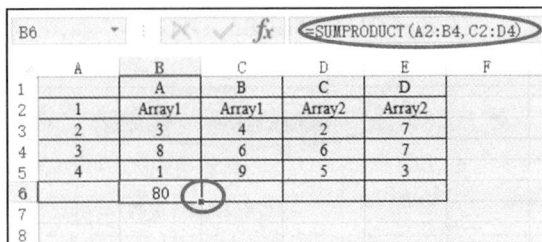

图 10-9 SUMPRODUCT 函数区域图

函数=SUMPRODUCT(A2:B4,C2:D4)的结果为 80。两个数组的所有元素对应相乘，然后把乘积相加，即 $3\times2+4\times7+8\times6+6\times7+1\times5+9\times3=80$。

二、Excel 在平滑预测分析中的应用

▶ 1. 移动平均分析工具简介

【例 10-14】某公司近年 A 产品销售量如表 10-15 所示，用一次移动平均法预测 2021 年 A 产品销售量（单位：件）。

表 10-15 某公司近年 A 产品销售量

年份	销售量	一次移动平均数	计算方法
2015	1022		
2016	1040		
2017	1020		
2018	1032	1027	(1022+1040+1020)/3=1027
2019	1015	1031	(1040+1020+1032)/3=1031
2020	1010	1022	(1020+1032+1015)/3=1022
2021		1019	(1032+1015+1010)/3=1019

该纺织品公司 2021 年棉布销售量预测值为 1019 万米。

Excel 中操作如下：

第一步，在工具选项中选择"数据分析"。

第二步，在"数据分析"中选择"移动平均"。

第三步，在输入区域、输出区域中分别键入数据区域，如图 10-10、图 10-11 所示。

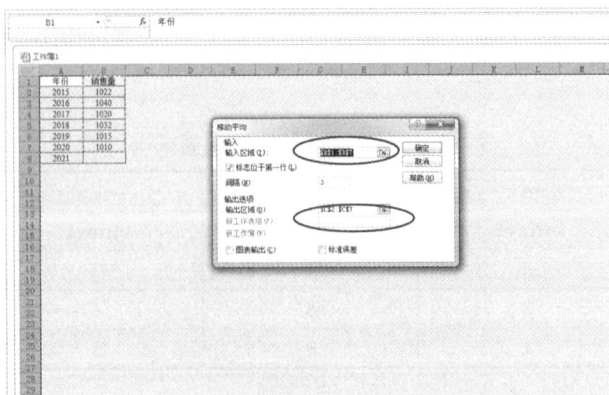

图 10-10 移动平均图数据区域图 1

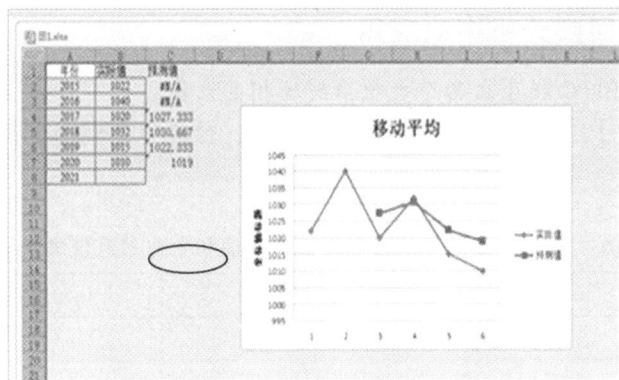

图 10-11 移动平均图数据区域图 2

▶ 2. 指数平滑分析工具简介

这里仍使用例 10-14 的数据。

第一步，在工具选项中选择"数据分析"。

第二步，在"数据分析"中选择"指数平滑"。

第三步，在输入区域、输出区域和阻尼系数中分别键入数据区域，如图 10-12、图 10-13 所示。

注意阻尼系数一般在 0~1 之间，较合理范围为 0.2~0.3。

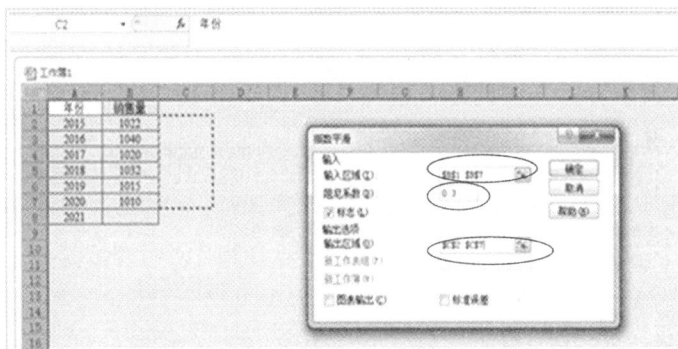

图 10-12 指数平滑法数据区域图 1

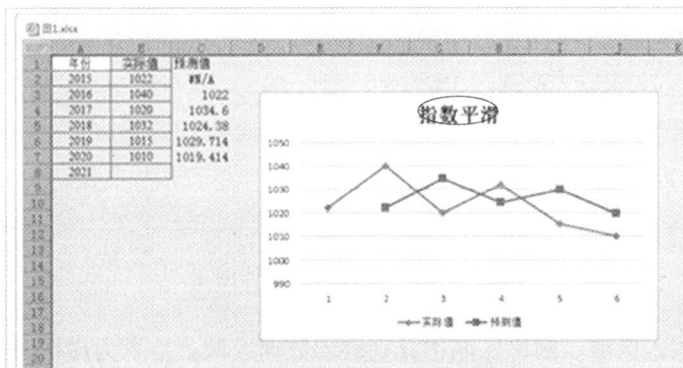

图 10-13 指数平滑法数据区域图 2

三、Excel 在回归分析中的应用

▶ 1. 用 CORREL 函数生成两个数值系列的相关系数

【例 10-15】 表 10-16 是 10 个企业的统计数据，计算生产性固定资产价值和企业总产值之间的相关系数。

表 10-16　10 个企业的生产性固定资产价值和企业总产值的统计数据

企业序号	生产性固定资产价值（万元）	企业总产值（万元）
1	200	638
2	314	605
3	318	524
4	409	815
5	415	913
6	502	928
7	910	1019
8	1022	1219
9	1210	1516
10	1225	1624

操作过程如下：

第一步，在工具中选择"数据分析"。

第二步，在"数据分析"中选择"相关系数"，如图 10-14 所示。

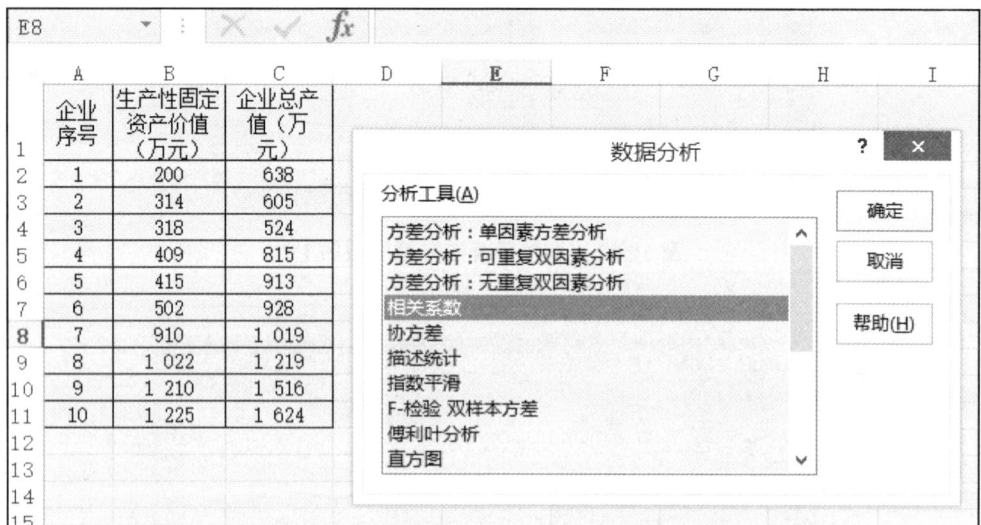

图 10-14　相关系数操作图 1

第三步，在输入区域、输出区域中分别键入数据区域。结果为虚框。如图 10-15 所示。

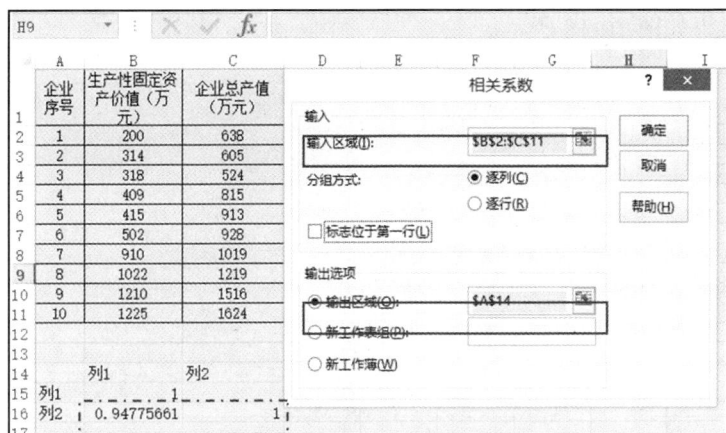

图 10-15 相关系数操作图 2

▶ 2. Excel 在一元线性回归分析中的应用

仍使用例 10-15 进行分析。

第一步，在工具中选择"数据分析"。

第二步，在"数据分析"中选择"回归"，如图 10-16 所示。

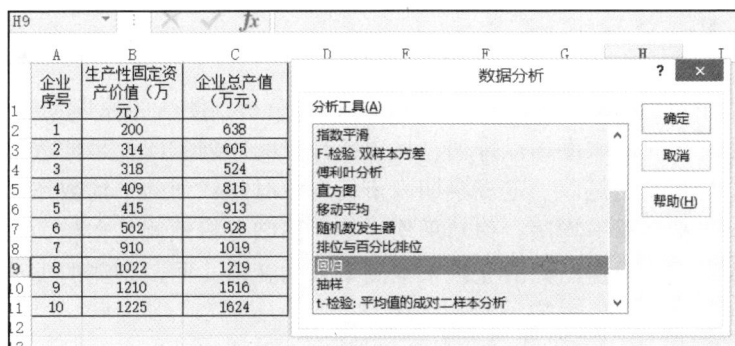

图 10-16 回归数据区域操作图 1

第三步，在输入区域、输出区域中分别键入数据区域，如图 10-17 所示。

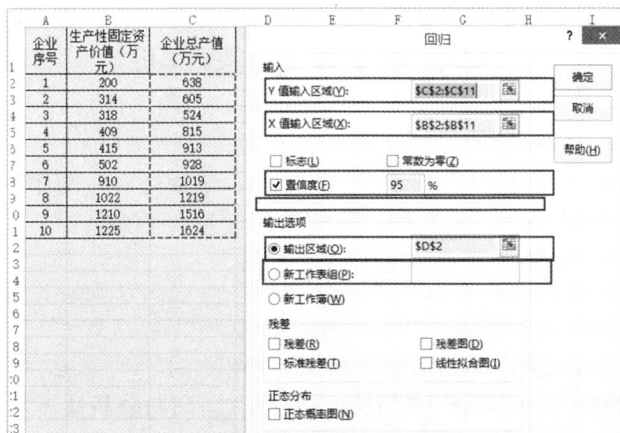

图 10-17 回归数据区域操作图 2

第四步，结果如图 10-18 所示。

企业序号	生产性固定资产价值（万元）	企业总产值（万元）
1	200	638
2	314	605
3	318	524
4	409	815
5	415	913
6	502	928
7	910	1019
8	1022	1219
9	1210	1516
10	1225	1624

SUMMARY OUTPUT

回归统计	
Multiple	0.947757
R Square	0.898243
Adjusted	0.885523
标准误差	126.6279
观测值	10

方差分析

	df	SS	MS	F	gnificance F
回归分析	1	1132340	1132340	70.61836	3.06E-05
残差	8	128277.1	16034.64		
总计	9	1260617			

	Coefficien	标准误差	t Stat	P-value	Lower 95%	Upper 95%	下限 95.0%	上限 95.0%
Intercept	395.567	80.26113	4.928501	0.001152	210.4845	580.6495	210.4845	580.6495
X Variabl	0.895836	0.106603	8.403473	3.06E-05	0.650009	1.141663	0.650009	1.141663

RESIDUAL OUTPUT

观测值	预测 Y	残差
1	574.734224	63.26577594
2	676.859525	-71.8595245
3	680.442868	-156.442868
4	761.963942	53.03605843
5	767.338957	145.6610426
6	845.276687	82.72331332
7	1210.77776	-191.777762
8	1311.11139	-92.1113905

图 10-18　回归数据区域操作图 3

知识总结

本章对时间序列预测法、移动平均预测法、回归分析预测法的原理及应用进行了介绍。时间序列预测法利用时间顺序加以排列，构成统计时间序列，向外延伸或外推，预计未来的变化趋势。平均预测法是以一定观察期内市场现象时间数列的平均数作为未来期的预测值的预测方法，包括简单平均法、移动平均法等。回归分析预测是在相关关系测定的基础上，确定数学表达式，根据已知的变量来推测未来的变量。回归预测的类型包括一元线性回归预测、二元线性回归预测等。

知识巩固

一、填空题

1. 当时间序列趋势变动比较平稳时，可以将（　　　）作为预测值，当时间序列各数据之间差别较大且有明显的趋势变动时，则需要则采用（　　　）移动平均法，计算出趋势变动值，并将其作为确定预测值的依据。
2. 指数平滑法是一种特殊的（　　　）。
3. 时间序列预测法，也称（　　　）或（　　　），是通过对时间序列的分析和研究，运用科学的方法建立（　　　），使市场现象的数量向未来延伸，预测市场现象未来的发展变化趋势，确定市场预测值。

二、单选题

1. 预测方法分为两大类，是指定量分析法和（　　　）。

   A. 指数平滑法　　B. 平均法　　C. 回归分析法　　D. 定性分析法

2. 假设平滑指数 = 0.6，10 月份实际销售量为 600 千克，原来预测 10 月份销售量为 630

千克，则预测 11 月份的销售量为（　　　）。

  A. 612 千克   B. 618 千克   C. 630 千克   D. 600 千克

3. 下列适用于销售业务略有波动的产品的预测方法是（　　　）。

  A. 平滑指数法   B. 加权平均法   C. 移动平均法   D. 趋势平均法

三、简答题

1. 简述时间序列预测法的特点。

2. 简述移动平均法与算术平均法的区别。

3. 写出一元线性回归方程和参数 a、b 的计算公式，解释 a、b 的含义。

四、计算题

1. 某商场 2001—2020 年销售情况如表 10-17 所示。

表 10-17　某商场 2001—2020 年的销售情况表

年份	2001	2002	2003	2004	2005	2006	2007	2008	2009	2010
销售额（百万元）	40.0	42.0	46.0	47.0	50.0	60.0	62.0	71.0	72.0	80.0
年份	2011	2012	2013	2014	2015	2016	2017	2018	2019	2020
销售额（百万元）	80.0	82.0	71.0	82.0	90.0	85.0	97.0	86.0	87.0	86.0

  选择跨越期 N。选择 N = 5 和 N = 7，分别计算已知时序的一次移动平均值，通过比较在不同 N 值条件下的预测误差，从中选择使预测误差最小的 N 值作为移动平均的项数。试预测该商场 2021 年和 2022 年的产品销售额。

2. 某羊绒布 2012—2020 年产品销售量如表 10-18 所示。

表 10-18　某羊绒布 2012—2020 年产品销售量

年份	2012	2013	2014	2015	2016	2017	2018	2019	2020
销售总量（万匹）	7.30	6.20	8.70	9.00	8.80	7.50	9.90	10.60	8.40

试预测 2021 年的销售总量。

参考答案

案例分析

第十一章　市场调查报告的撰写

知识要点

1. 明确撰写调查报告的作用
2. 熟悉调查报告的基本结构及要求
3. 掌握调查报告写作技巧

思维导图

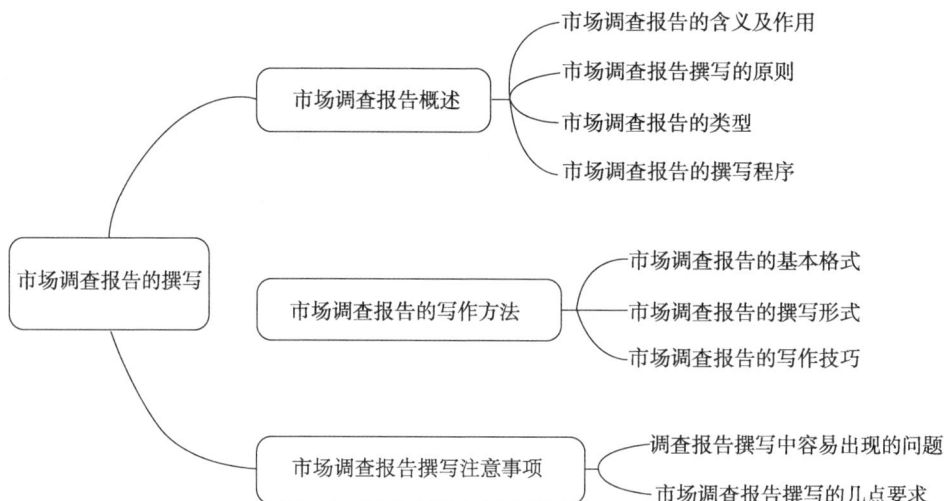

案例导入

全国首座 5G 煤矿调研报告（节选）

对于煤炭行业来说，5G 技术下井，意味着"新基建"和传统行业真正开启了深度融合，这将有力推动煤炭产业的质量变革、效率变革、动力变革，从而实现煤炭产业转型"质"的突破。

一、为什么要推动 5G 下井

从通信行业来看，5G 正式投入商用以来，譬如云游戏、云 AR/VR、个人视频直播等各种沉浸式实时视频业务风生水起，让消费者耳目一新。但是，在业内人士看来，面向消费端的业务提升，仅仅是 4G 服务的自然演进，5G 巨大价值的充分发挥，还在于工业互联网（2B）。

清华大学互联网产业研究院副院长刘大成表示："5G 具有超大容量、高可靠性的超低时延以及高达 1000 亿的海量物联技术优势，其核心是产业互联网。矿山是产业互联网上的一个重要市场。"

从煤炭行业来看，2019 年，煤炭占我国基础能源生产量的 69.3%、消费量的 57.7%。煤炭的"压舱石"作用无以替代。

我国现有煤矿 5300 多处，分布区域广泛，开采地质条件复杂多变，煤与瓦斯突出、冲击地压、水、火等多种灾害并存。建设安全、高效、绿色的智慧矿山势在必行。2020 年 2 月，国家八部委联合印发《关于加快煤矿智能化发展的指导意见》，煤矿智能化建设进入实质性阶段。

山西作为首个国家资源型经济转型综改试验区，在深化能源供给侧结构性改革、构建清洁低碳用能模式、推进能源科技创新等方面具有厚重的产业基础和资源优势。2019 年 8 月，《山西省加快推进数字经济发展的实施意见》中明确提出，让 5G 与实体经济协同发展，其重点领域之一就是"5G＋"智能矿井。

煤矿智能化是煤炭工业高质量发展的核心技术支撑，而 5G 技术具有超高速率、超低时延、超大连接的技术特点，能够为煤矿物联网的实现提供有效解决方案。

"原有的井下数字通信技术，对于实现煤矿智能化支撑不足"，中国工程院院士王国法认为，"恰恰是 5G 技术广连接、大带宽、低时延的三大特性，契合了煤矿智能化发展需求"。

"5G 在煤矿是刚需，是安全生产的坚强保障。"阳煤集团党委书记、董事长翟红认为。5G 把有线、无线彻底打通，让大家不再因为通道问题而卡脖子。它不仅具有大家现在所认识到的语言通信、信息下载等功能，关键是实现了工业监测监控安全可靠性，更是井下安全生产的有力支撑，在煤矿安全生产中起着保命作用，以技术的力量实现无人、少人。

二、首座 5G 煤矿，克服了哪些困难

近年来，高瓦斯矿井智能化开采安全技术与装备研发国家重大专项稳步推进，地质精准探测、巷道围岩控制成套技术、自动化综采工作面、智能机器人、设备全生命周期管理系统、"技术一张图、管理一张网"等一批信息技术和智能装备推广应用，为阳煤集团奠定了良好的"5G＋矿山"研发基础。

去年，阳煤集团高层更是敏锐捕捉到国家大力发展"新基建"的政策利好，深刻洞察到 5G 之于煤炭发展的巨大潜力，坚持"与能人携手、与巨人同行"的理念，主动出击，先后赴中国移动、华为公司进行交流研讨，希望通过强强联合，推动 5G 与煤矿"联姻"。

2019 年 9 月 5 日，阳煤集团、中国移动、华为公司成立 5G 通信煤炭产业应用创新联盟。

2019 年 9 月 21 日至 10 月 1 日，经过多次研讨，确定新元公司为 5G 技术矿井应用试点。选择在新元，一是因为这是一座年轻的煤矿，信息化、智能化基础较好；二是新元属于煤与瓦斯突出矿井，开采条件相对复杂，在这里试点成功，后续具有较强的推广价值。

5G 与煤矿的结合应用，业内尚属空白，加之井下环境复杂，面对"第一"的诸多难题，所有工作一边摸索一边研究。

5G 下井，首先要解决防爆问题，否则，极可能引发瓦斯爆炸，好事变坏事。为此，针对设备安全问题，创新联盟对 5G 基站进行了特殊防爆改造，成功研发出首款矿用 5G 基站，于 2020 年 4 月 28 日获得全国首张 5G 基站防爆、煤安双认证。

更多创新让一个个问题迎刃而解，确保了 5G 顺利下井——精准授时。传统的地面 5G

基站，需要使用卫星定位系统进行精准的同步授时。创新联盟专门研发了井下 5G 基站网络同步授时技术，精度为 100 纳秒以下，也就是亿分之一秒，保证了网络的高可靠性、高可控性、超高安全性。

超千兆上行。5G 应用于生活，普通消费者更多的是下行需求，但对于井下，则是监测数据上传量大、指令下传量小。于是，创新联盟部署了全国首个"独立组网＋边缘计算"架构，主数据处理不出矿，确保了数据安全，降低了传输时延。

根据井下巷道起伏变化的特性，为保证 5G 网络性能，创新联盟还研发了大功率分体式矿用 5G BOOK 基站和矿用大增益天馈，确保通过两个 5G 基站，就能为煤矿最复杂的一个综采工作面提供完整、全面、有效的 5G 网络服务。

在 500 多米深的井下，5G 网络依旧能够安全、稳定运行，并且成功解决基站设备安全、网络授时、上行数据传输、矿山信息安全等难题，中国矿业大学（北京）校长葛世荣认为，"这为矿山 5G 技术的应用闯出了一条新路"。

三、5G 下井，现在能做什么

5G 与工业互联网的联袂"出演"，革新着传统井下作业模式，让这座煤矿实现着智能化嬗变。

井上看清井下——近年来，井下很多控制系统都实现了远程集中监测，但受限于网络带宽，视频清晰度如同"雾里看花"。和 4G 小于 20 Mbps 的上行带宽相比，阳煤新元 5G 专网的超千兆上行带宽，使单站拥有同时传送 50 路以上 4K 高清画面的能力，结合视频智能 AI 分析技术，让技术人员从"雾里看花"到"身临其境"。

井上控制井下——生产实时性控制一直是煤矿智能化开采"卡脖子"的难题。相较于 4G、Wi-Fi 大于 50 ms 的时延，5G 小于 20 ms 的低时延、快切换和抗干扰、高可靠的能力，使远程控制成为现实。

末端设备轻松"剪辫子"——在井下工业环网的末端，传统方式是敷设大量复杂的通信线缆。通过 5G 无线传输，可以轻松"剪"掉设备通信线缆，方便设备移动，大大减少通信线缆铺设、维护、排障工作量。

井下万物互联、多网归一、统一运算——5G 海量连接和大带宽的特性，使井下每个系统一张网、信息相互隔离的情况成为过去。同时，融合统一的数据借助边缘计算能力，使数据统一运算成为现实。

四、5G 赋能转型，未来还需要做什么

结合应用场景对 5G 网络进行设计优化，持续强化各链条的"剪、看、控"能力，同样是工作重点。下一步，应持续提升 5G 网络能力，开发通用 5G 物联网模组，实现现有设备"即插即用"5G 化升级，"剪"得更放心、方便；通过 VR 高清视频、热成像、激光扫描、智能 AI 识别等技术的不断升级，提供更加自主灵活的视角，实现暗环境画面可见，"看"得更全面；利用 5G＋AICDE，"控"得更智能。

聚焦"六新"率先突破，是山西省在转型发展上率先蹚出一条新路来的方向目标、路径要求和战略举措。5G 下井，开启了智慧矿山新时代，也开启了山西省煤炭企业转型升级的新征程。

资料来源：任志青. 5G 下井，开启智慧矿山新时代——全国首座 5G 煤矿调研报告[J]. 前进，2020(11)：24-26. DOI:10.3969/j.issn.1005-2860.2020.11.009.

撰写调查报告是市场调查的最后一项工作内容，市场调查工作的最终成果将体现在调

查报告中，调查报告将作为企业制定生产经营决策的依据。从上述案例可以看出，这是一份不完整的调查报告，缺少调查时间、调查方法、缺少可靠数据支撑。那么，一份完整的市场调查报告包括哪些内容？撰写市场调查报告应遵循哪些原则？撰写市场调查报告有哪些技巧？应注意什么问题？这是本章所要解决的几个问题。

第一节　市场调查报告概述

一、市场调查报告的含义及作用

（一）市场调查报告的含义

市场调查报告是市场调查人员对特定市场的某一方面的问题进行深入细致的调查之后，记述和反映市场调查成果的一种文书。

市场调查报告是一项市场调查项目最终成果的主要表现。它可以是书面形式，也可以是口头形式，或者同时使用书面和口头的形式，还可以是其他形式，如电子版形式等。

（二）市场调查报告的作用

市场调查报告的作用有以下几点：

▶ 1. 市场调查报告能将市场信息提供给决策者

调查报告的使命是作为决策者和领导者做出重大决策时的参考文献和基本依据，这是调查报告最主要的功能。决策者需要的不是市场调查采集的大量信息资料，而是这些市场信息资料所蕴涵的市场特征、规律和趋势。市场调查报告能在对信息资料分析的基础上形成决策者需要的结论和建议。决策者在研究问题时，往往要以调查报告作为参考。

▶ 2. 市场调查报告可以完整地表述调查结果

调查报告应对已完成的市场调查做出完整而准确的表述，能够详细、完整地表达出市场调查中有关市场调查的目标，这就要求调查报告有背景信息、调查方法及评价、以文字表格和形象化的方式展示的调查结果、调查结论和建议等内容。

▶ 3. 市场调查报告是衡量和反映市场调查活动质量高低的重要标志

尽管市场调查活动的质量主要取决于调查活动的策划、方法、技术、资料处理过程，但调查活动的结论以及总结性的调查报告无疑也是重要的因素。

▶ 4. 市场调查报告可被作为历史资料反复使用

市场调查报告是调查活动的有形产品。当一项市场调查项目完成以后，调查报告就成为该项目的少数历史记录和证据之一。作为二手资料，它还有可能被重复使用，从而大大提高其存在的价值。

▶ 5. 市场调查报告是创业者获得贷款或投资的关键

吸引投资者，特别是风险投资人参与创业者的投资项目，需要一份包含市场调查报告在内的高品质且内容丰富的商业计划书。一个有详尽市场调查资料的商业计划书，将会使投资者更快、更好地了解投资项目，使投资者对项目有信心、有热情，最终达到为项目筹集资金的目的。

二、市场调查报告撰写的原则

一份认真撰写的市场调查报告，应使读者能够追溯到调查项目的起点，重新进行分析、推敲。这将有助于回顾发生过的事情，继而证明是否存在某种规律，或许还能看出各种判断是否存在前后矛盾的地方。因此，市场调查报告的撰写应当遵循以下原则。

（一）实事求是原则

市场调查报告作为调查研究的成果，最基本的特点就是尊重客观实际，用事实说话。但是由于人们认识客观实际能力的局限，不可能轻而易举地作出准确的判断。只有深入地调查研究，弄清事实和原因，才能真实地反映事物的本来面目。

另外，市场调查报告必须是能反映出与调查内容有关的所有真实情况的文件，不应略去或故意隐瞒事实。如果调查失败，调查者应有勇气承认，同时不能随便报道结果，以免误导他人。即便是成功的调查，在市场调查报告中也不应只选择那些对自己有利的结果，对其他的避而不提。

（二）观点与证据相结合原则

市场调查报告的特点就是以调查资料为依据，而资料中的证据材料尤其重要。证据材料具有很强的概括力和表现力，用证据证明事实的真相比长篇大论更能让人信服。如果没有证据，市场调查报告将空洞无物，所以调查证据可以增强市场调查报告的科学性、准确性和说服力。

（三）语言简洁、内容全面原则

市场调查报告的读者希望能够尽快从报告中获得信息，因此，市场调查报告的语言应当简洁准确。为了让读者在了解整个调查过程的基础上使用市场调查报告，市场调查报告的内容应当全面，不仅要说明调查的过程，明确调查结论，还要说明调查的研究方法以及建议。

市场调查报告要求以调查资料为依据，准确地表达观点。市场调查报告中运用的数字要准确，情况要真实，观点要恰当。在市场调查中，恰当地运用调查数据，可以增加调查报告的科学性、准确性和说服力。市场调查报告必须有数字、有情况、有分析，既要用资料说明观点，又要用观点统领资料，二者应紧密结合，相互统一。通过定性分析与定量分析的有效结合，达到透过现象看本质的目的，从而研究清楚市场活动的发展、变化过程及其规律。

三、市场调查报告的类型

由于市场调查的内容较为广泛，而且调查所要解决的问题各不相同，因而，作为调查结果表现形式的调查报告也具有不同的类型。由于分类标准不同，调查报告的类型划分也是多种多样的，一般最常用的分类如下。

（一）根据企业开展经营活动的需要分类

根据企业开展经营活动的需要分类，可将市场调查报告分为市场商品需求的调查报告、市场潜量的调查报告、市场商品供给的调查报告、商品价格的调查报告、商品销售渠道的调查报告、市场竞争情况的调查报告、经营效益的调查报告这七种类型。

▶ 1. 市场商品需求的调查报告

主要包括消费者数量及其结构、家庭收入、个人收入及家庭人口平均收入，购买力的大小以及购买力的增减变化，潜在需求量及其投向等内容。其中包括城乡居民存款额的增减及尚待实现的购买力的大小，消费者在消费支付中吃、穿、用等大类商品所占比重的变化情况，需求层次的变化情况，不同消费者对商品的质量、品种、花色、款式、规格等的不同要求，消费者的心理变化等。

▶ 2. 市场潜量的调查报告

市场潜量是从行业的角度考虑某一产品的市场需求的极限值。市场潜量的调查报告内容主要包括企业地区销售额以及销售额的变动趋势给企业带来的影响。

▶ 3. 市场商品供给的调查报告

主要包括商品生产的状况、商品资源总量及构成、产品的更新换代速度、不同商品所处市场生命周期的阶段等内容。

▶ 4. 商品价格的调查报告

主要包括商品成本、市场价格变动情况、消费者对价格变动的看法等内容。

▶ 5. 商品销售渠道的调查报告

主要包括商品的流转环节、流通路线、运输、储存等一系列市场营运方面的内容。

▶ 6. 市场竞争情况的调查报告

主要包括竞争的对手、竞争手段，各种竞争产品的质量、性能等内容。

▶ 7. 经营效益的调查报告

主要包括各种推销手段的效果、广告效果以及变化原因等内容。

（二）根据调查报告涉及的内容分类

根据报告涉及的内容，可以将市场调查报告分为综合性市场调查报告和专题性市场调查报告两大类。

▶ 1. 综合性市场调查报告

综合性市场调查报告是提供给用户的最基本的报告。此类报告的目的是反映整个调查活动的全貌，对调查方法、资料分析整理和调查结果等做详细的说明，主要内容包括调查概况、样本情况、调查方法、初步分析、调查结论。

▶ 2. 专题性市场调查报告

专题性市场调查报告是针对某个问题进行调查后写的报告。它要求报告详细明确，中心突出，对需要调查的问题做出回答，例如，针对胶卷消费问题、个人投资问题、城市环境问题，都可以写出专题调查报告。

（三）其他依据的分类

（1）按照表述方式的不同可分为陈述型市场调查报告与分析型市场调查报告。

（2）按照报告性质的不同可分为普通调查报告、研究性调查报告和技术报告。

（3）按照报告呈递形式的不同可分为书面调查报告和口头报告。

图 11-1　市场调查报告
的撰写程序

确定主题
↓
取舍资料
↓
拟定提纲
↓
撰写成文

四、市场调查报告的撰写程序

市场调查报告的撰写程序包括确定主题、取舍资料、拟定提纲、撰写成文等几个步骤，如图 11-1 所示。

（一）确定调查报告的主题

调查报告的主题是调查报告中的关键问题。主题是否明确、是否有价值，对调查报告具有决定性意义。

确定主题由选题和确定观点两个步骤组成。

▶ 1. 选题

选题是发现、选择、确定、分析论题的过程；论题就是分析对象和目的的概括。所以选题一般表现为调查报告的标题。选题是认识过程中已知领域与未知领域的连接点。它既表现为已知的，在以往认识基础上产生的，又表现为未知的，以往认识活动所未解决的。它既反映了现有知识的广度和深度，又反映了未知领域的广度和深度。

成功的选题不仅能使作者用较少的时间和精力，积累充实的材料，有目的、有计划地调整自己的知识结构，确定必要的分析方法和手段，而且还是调查报告适时对路的前提条件。选题失误，即使调查报告表述完美也会影响其社会经济效益。

选题的途径一般分为领导征集或外单位委托和作者自选观察、调查两种。选题的关键是处理好分析对象的意义、服务对象的需求和作者的主观条件。

▶ 2. 确定观点

观点是调查研究者对分析对象所持的看法与评价。它是调查材料的客观性与作者主观认识的统一性，是形成思路、组织材料、构成篇章的基本依据和出发点。观点是在充分材料的基础上形成的。它的思维过程是对调查材料的分析—综合—再分析。随着认识的不断深入、认识水平的不断提高，观点渐渐产生。因此观点的确定一般要经历萌发、深化、形成三个阶段。

观点形成过程中要遵循的原则一是分析要深入，要从实际调查的情况出发，分析不可以先入为主，也不可以从某观念和政策条文出发。二是分析要具体，只能从具体的现象、数字入手，在调查材料上面做文章。抓住事物的特殊性进行分析，从中找出具有代表性的内容，并力求观点内涵丰富。三是立论要新颖，观点是认识的逻辑概括，作者用简单的语言把自己的新认识阐述出来。

（二）筛选资料

资料是形成调查报告主要观点的基础。观点决定资料的取舍和使用。只有达到资料与观点的高度统一，资料才能充分地说明调查报告的主题。这是撰写调查报告时必须遵循的主要原则。

在撰写调查报告时，必须坚持论证材料要充分，言必有据。充分的材料不但应是客观的真实材料，而且还必须是全面反映事物的本质的典型材料。通常还应有侧面或反面的材料，以说明和支持作者的结论。

在筛选调查材料时应注意以下几点：

▶ 1. 材料的充分、完整

对调查资料要全面分析和比较，以获取尽可能充分和完整的材料，因为调查报告与简报不同，不能只是简单地罗列材料，而应根据调查报告的目的和要求，进行具体的分析、比较和论证。这种分析、论证又与论文不同，它必须以反映事实为基础，用事实说话，在不离开事实叙述的前提下，把充分完整的材料提到原则高度上进行适当的评析，才能揭示材料的性质和意义。

▶ 2. 内容的筛选

只有依据市场调查报告主题的需要、观点的要求进行筛选，才能使主题更加突出。与主题无关的或关系不大的要忍痛割爱，否则堆砌材料，会冲淡主题，降低调查报告的效果。

精选材料一般采用比较鉴别的方法，对同类材料依精选标准和报告的篇幅进行比较、鉴别，以决定取舍。另外，鉴于调查报告明确、简练的特点，可用可不用的材料要大胆舍弃。

▶ 3. 多次筛选

在调查材料量很大时，为减少不必要的劳动，在分析之前也可进行一次筛选。但在分析前后对材料的取合都要以有关概率统计理论为依据。这样既省了力，又不降低材料的代表性和结论的科学性。同时，材料的取舍工作还要和定量分析、定性分析等工作结合起来。只有经过筛选，调查报告的依据才能充实、扼要，而不至于偏颇。

（三）拟订提纲

提纲是调查报告的骨架，可以厘清思路，表明调查报告各部分之间的联系。调查报告写作提纲可分为条目提纲和观点提纲两类。条目提纲按层次列出报告的章节，观点提纲列出各章节要表述的观点。

一般先拟订粗提纲，把调查报告分成几大部分。然后在各部分中按次序或按轻重充实成较细的提纲。提纲的粗细也反映了作者对写作内容了解的深浅程度。提纲越细，说明作者对材料、内容掌握越深入、越具体，作者的思路越清晰，在撰写报告时也越顺手。拟订调查报告写作提纲的另一作用，是可使作者进一步深思熟虑、精益求精，也便于对调查报告进行"构造"的调整。因此，写作提纲的作用是不可低估的。即使对于写作上有经验的人，也应于撰写调查报告之前先拟订写作提纲。

（四）撰写成文

撰写成文是指依据已拟定好的提纲和选取好的材料，在把握观点、立定格局的基础上，运用恰当的表达方式和文字，充分运用市场调查中的资料进行调查报告的撰写。撰写成文包括两个阶段。

▶ 1. 撰写初稿

在撰写初稿过程中，一要注意条理清晰，论述符合逻辑；二要注意文字规范，符合读者的阅读环境和阅读习惯；三要注意语言表达通俗易懂，少用专业术语，图表新颖直观。

▶ 2. 修改定稿

在调查报告成文以后，还要广泛征求各方意见与建议，对其进行反复的加工提炼，对其进行整体修改、层次修改、文字润色等，以保证调查报告的质量和水平满足用户的需要。

第二节　市场调查报告的写作方法

一份市场调查报告即使再简单，也必须保证它的完整性，否则就算是很有价值的调查数据也显得很苍白无说服力，降低它的使用价值。市场调查人员应该认识到一篇专业的市场调查报告应包含的基本内容，掌握市场调查报告写作的方式和技巧。

一、市场调查报告的基本格式

市场调查报告的结构与格式是多种多样的，没有完全统一的标准。但是，无论市场调查报告的格式如何，一些必要的内容应该包括其中。

（一）调查报告的题目

调查报告的题目应该用简明扼要的文字传达本次调查的调查对象和所要揭示的内容，要求用准确简练的语言表达报告的主要内容。报告题目可以由一个正标题组成，也可以既有正标题也有副标题。一般来说，调查报告的题目应印在封面显著位置，在报告题目的下方应注明报告人或报告单位及报告日期。此外，还要注明报告的呈交对象。市场调查报告的题目，一般有两种构成形式：

▶ 1. 公文式标题

公文式标题，即由调查对象和内容、文种名称组成的标题，例如《关于 2015 年全省农村服装销售情况的调查报告》。值得注意的是，实践中常将市场调查报告简化为"调查报告"。

▶ 2. 文章式标题

文章式标题，即用概括的语言形式直接交代调查的内容或主题，例如《全省城镇居民潜在购买力动向》。实践中，这种类型的市场调查报告的标题多采用双题（正副题）的结构形式，更引人注目，富有吸引力。例如《竞争在今天，希望在明天——全国洗衣机用户问卷调查分析报告》等。

（二）调查报告的目录和摘要

如果市场调查报告的页数较多，为了便于查阅，应当用目录或索引的形式列出主要纲目及其页码。报告的目录一般在题目之后另页列出。目录具体内容如下：章节标题和副标题及页码、表格目录（标题及页码）、图形目录（标题及页码）、附录（标题及页码）、如下案例所示。

【案例】

市场调查报告的目录

调查报告摘要是报告中最重要的部分，简要地概括说明了市场调查活动所获得的主要成果，是整个调查报告的精华。因此，必须认真撰写报告摘要。报告摘要主要包括以下内容：

（1）明确本次调查的调查对象和调查目标。

（2）简要交代本次调查的安排，包括调查范围、调查单位、调查时间、调查地点和调查的主要内容。

（3）简要介绍本次调查所采用的调查方法、调查组织形式及其对调查结果的影响评价。

（4）调查中的主要发现。

（5）分析结论和建议。

调查报告的摘要应该是对报告的正文的高度概括，一般以2~3页为宜。摘要内容主要应集中在对调查的发现和由此进行的预测和政策建议上，对调查结论的论证细节应避免涉及。

（三）调查报告的正文

调查报告的正文是指完整详细的调查报告。正文应按照调查内容进行充分展开。调查报告的正文部分主要由以下几部分组成：

▶ 1. 引言

引言部分主要目的是引导读者详细探讨面临的问题。它通常包括进行这项调查工作的原因、工作范围、对研究问题的拟定、要达到的目标及影响调查方案设计的因素等。

▶ 2. 调查方案设计

对市场调查中运用的调查方案进行详细的描述，包括调查采用的调查技术、组织形式、需要收集的二手资料和原始资料、问卷的设计、抽样技术设计、调查资料质量控制措施、资料的整理方法等。本部分旨在说明调查中所用的调查方案是科学有效的。但是，为了保证易读性应尽量避免使用专业性技术语言描述。

▶ 3. 数据分析

本部分对调查及整理的数据分析方案进行描述，旨在说明所采用的数据分析方案是正确的。

▶ 4. 调查结果及其评价

这是正文中最主要的部分，也是篇幅最长的部分。调查结果包括市场总体调查结果、市场分组细分的调查结果和关联性分析结果，内容应紧紧围绕调查内容和目标，按照一定的逻辑顺序进行安排。对调查结果的评价主要是对本次调查的局限性进行一些必要的解释，如调查受到调查时间、经费预算、调查组织上的种种限制，调查结果可能存在一定的误差。对调查结果的评价应客观谨慎，否则会降低报告的使用价值。

▶ 5. 调查结论及建议

这部分是调查报告最主要的内容，也是阅读者最为关注的部分。调查者应当按照调查目的解释调查的统计分析结论，并从中总结出结论性的结果，以此为基础向管理决策者提出已被证明为有效的措施，以及具有科学性和可行性的政策方案和建议。

（四）调查报告的附录文件

调查报告的附录文件是指正文中包含不了或为了使正文简洁易懂必须放置于报告后，以便于读者查阅的有关技术性文件，它是对正文的补充和更为详尽的说明。附件主要有调查提纲、调查问卷、数据汇总表、较为复杂的抽样技术的说明、较为复杂的统计分析表、对一些技术问题的讨论，以及参考文献等。

二、市场调查报告的撰写形式

（一）标题的形式

标题是画龙点睛之笔。它必须准确揭示调查报告的主题思想，做到题文相符。标题要简单明了，高度概括，具有较强的吸引力。

标题的形式有三种：

（1）"直叙式"的标题，是反映调查意向或调查地点、调查项目的标题。例如《××市居民住宅消费需求调查》。

（2）"表明观点式"的标题，是直接阐明作者的观点、看法，或对事物的判断、评价的标题。如《对当前巨额结余购买力不可忽视》。

（3）"提出问题式"的标题，是以设问、反问等形式，突出问题的焦点和尖锐性，吸引读者阅读，促使读者思考的标题。如《××牌产品为什么滞销?》。

以上几种标题的形式各有所长，特别是第二、三种形式的标题，它们既表明了作者的态度，又揭示了主题，具有很强的吸引力。但从标题上不易看出调查的范围和调查对象。因此，这种形式的标题又可包含正标题和副标题，并分作两行表示，如：

××牌产品为什么滞销?

——对××牌产品的销售情况的调查分析

（二）开头部分的形式

"万事开头难"，好的开头，既可使分析报告顺利展开，又能吸引读者。开头的形式一般有以下几种：

（1）开门见山，揭示主题。文章开始先交代调查的目的或动机，揭示主题。例如："我公司受北京××电视机厂的委托，对消费者进行一项有关电视机的市场调查，预测未来几年大众对电视机的需求量及需求的种类，使××电视机厂能根据市场需求即使调整其产量及种类，确定今后发展方向。

（2）结论先行，逐步论证。是先将调查结论写出来，然后再逐步论证。例如"××牌收机是一种高档收款机，通过对××牌收银机在京各商业部门的拥有、使用情况的调查，我们认为它在北京不具有市场竞争能力，原因主要有以下几个方面……"

（3）交代情况，逐层分析。可先介绍背景情况、调查数据，然后逐层分析，得出结论。也可先交代调查时间、地点、范围等情况，然后分析。

例如《关于香皂的购买习惯与使用情况的调查报告》的开头："本次关于对手机的购买习惯和使用情况的调查，调查对象主要集中于中青年，其中青年（20～35 岁）占 55%，中年（36～50岁）占25%，老年51岁以上占20%；女性占70%，男性30%……。"

（4）提出问题，引入正题。例如《关于方便面市场调查的分析报告》中的开头部分："随着台湾康师傅方便面的上市，各种合资的、国产的方便面如统一、营多、一品、加州等品牌似雨后春笋般涌现，面对种类繁多的竞争对手，今麦郎方便面如何立于不败之地？带着这些问题，我们对北京市部分消费者和销售单位进行了有关调查。"

（三）论述部分的形式

论述部分是调查报告的核心部分，它决定着整个调查报告质量的高低和作用的大小。这一部分着重通过调查了解到的事实分析说明被调查对象的发生、发展和变化过程，调查的结果及存在的问题，提出具体的意见和建议。

由于论述一般涉及内容很多，文字较长，有时也可以用概括性或提示性的小标题，突出文章的中心思想。论述部分的结构安排是否恰当，直接影响着分析报告的质量。论述部分主要分为基本情况部分和分析部分两部分内容。

（1）基本情况部分。主要有三种方法：第一，是先对调查数据资料及背景资料做客观的说明，然后在分析部分阐述情况的看法、观点或分析；第二，首先提出问题，目的是要分析问题，找出解决问题的办法；第三，先肯定事物的一面，引申出分析部分，又由分析部分引出结论，循序渐进。

（2）分析部分。分析部分是调查报告的主要组成部分。在这个阶段，要对资料进行质和量的分析，通过分析，了解情况，说明问题和解决问题。分析有三类情况：第一类原因分析。是对出现问题的基本成因进行分析，如对××牌产品滞销原因分析，就属于这类。第二类，利弊分析。是对事物在市场活动中所处的地位，起到的作用进行利弊分析等。第三类，预测分析。是对事物的发展趋势和发展规律做出的分心，如对××市居民住宅需求意向的调查，通过居民家庭人口情况、住房现有状况、收入情况及居民对储蓄的认识，对分期付款购房的想法等，对××市居民住房需求意向进行预测。

此外，论述部分的层次段落一般有四种形式：①层层深入形式，各层意思之间是一层深入一层，层层剖析；②先后顺序形式，按事物发展的先后顺序安排层次，各层意思之间有密切联系；③综合展开形式，先说明总的情况，然后分段展开，或先分段展开，然后综合说明，展开部分之和为综合部分；④并列形式，各层意思之间是并列关系。

（四）结尾部分的形式

结尾部分是调查报告的结束语，好的结尾，可使读者明确题旨，加深认识，启发读者思考和联想。结尾一般有四种形式：

（1）概括全文。经过层层剖析后，综合说明调查报告的主要观点，深入文章的主题。

（2）形成结论。在对真实资料进行深入细致的科学分析的基础上，得出报告结论。

（3）基础看法和建议。通过分析，形成对事物的看法，在此基础上，提出建议和可行性方案。提出的建议必须能确实掌握企业状况及市场变化，使建议有付诸实行的可能性。

（4）展望未来，说明意义。通过调查分析展望未来前景。

三、市场调查报告的写作技巧

（一）叙述的技巧

市场调查的叙述，主要用于开头部分，叙述事情的来龙去脉，表明调查的目的和根据，调查的过程和结果。此外，在主体部分还要叙述调查得到的情况。

市场调查报告常用的叙述技巧有：概括叙述、按时间顺序叙述、叙述主体的省略。

▶ 1. 概括叙述

叙述有概括叙述和详细叙述之分。市场调查报告主要用概括叙述，将调查过程和情况概略地陈述，不需要对事件的细枝末节详加铺陈。这是一种"浓缩型"的快节奏叙述，要求文字简约，一带而过，给人以整体、全面的认识，以适合市场调查报告快速及时反映市场变化的需要。例如，一篇题为《关于全市 2022 年电暖器市场的调查》的市场调查报告，其引言部分为，"××市北方调查策划事务所受××委托，于 2023 年 3 月至 4 月在国内部分省市进行了一次电暖器市场调查。现将调查情况汇报如下"，用简要文字交代出了调查的主体身份，调查的时间、对象和范围等要素，并用一过渡句开启下文，简洁而规范。

▶ 2. 按时间顺序叙述

交代市场调查的目的、对象、经过时间，往往用按时间顺序叙述的方法，井然有序，前后连贯。如开头部分叙述事情的前因后果，主体部分叙述市场的历史及现状时，就体现为按时间顺序叙述。

▶ 3. 叙述主体的省略

市场调查报告的叙述主体是写报告的单位，叙述中，用"我们"第一人称。为行文简便，叙述主体一般在开头部分中出现后，在后面的各部分即可省略。

（二）说明的技巧

市场调查报告常用的说明技巧有数字说明、分类说明、对比说明、举例说明。

▶ 1. 数字说明

市场运作离不开数字，反映市场发展变化情况的市场调查报告，要运用大量的数据，以增强调查报告的精确性和可信度。

▶ 2. 分类说明

市场调查中所获材料杂乱无章，根据主旨表达的需要，可将材料按一定标准分为几类，分别说明。例如，将调查来的基本情况，按问题性质归纳成几类，或按不同层次分为几类。每类前冠以小标题，按提要句的形式表述。

▶ 3. 对比说明

市场调查报告中有关情况、数字说明往往采用对比形式，以便全面深入地反映市场变化情况。对比要注意事物的可比性，在同标准的前提下，作切合实际的比较。

▶ 4. 举例说明

为说明市场发展变化情况，举出具体、典型的事例，这也是常用的方法。市场调查中会收集到大量事例，应从中选取有代表性的例子。

（三）语言运用的技巧

语言运用的技巧包括用词方面和句式方面的技巧。

▶ 1. 用词方面

市场调查报告中数词用得较多，因为市场调查离不开数字，很多问题要用数字说明。可以说，数词在市场调查报告中以其特有的优势，越来越显示出其重要作用。

市场调查报告中介词用得也很多，主要用于交代调查目的、对象、根据等方面，如用

"为、对、根据、从、在"等介词。

此外，还可多用专业词，以反映市场发展变化，如"商品流通""经营机制""市场竞争"等词。为使语言表达准确，撰写者还需熟悉与市场有关的专业术语。

▶ 2. 句式方面

市场调查报告多用陈述句，陈述调查过程、调查到的市场情况，表示肯定或否定判断。祈使句多用在提议部分，表示某种期望，但提议并非皆用祈使句，也可用陈述句。

（四）表格与图形的运用

▶ 1. 表格的表现法

表格作为描述性统计方法，广泛应用于市场调查报告中，起到令表达更清楚、形象、直观和吸引读者的作用。表格是报告中很生动的一部分，应当受到特别的重视。

制表一般应注意以下几点：

（1）表的标题要简明、扼要，每张表都要有号码和标题。标题一般包含时间、地点、内容，有时也可酌情省略。

（2）项目的顺序可适当排列，一般应将最显著的放在前面。如果强调的是时间，则按时间排列；如果强调的是大小，就按大小排列。

（3）线条尽量少用，斜线、竖线、数之间的横线均可省去，以空白来分隔各项数据。

（4）注明各种数据的单位。只有一种单位的表格，可在标题中统一注明。

（5）层次不宜过多，变量较多时，可酌情列数表。

（6）分组要适当，不可过细，以免冗繁；也不可过粗，以免有掩盖差别的可能。

（7）小数点、个位数、十位数等应上下对齐。需要时应有合计。

（8）给出必要的说明和标注。

（9）如果表中的数据是二手数据，应注明来源。

▶ 2. 统计图的表现法

统计图也广泛应用于市场调查报告之中，它以其形象、直观、富有美感和吸引人的作用受到了特别的重视。一般说来，只要有可能，应尽量用图形来表达报告的内容。市场调查中最常用的统计图有直方图或条形图、饼状图、轮廓图或形象图、散点图、折线图等。一张精心设计的统计图有可能抵得上或胜过上千字的说明。要使统计图能够有效直观地表现尽可能多的信息，在设计和制作上一般应注意如下几点：

（1）每张图都要有号码和标题，标题要简明扼要。

（2）项目较多时最好按大小顺序排列，以使结果一目了然。

（3）尽量避免使用附加的图标说明，应将图标的意义及所表示的数量尽可能标记在对应的位置上。

（4）数据和作图用的笔墨的比例要恰当，避免太少或太多的标注、斜线、线、横线等，既要清晰又要简明。

（5）度量单位的选择要适当，使得图形匀称，并使所有的差异都是可见和可解释的。有时过于强调地将图形放在事情发生的度量范围之内，就像是放大的照片那样，实际上是不恰当的，可能会导致误解。

（6）作图时最好既使用颜色区分，又使用文字说明，以便在进行必要的黑白复印时仍能清晰如初。

（7）颜色和纹理的选择不是随机的，要有一定的逻辑性。例如，真正重要的部分（如客户常使用的品牌、忠诚的用户、产品的频繁使用者等）应该用更突出的颜色、更粗的线条或更大的符号等来表示。

（8）图形的安排要符合人们的阅读习惯。例如，西方人阅读的图形应符合从左到右的顺序；阿拉伯人是从右到左；日本人可能更习惯从上到下等。

第三节　市场调查报告撰写注意事项

一、调查报告撰写中容易出现的问题

撰写调查报告的过程中会出现一些常见的错误。对此，我们应牢记并在写作过程中尽量避免。

（一）篇幅过于冗长

有关调查报告常见的一个错误观点是："报告越长，质量越高。"通常经过了对某个项目几个月的辛苦工作之后，调查者的身心已经完全投入，并试图告诉读者他知道与此所相关的一切。因此，所有的证明、结论和上百页的打印材料被纳入到报告当中，从而导致了"信息超载"。有理由相信大多数决策者根本不会通读全部报告。事实上，如果报告组织得不好，这些负责人或许根本连看也不看。总之，调查的价值不是用调查报告的篇幅来衡量的，而是以质量、简洁与有效的计算来度量的。

（二）解释不充分

某些调查者只是简单地重复一些图表中的数字，而不进行任何解释性工作。尽管大多数人能够读懂图表，可人们仍把解释资料意义的工作当做作者应有的责任。而且，有些文字性解释会比数字更能吸引读者注意力。如果某一部分仅有统计数字而未做任何解释，读者就会疑惑为什么在这里会有图表。

（三）偏离目标或脱离现实

在调查报告中堆满与调查目标无关的资料是报告写作中的又一常见问题。而生产经营决策者最想知道的是：对经营目标来说调查结果意味着什么？现在能达到目标吗？是否需要其他资料？产品或服务是否需要重新定位？

（四）过度使用定量技术

调查报告不宜过度使用定量技术，生产经营者往往会拒绝一篇不易理解的报告。因为在市场调查报告的使用者心目中，过度使用统计资料而缺乏实际调查数据常会引发对调查报告质量的怀疑。

（五）虚假的准确性

在一个相对小的样本中，把引用的统计数字保留到两位小数以上常会造成对准确性的错觉或虚假的准确性。例如，有"68.47%的被调查者偏好我们的产品"这种陈述容易让人觉得这个数据是可信的。读者会认为，调查者已经将数字保留两位小数，那么68%肯定是准确无误的了。

（六）调查数据第一

某些调查者把过多精力放在了单一的数据上，并以此回答客户的决策问题。这种倾向在购买意向测试和产品定位中时常见到。测试的关键点在于购买意向，如果"确定会买"，和"也许会买"的人加在一起达不到预想的标准，比如 75%，那么这种产品概念或测试产品就被放弃了。但在产品定位的问卷调查中可能包含着 50 个用以获取定位信息、市场细分资料和可预见的优劣势的问题。然而，所有这些问题都从属于购买意向。事实上，并不能根据某一个问题决定取舍，也不存在某一个预先确定好的一刀切的标准。过度依赖调查数据有时会错失良机，在某些情况下会导致营销错误的产品。

二、市场调查报告撰写的几点要求

撰写一份好的市场调查报告并非易事。调查报告本身不仅显示着调查的质量，也反映了作者本身的知识水平和文字素养。在撰写调查报告时，一定要符合以下几个方面的要求，以避免上述问题的发生。

（一）行文流畅，易读易懂

市场调查报告中的材料要组织得有逻辑性，使读者能够很容易弄懂报告各部分内容的内在联系。在文中使用简短、直接、清楚的句子把事情说清楚，比用"正确的"但含糊难懂的词语来表达要好得多。为了检查报告是否易读易懂，最好请两三个不熟悉该项目的人来阅读报告并提出意见，反复修改几次之后再呈交给委托人。

（二）内容客观，资料的解释要充分和相对准确

市场调查报告的突出特点是用事实说话，因此市场调查人员应当以客观的态度来撰写报告。在文体上，最好用第三人称或非人称代词，如"作者发现……""笔者认为……""资料表明……"等语句。在行文时，应当以向读者报告的语气撰写，不要表现出力图说服读者同意某种观点或看法的态度。读者关心的是调查的结果和发现，而非你个人的看法。

在进行资料解释时，注意解释是否充分和相对准确。解释充分是指利用图表说明时，要对图表进行简要、准确的解释；解释相对准确是指在进行数据的解释时尽量不要引起误导。

（三）市场调查报告中若引用他人资料，应加以详细注释

市场调查人员应当通过注释指出资料的来源，以供读者查证，这也是对他人研究成果的尊重。注释应详细准确，被引用资料的作者姓名、书刊名称、所属页码、出版单位和时间等都应予以列明，这一点是大多数人常忽视的问题。

（四）打印成文，字迹清楚，外观美观

最后呈交的市场调查报告应当是专业的，使用质量好的纸张，打印和装订都要符合规范。印刷格式应有变化，字体的大小、空白位置的应用等对报告的外观及可读性都会有很大的影响，不规范的外观或一点失误或遗漏都会严重地影响阅读者的信任感。

（五）提出的建议应该是积极的、正面的

大多数建议应当是积极的，要说明采取哪些具体的措施或者要处理哪些已经存在的问题。尽量用积极、肯定的建议，少用否定的建议。

知识总结

市场调查报告是市场调查人员对特定市场的某一方面的问题进行深入细致的调查之后，记述和反映市场调查成果的一种文书。

一份好的市场调查报告能将市场信息提供给决策者，可以完整地表述调查结果，是衡量和反映市场调查活动质量高低的重要标志。市场调查报告可被作为历史资料反复使用，是创业者获得贷款或投资的关键。

市场调查报告的撰写应当遵循实事求是、观点与证据相结合、语言简洁、内容全面等原则。

根据企业开展经营活动的需要分类，可将市场调查报告分为市场商品需求的调查报告、市场潜力的调查报告、市场商品供给的调查报告、商品价格的调查报告、商品销售渠道的调查报告、市场竞争情况的调查报告、经营效益的调查报告等七种类型；根据报告涉及的内容可以将市场调查报告分为综合性市场调查报告和专题性市场调查报告两大类；按照表述方式的不同可分为陈述型市场调查报告与分析型市场调查报告；按照报告性质的不同可分为普通调查报告、研究性调查报告和技术报告；按照报告呈递形式的不同可分为书面调查报告和口头报告。

市场调查报告的撰写包括确定调查报告的主题、筛选资料、拟订提纲、撰写成文等步骤。

正式的市场调查报告的格式包括调查报告的题目、调查报告的目录和摘要、调查报告的正文、调查报告的附录文件等。

市场调查报告的写作技巧包括叙述、说明、议论、语言运用、表格与图形的运用等几个方面。

调查报告撰写中容易出现的问题：篇幅过于冗长、解释不充分、偏离目标或脱离现实、过度使用定量技术、虚假的准确性、调查数据第一。

在撰写调查报告时，一定要符合以下几点要求：力求简明扼要，删除一切不必要的词句；行文流畅，易读易懂；内容客观、资料的解释要充分和相对准确；市场调查报告中若引用他人资料，应加以详细注释；打印成文，字迹清楚，外观美观；提出的建议应该是积极的、正面的。

知识巩固

一、填空题

1.（   ）是市场调查人员对特定市场的某一方面的问题进行深入细致的调查之后，记述和反映（   ）的一种文书。

2.（   ）的撰写包括确定（   ）、筛选资料、（   ）、撰写成文等步骤。

3. 市场调查报告的写作技巧包括（   ）、说明、（   ）、语言运用、（   ）等几个方面。

二、单项选择题

1.（   ）具有很强的概括力和表现力，用证据证明事实的真相比长篇大论更能让人信服。

    A. 证据材料   B. 语言运用   C. 市场调查成果   D. 行文流畅

2. 根据（　　　　）可以将市场调查报告分为综合性市场调查报告和专题性市场调查报告两大类。

    A. 表述方式的不同   B. 报告涉及的内容

    C. 开展经营活动的需要   D. 呈递形式的不同

3. 市场调查报告的（　　　　）包括确定调查报告的主题、取舍资料、拟订提纲、撰写成文等步骤。

    A. 格式   B. 写作技巧   C. 撰写   D. 叙述

三、简答题

1. 市场调查报告主要包括哪几个部分？

2. 市场调查报告有哪些写作技巧？

3. 市场调查报告的撰写要符合哪些要求？

参考答案

案例分析

参 考 文 献

[1] 杨勇，王惠杰. 现代市场营销学[M]. 北京：中国财富出版社，2015.

[2] 杨勇. 市场营销策划（第二版）[M]. 北京：北京大学出版社，2024.

[3] 杨勇. 市场营销学实务教程（第二版）[M]. 北京：中国财富出版社，2024.

[4] 杨勇. 市场调查与预测（第二版）[M]. 北京：机械工业出版社，2024.

[5] 杨勇. 市场调研与预测[M]. 上海：上海交通大学出版社，2021.

[6] 杨勇. 现代人力资源管理[M]. 广州：广东教育出版社，2019.

[7] 邱小平. 市场调查与预测（第四版）[M]. 北京：机械工业出版社，2023.

[8] 闫秀荣. 市场调查与预测（第五版）[M]. 上海：上海财经出版社，2022.

[9] 叶向，李亚平. 统计数据分析基础教程（第2版）[M]. 北京：中国人民大学出版社，2015.

[10] 余平，周丽永，梁华. 市场调查与预测[M]. 北京：北京师范大学出版社，2015.

[11] 李平，杨政银，曹仰锋. 再论案例研究方法：理论与范例[M]. 北京：北京大学出版社，2019.

[12] [美]瓦拉瑞尔 A. 泽丝曼尔，玛丽·乔·比特纳，德韦恩 D. 格兰姆勒. 服务营销[M]. 张金成，白长虹，杜建刚，杨坤，译. 北京：机械工业出版社，2018.

[13] 赖文燕，李伟只. 市场调查与预测（第二版）[M]. 南京：南京大学出版社，2022.

[14] 李先国，等. 销售管理（第六版）[M]. 北京：中国人民大学出版社，2023.

[15] 蓝海林，等. 企业战略管理（第四版）[M]. 北京：科学出版社，2022.

教师服务

感谢您选用清华大学出版社的教材！为了更好地服务教学，我们为授课教师提供本书的教学辅助资源，以及本学科重点教材信息。请您扫码获取。

≫ 教辅获取

本书教辅资源，授课教师扫码获取

≫ 样书赠送

市场营销类重点教材，教师扫码获取样书

清华大学出版社

E-mail: tupfuwu@163.com
电话：010-83470332 / 83470142
地址：北京市海淀区双清路学研大厦 B 座 509

网址：https://www.tup.com.cn/
传真：8610-83470107
邮编：100084